코끼리
이름 짓기

제임스 사이어 | 홍병룡 옮김

Ivp

IVP(InterVarsity Press)는
캠퍼스와 세상 속의 하나님 나라 운동을 지향하는
IVF(InterVarsity Christian Fellowship)의 출판부로
생각하는 그리스도인을 위한 문서 운동을 실천합니다.

Originally published by InterVarsity Press
as *Naming the Elephant: Worldview as a Concept*
ⓒ 2004 by James W. Sire
Translated by permission of InterVarsity Press
P. O. Box 1400, Downers Glove, IL 605151-1426, U. S. A.

This Korean translation edition ⓒ 2007 by Korea InterVarsity Press
156-10 Donggyo-ro, Mapo-gu, Seoul 04031, Republic of Korea.

Naming the Elephant
Worldview as a Concept

JAMES W. SIRE

차례

감사의 글 7
머리말 9

1 • 낙타, 캥거루, 코끼리 13
2 • 세계관이란 무엇인가?: 딜타이에서 노글까지 25
3 • 무엇이 먼저인가?: 존재인가, 인식인가 67
4 • 살과 뼈: 이론적 성격과 전이론적 성격 103
5 • 합리적 체계, 삶의 방식, 으뜸 이야기 127
6 • 세계관: 공적 측면과 사적 측면 151
7 • 세계관의 새로운 정의 171
8 • 낮에 서로 부딪히는 유식한 사람들: 분석 도구로서의 세계관 195

색인 235

감사의 글

나는 수많은 사람에게 빚을 졌는데, 그 가운데는 한 번도 만난 적이 없지만 글을 통해 내가 지난 50여 년 간 세계관에 계속 관심을 갖도록 격려해 준 이들도 상당수 있다. 개인적으로 아는 사람 중에는 도널드 클락(Donald B. Clark)을 먼저 들고 싶다. 그는 오래 전 내가 미주리 주립 대학의 영문과 교수로 일할 때 17세기 문학 강좌에서 나에게 세계관적 사고를 처음으로 소개해 주었다. 두 번째 인물은 아서 홈즈(Arthur F. Holmes)로서, 여러 해 전에 학생들에게 철학을 공부하라고 권면하는 그의 소박한 글을 읽고 나도 자극을 받아 공부를 계속할 수 있었다. 나는 그 아래서 공부한 적이 없고, 그도 내가 그 글을 시초로 그를 만나고 그의 책들을 읽은 것을 기억하지 못할 것이다. 그러나 세계관 철학자인 그로부터 상당한 영향을 받았음을 기쁘게 인정하는 바다. 다른 많은 이들도 그러했을 것이다.

데이비드 노글(David Naugle)은 나에게 영향을 준 또 다른 인물이다. 그가 없었다면 이 책을 쓸 생각을 못했을 것이다. **세계관** 개념의 역사와 기독교 세계관의 특징을 다룬 그의 훌륭한 연구는 최근 나의 연구에 큰 유익을 주었다. 이 기회에 그에게 깊은 감사를 표하고 싶다.

식시아 루에게는 다른 면으로 빚을 졌다. 그녀는 젊은 학생도 세계관적으로 사고하고 자기 생각을 열정적이면서 섬세하게 전달할 능력이 있음을 확인시켜 준 인물이다. 나는 그녀가 세계관 과목에서 쓴 리포트를 귀중한 자료로 감사하는 마음으로 널리 활용하고 있다.

이 책을 원고 상태에서 읽어 준 이들에게도 감사를 표하고 싶다. 리처드 미들턴(Richard Middleton), 조지 거스리(George Guthrie), 더글라스 그룻하이스(Douglas Groothuis), 게리 데도(Gary Deddo), 아서 홈즈가 그들이다. 그들은 내가 엉뚱한 실수를 저지르지 않도록 도와주었을 뿐 아니라 좋은 제안으로 내가 더 깊이 생각하고 연구하도록 이끌어 주었다.

끝으로, 내 글을 다듬어 준 루스 고링(Ruth Goring)과, 내 책을 한층 더 향상시켜 준 오랜 친구이자 편집자인 제임스 후버(James Hoover)에게 감사하고 싶다.

머리말

지난 50여 년 간 나는 세계관에 입각해서 사고하려고 애써 왔다. 미주리 주립 대학교 대학원에서 중세 및 르네상스 문학을 공부할 때 생동감을 더해 준 것은 바로 세계관적 분석이었다. 선생이 된 다음에는 세계관의 역사를 뼈대로 삼고 거기에 영문학의 살을 걸어 놓기도 했다. 더 나아가, 나 자신의 세계관을 더욱 깊이 인식해 가면서 나의 사고의 방향뿐 아니라 삶 전체의 방향도 잡을 수 있었다. 한마디로 말해서, 나는 오랜 세월 동안 우리가 인간으로서 하게 되는 기본적인 지적 결단을 간파하고, 그 다양성을 한껏 즐기고, 그것이 진리를 파악했을 때 얻게 되는 깊은 통찰에 기뻐하고, 또 그것이 잘못된 사상으로 판명되었을 때 엄청난 파괴적 결과를 낳는 것을 보고 마음 아파하는 일에 관심을 가져 온 셈이다.

그런 맥락에서 1976년에 「기독교 세계관과 현대사상」의 초판을 쓰게 되었다. 그 책은 일곱 개의 기본적 세계관을 소개하고 각각에 대해 설명하고 있다. 맨 먼저 기독교 유신론을 다루면서 17세기에서 현재에 이르기까지 그것이 주로 어떻게 형성되었는지를 살펴보았다. 그러고 나서 유신론의 핵심 개념들이 손상되어 가면서 이신론이 떠오르게 된 과정을 보여 주려고 했다. 이신론은 새로운 세계관이라기보다 유신론에서 하나님의 인격성이 배제되었을 때 남게 된 사조인 듯하다. 이어서 이신론이 쇠퇴하면서 등장한 세계관이 자연주의다. 이는 인간 이성의 자율성을 낙관하는 사조다. 그리고 인간의 이성이 자율적일지는 몰라도, 처음 생각했던 것만큼 모든 것을 설명할 만한 능력이 없음을 인식하고서 등장한 것이 허무주의다.

무신론적 사조와 유신론적 사조를 모두 포함한 실존주의는 '허무주의를 넘어서려는' 세계관으로서, 개별적 자아에게 나름대로 진·선·미 개념을 창안하거나 이성으로 증명될 수 없는 것을 신앙으로 확증할 수 있는 고유한 능력이 있음을 단언한다. 동양 범신론적 일원론은 서구인으로 하여금 서구 사상의 함정을 피하도록 돕는 역할을 한다. 그런 면에서 뉴에이지 사상은 자아를 높이는 서구 실존주의와, 만물에 신성이 깃들었다는 동양 관념을 한데 묶는다.

여기서 「기독교 세계관과 현대사상」의 초판이 끝났다. 그 후에 새로 개정된 2판이 1988년에 출판되었다. 1997년에는, 자연주의의 새로운 변형이 뚜렷이 부상되는 현상을 보고 이른바 **포스트모더니즘**이라는 모호한 문화적 현상을 추가로 다루었다. 포스트모더니즘은, 한편으로는 인간에게 실재의 본질을 인식할 수 있는 능력이 있음을 부정하고, 다른 한편으로는 인간 공동체에게 언어로 실재를 구성할 수 있는 역량이 있다고 긍정하는 사회학적·심리학적 성향을 갖고 있다. 우리는 아무것도 알 수 없지만, 자기가 원하는 것을 얻게 해주는 언어를 고안하기만 하면 아무런 문제가 없다는 것이다. 실용적 지식만이 우리가 얻을 수 있는, 또 우리에게 필요한 전부라는 말이다.

나는 먼저 **세계관**을 간단하게 정의한 다음 이런 식으로 지성사를 개관했는데, 당시로서는 그 정의가 충분한 역할을 감당했다고 생각한다. 이 정의의 배경 어딘가에는 내가 과거에 깊이 연구했던 인물들, 곧 제임스 오르(James Orr), 아브라함 카이퍼(Abraham Kuyper), 프란시스 쉐퍼(Francis Schaeffer)의 흔적이 남아 있을 것이다. 그럼에도 「기독교 세계관과 현대사상」의 초판에서 3판에 이르기까지, 세계관 관련 자료를 명시적으로 언급한 적이 없고, 세계관의 개념 자체를 비판적으로 성찰한 적도 없었다.

「기독교 세계관과 현대사상」의 초판이 1976년에 발행된 다음, 내가 제시한 **세계관**의 정의에 관해 서평이나 친구들의 논평이 나왔다. 그 후 세계관의 문제를 다루는 책들도 여럿 출판되었다. 그 책들은 나중에 다시 언급하겠지만, 여기서는 우선 네 권만 소개하겠다. 1983년에 나온 아서 홈즈의 「기독교 세계관」(*Contours of a World View*)은 기독교적 관점에서 세계관을 가장 포괄적으로 다룬 책이다. 1984년에 나는 브라이언 왈쉬(Brian Walsh)와 리처드 미들턴의 「그리스도인의 비전: 기독교 세계관과 문화 변혁」(*The Transforming Vision: Shaping a Christian World View*)을 편집했는데, 나와는 다소 다르게 접근한 책이었다. 더욱이, 1989년에는 세계관 개념을 분석한 「스테인드글라스: 세계관과 사회 과학」(*Stained Glass: Worldviews and Social Science*, 폴 마샬, 샌더 그리피온, 리처드 마우 공동 편집)이 출판되었는데, 이는 지적, 문화적 측면에서 세계관 연구에 오랫동안 몸담아 온 학자들이 세계관의 본질에 초점을 맞춘 중요한 글 모음집이다. 끝으로, 2002년에 데이비드 노글이 세계관적 사고의 역사 전체를 자세히 검토했다. 「세계관 개념의 역사」(*Worldview: The History of a Concept*)는 임마누엘 칸트와 빌헬름 딜타이(Wilhelm Dilthey)에서 시작하여 제임스 오르와 아브라함 카이퍼를 거쳐 프란시스 쉐퍼와 아서 홈즈에 이르기까지 전 역사를 정리했다. 이에 덧붙여 노글은 창의력을 발휘하여 세계관의 본질과 관련하여 나름대로 새로운 측면을 발견하기도 했다. 사실 노글의 책이 이 책을 쓰는 데 중요한 자극제가 되었음을 밝히는 바다.

하지만 이보다 더 중요한 자극제 역할을 한 것은, 세계관 개념에 대한 나의 조잡한 논의에 대해 내 속에서 쌓여 온 불만이다. 세 판에 걸쳐 「기독교 세계관과 현대사상」에 나온 정의가 이제는 부적합하다는 생각이 들었다. 이 책은 내가 이전에 다루지 않았던 까다로운 의문들을 새로 다루면서 그 부적합한 정의를 바로잡으려는 시도다. 그 의문들은 제1장 마지막에 열거되어 있다.

세계관의 개념을 재고할 때가 된 것이다. 이제 소개할 나의 분석이 옳다면, 이전의 정의를 다음 네 가지 측면에서 개정하는 셈이다. 첫째, 세계관이란 일련의 기본 개념에 그치지 않고 마음의 근본적인 지향임을 인식한다. 둘째, 세계관의 밑바닥에는 '참으로 실재적인' 것에 대한 이해와 헌신이 깔려 있음을 명시적으로 주장한다. 셋째, 나 자신이나 타인의 세계관이 정말 어떤 것인지를 판단하려면 반드시 행위를 고려해야 한다. 넷째, 세계관이 추상적 명제들만이 아니라 이야기를 통해 습득된다는 점을 널리 이해한다.

이렇게 말하고 나니 괜히 나의 입장을 지지하도록 편견을 심어 주는 것 같다. 이제 실제로 그 재고 과정을 밟아 보자.

1

낙타, 캥거루, 코끼리

> 보라, 이 놀라운 코끼리를.
> 그 이름만 부르면
> 우리가 무엇을 알 수 있는지
> 우리가 어디로 갈 수 있는지
> 또 이 높고낮은 모든 것을
> 이해할 길이 열린다오.

다음 이야기는 내가 어디서 들었는지 정확하게 기억할 순 없지만 오래 전부터 나름대로 활용해 온 것이다. 나는 학생들에게 세계관의 두 가지 주요 특징을 이해시키기 위해 자주 이 이야기를 들려주었다. 하나는 세계관이 **전제**(presupposition)의 성격을 갖고 있다는 점이고, 다른 하나는 세계관이 우리의 가장 근본적인 의문에 나름대로 대답을 제공하고 있다는 점이다.

낙타, 캥거루, 코끼리

어느 날 어린 소년이 아버지에게 오더니 이렇게 말했다. "오늘 선생님이 크고 둥근 지구본을 보여 주셨어요. 그게 세계의 모형이라고 했어요. 세계가 공간에 둘러싸여 있다고 하셨어요. 그런데 어떻게 그럴 수 있죠? 아빠, 무엇이 세계를 떠받치고 있죠? 왜 그것이 떨어지지 않는 거죠?"

아버지는 어린애가 묻는 유치한 질문이라고 생각해서 유치한 대답을 해주었다. "애야, 세계를 받치고 있는 건 낙타란다."

아들은 만족스런 표정을 지으며 돌아갔는데, 아버지를 신뢰했을 뿐더러 그럴듯한 대답으로 들렸기 때문이다. 과거에 낙타가 온갖 물건을 받치고 있는 그림을 본 적도 있었다. 그러니 세계인들 못 받치랴? 그러나 곰곰이 생각해 보고 아빠의 대답에 무언가 빠진 것이 있다는 결론에 도달했다. 그래서 다음날 이렇게 다시 물었다. "아빠, 낙타가 세계를 받치고 있다면, 낙타는 무엇이 받치고 있죠?"

아버지는 이제 곤란한 지경에 빠졌다고 생각했다. 그래서 얼른 대답하면 더 이상 질문이 안 나올 것으로 생각하고, "낙타를 받치고 있는 건 캥거루란다" 하고 말했다.

소년이 다시 돌아갔지만, 이번에는 불과 두어 시간 후에 되돌아왔다. 아버지에게 와서는, "아빠, 낙타가 세계를 받치고 있고 캥거루가 낙타를 받치고 있다면, 캥거루는 무엇이 받치고 있죠?" 하고 물었다.

이제 아버지는 자신이 정말 심각한 곤경에 빠졌음을 알았다. 그래서 머릿속에 떠오르는 가장 큰 동물을 택해서 그것을 크게 강조하기로 작정했다. 큰 소리로 응답하기로 한 것이다. **소리를 지르면 사람들이 믿을 것**이라고 생각했기 때문이다. "캥거루를 받치고 있는 건 코끼리야."

"아이, 아빠!" 하고 아들이 되받아쳤다. "코끼리는 무엇이 받치고 있죠?"

밑천이 다 떨어진 아버지는 어쩔 수 없이 "그건, 글쎄, 으음, 글쎄,

그 밑으로는 밑바닥까지 모조리 코끼리야" 하고 응답했다.

그 다음에 소년이 무슨 말을 했는지는 전해지지 않고 있다. 하지만 두 가지 점을 유의하라. 아버지는 자기가 내놓은 첫 번째 대답의 논리에 따라 계속 추궁을 받은 것이다. 만일 무언가가 세계를 떠받칠 필요가 있다면, 세계를 지탱하되 스스로는 지탱받을 필요가 없는 그 무엇이 반드시 있어야 한다. 그것을 제1의 토대(prime foundation)라고 부른다. 아버지가 아들이 질문한 방식에 따라 응답하는 것은 곧 실재를 지탱하는 근본 토대에 이름을 붙이는 셈이다. 즉 존재하는 모든 것을 떠받치고 있는 그 무엇을 지명하는 일이다.

둘째, 아버지로서는 계속 자신의 뒷걸음질을 막을 도리가 없다는 점을 인식해야 한다. 그로서는 다른 방책을 택할 수밖에 없었다. 가장 그럴듯한 것—머릿속에 떠오르는 가장 큰 동물, 즉 코끼리에 의탁하는 수밖에 없었던 것이다.

이런 면에서 이 이야기는 세계관의 두 가지 특징을 잘 보여 준다. 세계관에는 **제1의 실재**(prime reality)에 대한 이해가 담겨 있다는 점과 세계관이 지닌 **전(前)이론적** 성격이 그것이다. 이 이야기에서 아버지가 아들의 질문을 더 진지하게 받아들일 경우 이 점은 더욱 분명하게 드러난다.[1]

---

1) 이 이야기의 출처는 William James라고 생각되지만 아직 그의 책 어디에 나오는지 찾지 못했다. Clifford Geertz도 그 출처를 모르고 있다. "어떤 영국인에 관한 인도 이야기—나는 그것이 인도 이야기라는 말만 들었을 뿐이다—가 있는데, 한번은 그 영국인이 세계를 플랫폼이 받치고 있고 그 플랫폼은 코끼리의 등이 받치고 있으며 그것은 거북이의 등이 받치고 있다는 말을 듣고 나서 묻기를…그러면 거북이를 받치고 있는 것은 무엇인가? 다른 거북이라고. 그러면 그 거북이는? 나리, 그 밑으로는 모조리 거북이입니다"[Clifford Geertz, *The Interpretation of Cultures*(New York: Basic Books, 1973), pp. 28-29]. 이것이 보여 주는 세계관 그림은 근본적 실

자연적인가, 초자연적인가

이번에는 아버지가 아들의 호기심과 지성을 존중하는 태도로 응답한다. 그래서 아들이 "세계를 받치고 있는 것이 무엇이죠?" 하고 묻자, 아버지가 "애야, 중력이 받치고 있단다" 하고 대답한다.

"아이, 아빠, 그게 뭐예요?"

"중력의 법칙이란, 두 물체(지구와 태양 같은) 사이에 가해진 힘(F)은 중력의 상수(G)에다가 두 물체의 질량(m_1, m_2)을 곱하고 둘 사이의 거리(r)의 제곱으로 나눈 것과 같다는 것이야. 공식을 적어 주마."

$$F = Gm_1m_2/r^2$$

"이제 백과사전에서 **중력** 항목을 찾아보렴. 그러면 대충 이해할 수 있을 거야."

아들이 세계 대백과 사전을 자세히 들여다본 다음, "아빠, 공식을 이해하겠어요. 굉장한 공식이네요. 그런데 왜 그렇죠?" 하고 묻는다.

"애야, 중력의 법칙은 공간 속에 있는 물체 사이의 관계를 표시하는 것이란다."

"왜 그렇죠, 아빠?"

"글쎄, 우주는 자연적 원인들로 이루어진 하나의 일치체(Uniformity)이고, 중력의 법칙은 그것을 수학적으로 표시하는 것이야."

"그런데 왜 우주가 일치체인 것이죠? 무엇이 그런 상태로 만드나요? 아니, 우주를 존재하게 하는 것이 무엇인가요?"

재가 그저 무한한 것이 아니라 무한히 뒤로 퇴보하고, 절대적인 것이 아니라 유동하는 모습이다.

이제 아버지는 중요한 지점에 도달한다. 지금까지 논리적으로 서로 연계된 일련의 이유를 말해 주었다. 그러나 이번 질문은 이전의 틀로는 대답할 수 없는 것이다. 철학적 용어로 말하자면, 이제까지 아들은 물리적 의문들을 제기해 왔다. 그런데 이제는 형이상학적 의문을 던지고 있는 것이다. 왜 무(無)의 상태가 아니라 무엇인가가 존재하는 것일까? 달리 말하면, 밑바닥까지 모조리 차지하고 있는 그 동물이 무엇일까?

아버지가 응답할 수 있는 방식은 두 가지라고 생각된다. "그건 원래 그런 것이야." 다른 이유가 없다. 그저 거대한 존재(Being) 그 자체, 엄연한 실재, 근본적인 **있음**(isness)이 존재할 뿐이다. 이런 접근을 취하면, 칼 세이건(Carl Sagan)처럼 자연주의자의 입장에 서는 셈이다. "우주는 현재 존재하는 것, 과거에 존재했던 것, 미래에 존재할 것의 전부다."[2]

그런데 그가 취할 수 있는 또 하나의 대안이 있다. 그는 모든 동물을 초월한 하나의 동물(Animal)을 더 거론할 수 있다. "하나님이 그렇게 만드셨다"고 응답할 수 있다는 말이다. 이 경우에는 유신론자의

---

2) Carl Sagan, *Cosmos* (New York: Random House, 1980), p. 4. 「코스모스」(사이언스북스 역간). 이에 대해 유신론자는 충분한 이유의 원리(충족 이유율: 어떤 결과—우주가 저기에 존재하는 것과 같은 것—든 충분한 이유가 반드시 있어야 한다는 원리)에 의하면, 우주가 스스로 자기 충족성을 설명할 수는 없으며 오히려 충분한 이유를 필요로 한다고 지적할 수 있을 것이다. 이런 지적은 물론 자연주의자에 의해 거부당한다. 그리스도인 철학자 F. C. Copleston과 불가지론자인 Bertrand Russell 사이의 흥미로운 논쟁을 보면, 이 충분한 이유의 문제가 그 핵심을 차지하고 있다. "A Debate on the Existence of God", in *The Existence of God*, John Hick 편집(New York: Macmillan, 1964), pp. 167-191. 거기서 Russell은 우주의 존재에 대한 '원인'이나 '설명'을 찾을 필요가 없다고 선언한다. "나는 우주가 그냥 저기에 있다고 말하겠다. 그게 전부다"(p. 175).

입장을 택한 것이며, 그 동물은 초자연적인 창조주를 가리킨다.

그리고 나서도 아들이 "왜 그렇죠, 아빠?" 하고 물을 수 있다. 그런 경우라도 아버지 입장에서는 그 대답이 끝이다. 그에게 자연적 차원을 넘어서는 특별한 정보가 없는 한, 자연주의자와 마찬가지로 "그건 원래 그런 것이야" 하고 대답할 수밖에 없다.[3]

그 코끼리의 이름은 무엇인가?

이 이야기는 세계관의 주요 특징 두 가지를 잘 보여 준다. 첫째는 우리의 일차적 토대가 바로 **헌신**(commitment)의 성격을 띠고 있다는 사실이다. 달리 말하면, 맨 밑바닥에 일련의 전제가 깔려 있다는 뜻이다. 이는 우리가 무슨 말을 할 때, 왜 그런 말을 하는지 더 이상 설명할 수 없는 지점을 가리킨다. 둘째는 그 소년이 던지는 질문의 성격이다. 그는 진상이 **무엇**인지를 묻는 것이지, 그 진상을 **어떻게** 알거나 믿을 수 있는지를 묻는 것이 아니다. 아버지의 대답도 그와 같은 종류에 속한다. 처음부터 내가 하고 싶은 말은, 그 소년이 옳은 질문을 옳게 제기했고 아버지도 옳은 방식으로 응답했다고—유신론자의 입장에서든 자연주의자의 입장에서든—생각한다는 점이다.

이 이야기를 다른 식으로 할 수도 있고, 아버지도 다른 식으로 대답할 수 있지만, 그의 응답은 서구와 중동에서 가장 흔한 두 가지 세계관을 대변한다. 그것은 곧 자연주의와 유신론이다. 우리는 나중에

---

3) 특히 스콜라 철학자를 비롯한 일부 유신론자도 자연적 차원을 넘어서는 다른 정보는 필요 없다고 말할 것이다. 만일 아버지가 왜 '원래 그런 것인지'를 설명하고 싶다면, "하나님은 완전하고 필연적인 존재로서 설명이 필요 없는 분이야. 뒷걸음질은 이것으로 끝이고, 더 이상의 설명도 필요 없단다" 하고 말할 수 있을 것이다.

또 하나의 이야기를 살펴볼 예정이다.[4] 현재 내가 말하고자 하는 요점은, 우리의 모든 생각—하나님, 우리 자신, 우리를 둘러싼 세계에 관한 모든 성찰—밑바닥에는 세계관이 있다는 것이다.

세계관이란 무엇인가?

이 책이 쓰인 배경은 다음 두 가지다. 먼저 1976년에 나온 「기독교 세계관과 현대사상」의 초판에서 내가 제시한 세계관의 정의(定義)가 마음에 들지 않기 때문이다. 그 정의가 내 마음속에 깊이 뿌리 박혀 있고 또 지난 사반세기 동안 많은 학생의 머릿속에도 스며들었기 때문에, 우선은 그것을 그대로 사용하고 나중에 내가 문제점이라고 생각하는 것을 거론할까 한다. 그렇게 함으로써 세계관의 개념을 더 명료하게 다듬고, 내가 내린 결론에 입각해서 새로운 정의를 내릴 생각이다.

두 번째 배경은 데이비드 노글의 「세계관 개념의 역사」가 출판되었기 때문이다. 이 책은 세계관이라는 용어와 개념의 발전 과정을 풍부한 자원을 동원하여 자세히 밝히고 있다. 노글 덕분에 나로서는 더 이상 폭넓은 역사적 연구를 할 필요가 없게 되었다.

그러면 세계관이란 무엇인가? 세계관이란 이 세계의 근본적 구성에 대해 우리가 (의식적으로든 무의식적으로든, 일관적이든 비일관적이든) 보유하고 있는 일련의 전제(부분적으로 옳거나 완전히 잘못된)다.

우리가 생각을 시작하기도 전에 누구나 인식하는 첫 번째 가정은, 무엇인가가 존재하고 있다는 것이다. 달리 말하면, 모든 세계관은 저

---

4) 제7장, pp. 179-181를 보라.

기에 아무것도 없는 것이 아니라 무언가가 있다고 가정한다. 이 가정은 너무 초보적이라서 우리가 그런 가정을 하고 있는지조차 모른다.[5] 너무 뻔해서 언급조차 하지 않는 것이다. 무언가가 존재하고 있음이 분명하다!

정말 그렇다. 그게 중요한 점이다. 만일 우리가 그것을 인식하지 못하면, 더 이상 논의를 진행할 수도 없을 것이다. 우리가 매일 접하는 수많은 단순한 '사실들'이 흔히 그렇듯이, 이 사실도 굉장한 의미를 갖고 있다. 저기에 무언가가 존재한다는 인식이야말로 의식적인 삶의 시작이다. 또 철학의 두 분파인 형이상학(존재에 관한 연구)과 인식론(앎에 관한 연구)의 출발점이기도 하다.

그런데 우리가 곧이어 발견하게 되는 것은, 저기에 무엇인가 존재하고 있음을 인식한다고 해서 그것이 **무엇인지**를 알게 된 것은 아니라는 점이다. 그리고 여기서 세계관들이 갈라지기 시작한다. 어떤 이들은 존재하고 있는 유일한 근본 실체가 물질이라고 가정한다(이에 대해 의식적으로 생각하든 그렇지 않든). 그들은 모든 것이 궁극적으로 하나라고 생각한다. 한편 어떤 이들은 모든 것이 하나라는 점에는 동의하지만, 그것이 영(Spirit)이나 영혼(Soul) 혹은 모종의 비물질적 실체라고 가정한다.

이런 식으로 본보기만 들다가 길을 잃으면 안 되겠다. 현재 우리의 관심사는 세계관의 정의 문제다. 세계관은 여러 기본 전제로 구성되

---

5) Alfred North Whitehead는 이렇게 말한다. "어떤 가정들은 너무 뻔하게 보여서 사람들이 자기가 가정하고 있는 것을 모를 정도다. 그와 달리 생각할 수 있다고 생각한 적이 없기 때문이다"[Whitehead, *Science and the Modern World*(1925: reprint, New York: Mentor, 1948), p. 49].

어 있는데, 대체로 서로 일관성이 있고, 대체로 의식적으로 견지되고 있으며, 대체로 참된 것들이다. 이 전제들은, 우리가 평소에는 의문시하지 않고, 우리와 유사하게 생각하는 친구들도 거의 언급하지 않으며, 이념적으로 다른 우주에서 온 외국인이 도전할 때에만 비로소 의식하게 되는 그런 것이다.

일곱 가지 기본 질문

세계관이 무엇인가를 이해하는 또 다른 방법은 그것을 다음 일곱 가지 질문에 대한 근본적인 대답으로 보는 것이다.

첫째, 진정으로 참된 최고의 실재는 무엇인가? 이에 대해 우리는 하나님, 여러 신들, 혹은 물질적 우주라고 대답할 수 있다.

둘째, 외부의 실재 즉 우리를 둘러싼 세계의 본질은 무엇인가? 이에 대한 대답은, 우리가 세계를 창조된 것으로 보는가, 저절로 된 것으로 보는가, 무질서한 것으로 보는가, 질서가 있는 것으로 보는가, 물질로 보는가, 영으로 보는가를 알게 한다. 또 우리가 세상에 대한 주관적이고 인격적인 관계를 강조하는가 아니면 우리와 분리된 객관성을 강조하는가를 알 수 있다.

셋째, 인간은 무엇인가? 이에 대해 인간이란 매우 정교한 기계라고 대답하거나, 하나님의 형상대로 지음받은 인격적 존재, 혹은 잠자는 신(a sleeping god) 또는 '털 없는 원숭이' 등으로 대답할 수 있다.

넷째, 인간이 죽으면 어떤 일이 일어나는가? 이 질문에 대해서는 소멸된다, 더 나은 상태로 변형된다, 환생한다, 혹은 '저 세상'의 유령이 된다 등으로 대답할 수 있다.

다섯째, 지식이 가능한 까닭은 무엇인가? 이 질문에 대해서는 우리가 전지하신 하나님의 형상대로 지음받았기 때문이라거나 아니면 오랜 진화 과정에서 생존의 부수적 결과로 인식 기능과 이성이 발달했기 때문이라는 대답이 가능하다.

여섯째, 무엇이 옳고 무엇이 그른지 어떻게 알 수 있는가? 선이라는 속성을 가지신 하나님의 형상대로 지음받았기 때문에, 아니면 선악이 인간의 판단 혹은 인간이 좋게 여기는 것으로 결정되기 때문에, 또는 문화적 혹은 육체적 생존을 향한 동력에 의해 발달된 개념이 있기 때문에 등으로 대답할 수 있겠다.

일곱째, 인간 역사의 의미는 무엇인가? 이 질문에 대해서도 하나님, 혹은 기타 다른 신의 계획들을 실현하는 것, 지상에 낙원을 이룩하는 것, 사람들로 하여금 거룩하신 사랑의 하나님과 교제하는 천상의 삶을 예비케 하는 과정 등으로 대답할 수 있다.

다양한 기본적 세계관들에서는 이 외의 다른 문제들도 제기된다. 예를 들어 보자. 이 세상의 책임자는 누구인가? 하나님인가, 인간인가, 또는 아무 책임자도 없는가? 사람은 결정된 존재인가, 자유로운 존재인가? 사람만이 가치의 창출자인가? 하나님은 진실로 선하신 분인가? 하나님은 인격적인 신인가, 비인격적인 신인가? 혹은 신이란 도대체 존재하는가?

이러한 식으로 질문을 퍼부을 때 우리는 멈칫하게 된다. 어떤 사람은 해답이 너무 명백하기 때문에 왜 힘들게 그런 질문을 하는지 의아하게 생각할 것이고, 또 다른 이들은 그러한 질문에 어느 정도나 확실하게 대답할 수 있을까 하고 생각할 것이다. 만일 질문에 대한 대답들이 너무 명백하기에 고려할 가치가 없다고 생각한다면, 그는 분명히 하나의 세계관을 가지고는 있으나 다른 많은 사람이 그 세계관에 동의하지 않는다는 사실을 모르고 있는 것이다. 우리는 다원주의 사회에 살고 있음을 반드시 기억해야 한다. 우리에게는 명백한 것이 이웃에게는 '엄청난 거짓말'이 될 수도 있다. 이 사실을 인식하지 않는다면 우리는 매우 단순하고도 편협한 사람이며, 현대를 살아가는 인간들에 대해 많은 것을 배워야 할 것이다. 이와 대조적으로, 그러한 질문에 대한 해답은 거짓이나 지적 자살 없이는 얻을 수 없다고 생각한다면 그도 이미 다른 종류의 세계관 즉 그 극단적 형태가 허무주의로 나타나는 회의주의적 세계관을 갖고 있는 것이다.

우리는 그러한 질문들에 대한 대답을 회피한 채 살 수 없다. 우리는 이런 입장을 취하거나 저런 입장을 취하게 된다. 어떤 명백한 세계관을 취하기를 거부하는 것도 결국 그 자체가 하나의 세계관이거나 적어도 하나의 철학적 입장이 된다. 간단히 말해서, 우리는 이미 휘말려 있다. 우리가 살아 있는 한, 자신의 세계관을 검토하며 살든지 검토하지 않고 살든지 할 수밖에 없다.

몇 가지 반성

이 정의에 대해 곰곰이 생각해 보면 우선 여러 가지 항목이 빠져 있음을 금방 알 수 있다.

세계관 개념의 역사는 무엇인가? 누가 그것을 사용했으며, 어떻게 왜 사용했는가? 그 개념의 철학적 뿌리가 독일의 관념론에 있기 때문에 그 관념이 기독교에 흘러들어와서 기독교 신앙을 손상시키지는 않았는가? 성경에는 세계관적 사고를 지지하는 어떤 토대가 있는가?(이 주제는 제2장에서 다룰 것이다.)

세계관이 답변해야 할 가장 우선적인 질문은 무엇인가? 최고의 실재에 관한 질문인가, 아니면 앎(지식)에 관한 질문인가? 곧 존재론과 인식론 가운데 어느 것이 더 일차적인 문제인가 하는 것이다(이 주제는 제3장에서 다룰 것이다).

세계관은 어떻게 형성되는가? 세계관이 표명하는 근본 원리들은 어떤 성격을 갖고 있는가? 그것들은 어디서 오는가? 이론적인가, 전(前)이론적인가, 전제적인가, 혹은 셋의 조합인가?(이 주제는 제4장에서 다룰 것이다.)

세계관은 일차적으로 지적인 체계인가, 삶의 방식인가, 혹은 하나의 이야기인가?(이 주제는 제5장에서 다룰 것이다.)

세계관의 공적, 사적 차원은 각각 무엇인가? 이는 세계관의 객관적 성격 및 주관적 성격과 어떤 관련이 있는가? 한 개인의 세계관을 평가할 때 본인의 행위는 무슨 역할을 하는가?(이 주제는 제6장에서 다룰 것이다.)

세계관에 대한 이전의 정의가 부적합하다면, 어떻게 개선할 수 있을까?(이 주제는 제7장에서 다룰 것이다.)

세계관적 사고가 오늘과 같은 다원주의 세계에서 본인의 세계관과 타인의 세계관을 평가하는 데 어떤 역할을 수행할 수 있을까?(이 주제는 제8장에서 다룰 것이다.)

2

세계관이란 무엇인가?
딜타이에서 노글까지

> 사람마다 머릿속에 세계의 정신적 모형을 넣고 다니는데,
> 그것은 외부의 실재에 대한 주관적 그림이다.
> — 앨빈 토플러(Alvin Toffler)

세계관이란 개념은 풍부하고도 정교한 역사를 갖고 있다.[1] 이 용어는 독일어 '벨트안샤웅'(Weltanschauung)을 번역한 것으로서 임마누엘 칸트(1724-1804)가 맨 처음 사용하기 했으나, 잠깐 스치면서 언급했을 뿐이다. 독일의 관념론과 낭만주의에서는 '인간의 사고와 행위의 저변에 깔려 있고 그것을 형성하는 일련의 신념들'을 가리키는 단어로 널리 사용되었다.[2] 이 개념을 하나의 중심 주제로 삼은 최초의 인물은 바로 빌헬름 딜타이(1833-1911)다. 어쨌든, 칸트에서 비트겐슈

---

1) 세계관들의 역사와 그 성격을 자세히 다룬 책 가운데 굉장히 유익한 것은 다음 두 가지다. David Naugle, *Worldview: The History of a Concept*(Grand Rapids, Mich.: Eerdmans, 2002), Paul A. Marshall, Sander Griffoen and Richard Mouw, eds., *Stained Glass: Worldviews and Social Science*(Lanham, Md.: University Press of America, 1989).
2) Peter Heslam, *Creating a Christian Worldview: Abraham Kuyper's Lectures on Calvinism*(Grand Rapids, Mich.: Eerdmans, 1998), p. 89.

타인(Ludwig Wittgenstein, 1889-1951)과 프란시스 쉐퍼(1912-1984)에 이르기까지, 이 개념은 아주 다양한 맥락에 등장하여 다양한 세계관—독일 관념론에서 허무주의를 거쳐 칼빈주의 기독교에 이르기까지—에 맞추어 사용되거나 배척당해 왔다.

그러나 과거의 문헌에서 이 개념에 대한 명쾌하고 일관된 정의를 찾는 일은 결코 쉽지 않다. 철학자 샌더 그리피온(Sander Griffoen)이 말하듯이, "이 단어는 자연과학에서 철학과 신학에 이르기까지 아주 다양한 영역에서 사용되고 있다. 필자들은 적절한 정의를 내리지 않고 그것을 사용하는 경우가 많으며, 정의를 내리더라도 엄밀하지 않은 경우가 대부분이다." 어떤 이들은 "그 용어가 모호하다고 사과하는 경우"까지 있다.[3] 또 어떤 사람들은 모호하기 때문에 오히려 유용하다고 믿기도 한다.

하여튼 최근까지는 대다수가 '세계관이란 어떤 사람이 삶의 모든 문제를 다룰 때 그 틀을 제공하는 근본적 관점'이라는 모호한 정의를

---

3) Sander Griffoen, "The Worldview Approach to Social Theory: Hazards and Benefits", in *Stained Glass: Worldviews and Social Science*, ed. Paul A. Marshall, Sander Griffoen and Richard Mouw (Lanham, Md.: University Press of America, 1989), p. 83. 그 가운데 특별히 모호한 정의는 G. F. W. Hegel(1770-1831)이 내린 것이다. "이처럼 구체적 성격을 가진 것으로 시작하여, 세계에 대한 도덕적 안목 (도덕적 세계관)이 형성되고 정립되며, 그것은 도덕의 암묵적 측면과 명시적 측면을 서로 연관시키는 것을 의미한다. 이 연관성은 자연과 도덕적 목적 및 행위 사이에서 볼 수 있는 철저한 상호 무관심과 특정한 독립성을 전제로 삼고 있다. 그리고 다른 한편, 유일한 본질적 사실로서의 의식적인 의무감과, 자율적인 독립성과 본질적 의미를 완전히 빼앗긴 자연에 대한 의식을 전제로 삼는다. 세계에 대한 도덕적 견해(도덕적 세계관), 도덕적 태도는 이처럼 완전히 대립적이고 상충된 전제들의 상호 관계에 나타나는 그 순간들이 발전한 양상이다"[G. F. W. Hegel, *The Phenomenology of Mind*, trans. J. B. Baillie, 2nd ed.(London: George Allen and Unwin, 1961), pp. 615-616; Naugle, *Worldview*에서 인용, pp. 69-70].

받아들여 왔다. 이 정의는 다음과 같은 문제에 대해 완전히 열려 있는 상태다. 즉 세계관이 보편적이고 추상적인 철학인지 아니면 개별적인 개인의 비전인지, 궁극적으로는 하나의 세계관뿐인지 아니면 여러 세계관이 있는지, 세계관이 다루는 이슈들이 이해 가능한 것인지 아닌지, 세계관이라는 것이 이론적인지 아니면 전(前)이론적인지, 그것은 당신의 생각을 말로 표현한 것인지 아니면 당신이 행위로 보여 주는 것인지 등. 이런 문제들은 나중에 다루기로 하겠다.

세계관 개념은 독일의 관념론에서 처음 등장했다. 따라서 처음부터 그 개념에는 어떤 특성이 담겨 있으므로, 그리스도인이 그 개념을 사용하려면 처음부터 그런 점을 무시하든가 아니면 거기에 도전을 가해야 할 것이다. 먼저 주로 세속 철학자들이 세계관을 이해한 방식을 크게 네 가지로 정리할 생각이다. 이어서 그리스도인으로서 세계관을 논한 사상가 몇 사람을 살펴볼 예정이다. 이로부터 여러 가지 중요한 결과가—어쩌면 결론이—도출될 것이다.

세속적 정의의 개관

빌헬름 딜타이(Wilhelm Dilthey, 1833-1911). 세계관이란 용어를 철학적 담론에 처음으로 소개한 인물은 임마누엘 칸트지만, 대체로 이 개념에 입각해서 자기 철학을 설명한 최초의 사람은 빌헬름 딜타이였다.[4] 마이클 어마스(Michael Ermarth)는 딜타이가 "세계관들의 발생, 그에 대한 명료한 설명, 비교, 발전 등을 포괄적으로 다룬" 첫 인

---

4) 이 단어가 처음 등장한 곳은 다음 책이다. Kant, *Critique of Judgment*(1790). Naugle, *Worldview*, pp. 58-59를 보라.

물이라고 말한다.[5] 세계관의 기본 역할은 "사람의 정신과 세계 및 인생의 수수께끼 사이의 관계를 표현하는 것"이다.[6] 물론 인생의 수수께끼에 대해서는 많은 대답이 제시될 수 있는데, 각각은 역사의 흐름에 몸담고 있는 개개인에게 뿌리를 두고 있다. 이런 대답들은 사람과 시대에 따라 변하기 마련이다.

"어떤 세계관이든 궁극적 뿌리는 인생 그 자체다"라고 딜타이는 말한다.[7] 이처럼 각 세계관이 각자의 성격과 기질에 좌우된다 하더라도, 심리학적 차원에서 보면 공통 분모가 있기 마련이다. 누구나 인정하는 어떤 특징들이 있다는 말이다. 가령 "죽음의 확실성, 자연 현상의 잔인성, 보편적인 덧없음"[8] 등이 그것이다. 이런 것이 바로 세계관이 풀어야 할 불가피한 현실이요 삶의 수수께끼다.

세계관은 '우주의 그림'으로 시작하여, 인간의 의식과 외부 세계 사이의 복잡한 상호 관계를 다루고, 우리가 누구인지 또 우리를 둘러싸고 있는 것의 본질이 무엇인지에 대한 좀더 정교하고 구체적인 인식으로 이어진다. 거기에 가치에 대한 의식이 덧붙여진다. 이런 식으

---

5) Michael Ermarth, *William Dilthey: The Critique of Historical Reason*(Chicago: University of Chicago Press, 1978), p. 324; Naugle, *Worldview*, p. 82에서 인용.

6) Wilhelm Dilthey, *Gesammelte Schriften*, 5:406, Ramon J. Betanzos, trans., in his introduction to Wilhelm Dilthey, *Introduction to the Human Sciences: An attempt to Lay a Foundation for the Study of Society and History*(Detroit: Wayne State University Press, 1988), p. 291에서 인용; Naugle, *Worldview*, p. 84에서 인용.

7) Wilhelm Dilthey, "The Types of World Views and Their Unfoldment Within the Metaphysical Systems", in *Dilthey's Philosophy of Existence: Introduction to Weltanschauungslehere*, trans. William Kluback and Martin Weinbaum (New York: Bookman Associates, 1957), p. 21. 이 글에는 딜타이의 세계관 철학의 핵심이 담겨 있다.

8) Naugle, *Worldview*, p. 86.

로 의식이 층층이 쌓이다가 마침내 최고층에 도달하면 "우리 행위의 최고 질서, 곧 인생의 포괄적 계획, 최고의 선, 최고의 행위 규범, 사회와 개인 모두가 추구할 하나의 이상"[9]을 발견하게 된다. 노글의 요약을 소개하면 이렇다.

> 따라서 딜타이의 경우, 세계관의 형이상학적, 가치론적, 도덕적 구조가 인간 정신의 구성 요소인 지, 정, 의에서 나온다고 할 수 있다. 본래 소(小)우주적 안목들은 구성과 내용 면에서, 어두운 우주를 밝게 조명하고자 노력하는 소우주적 인간들의 내적 구조를 반영한다. [10]

이런 딜타이의 견해는 칸트 이후의 형이상학을 뚜렷이 반영하고 있다. 한 사람이 인지하는 것은 주로 본인의 정신에 달려 있다는 입장이다. 우리는 저기에 있는 실재를 있는 그대로 볼 수 없다. 우리의 정신 속에 내재된 구조를 통해 이해할 수 있을 뿐이다. 그렇다면 세계관이란 우리의 자율적인 자아를 형성하는 구조인 셈이다. 우리는 **우리의 눈**에 들어오는 것만 보게 된다. 우리는 **우리의 머리**로 이해할 수 있는 것만 이해하게 된다. 딜타이가 모든 인간이 공유하는 본성과 실재가 존재한다고 주장했지만, 우리의 세계관은 어디까지나 **우리의 것**이

---

9) Dilthey, "Types of World Views", pp. 26-27.
10) Naugle, *Worldview*, p. 87. H. A. Hodges는 똑같은 대목을 이렇게 요약한다. "Dilthey는…세계관(Weltanschauung)을 구조적으로 서로 연결된 세 가지 요소로 나누어 분석한다. 첫째는 사실의 세계의 성격과 내용에 관한 신념이고, 둘째는 이에 기초하여 가치 판단의 형태로 나타나는 좋은 것과 싫은 것에 관한 체계이며, 셋째는 앞의 두 요소에 기인하는, 욕망과 혐오, 목적, 의무, 실제적 규율과 원리 등으로 이루어진 체계다"[*Wilhelm Dilthey: An Introduction*(London: Routledge & Kegan Paul, 1944), p. 92].

고, 설사 그것을 타인과 공유한다 하더라도 실은 그들이 우리와 비슷한 사람이기 때문에 가능하다.

물론 모든 사람이 우리와 비슷한 것은 아니다. 딜타이의 말처럼, "세계관은 서로 다른 상황, 기후, 인종, 국가 아래서 개발되고, 역사와 정치 조직과 시대에 따라 모양이 결정된다."[11] 그러므로 수많은 세계관이 있기 마련이다. 딜타이의 시대가 그랬다면, 오늘날은 더더욱 그러할 것이다.

"요컨대, 세계관은 인간의 심리적 측면에서 나오는 것으로서, 지적으로는 실재의 인식으로, 정서적으로는 삶의 평가로, 의지적으로는 능동적인 뜻의 이행으로 표현된다"[12]고 노글은 결론짓는다. 전반적인 목표는 안정을 찾는 것이다. 즉 인생의 수수께끼를 해결하여 세상에서 생각하고 행동하는 일을 성공적으로 수행하기 위해서다.

딜타이는 이런 개념을 사용하여 인류 역사를 검토한 끝에 기본적으로 세 종류의 세계관이 있음을 발견한다. 종교적, 시적(詩的), 형이상학적 세계관이 그것이다. 형이상학적 세계관은 다시 자연주의, 자유의 관념론, 객관적 관념론으로 나누어진다. 마지막에 이르면, 처음에 자기가 생각했던 것, 곧 실재와 인간 본성에 중요한 공통 분모가 있을 것이라는 기대는 거의 사라지고 만다. 딜타이는 자기 나름의 객관적 관념론을 선택하지만, "궁극적으로 형이상학적 체계에서 남는 것은 오직 영혼의 상태와 하나의 세계관밖에 없다"[13]고 결론짓는다. 이런 세계관들에 대한 그의 묘사와 설명이 무척 풍성하고 유익함에

---

11) Dilthey, "Types of World Views", p. 27.
12) Naugle, *Worldview*, p. 88.
13) Dilthey, "Types of World Views", p. 74.

도 불구하고, 그것을 다루자면 우리의 관심사—세계관 개념의 역사—에서 멀리 벗어나게 되므로 여기서 그칠 수밖에 없겠다.

딜타이의 견해를 정리하면 다음과 같이 요약할 수 있다. **세계관이란, 한 사람이 주변 세계와 거기에 담긴 수수께끼를 인식한 다음 그것에 대해 어떻게 이해하고 느끼고 행동으로 반응할지 고민할 때, 그 결과를 본질적으로 결정짓는 삶의 깊은 체험에서 나오는 일련의 정신적 범주다.**

프리드리히 니체(Friedrich Nietzsche, 1844-1900). 니체는 근대 세계에서 최초는 아니더라도 가장 대담한 허무주의자다. 그는 19세기의 지성사를 성찰하는 가운데 유신론적 신 개념—특히 아브라함과 이삭과 야곱의 하나님이자 우리 주 예수 그리스도의 아버지이신 분—에 대한 신념이 약화되면서 생긴 결과를 주시하다가 마침내 신의 죽음을 선언한 인물로 유명하다. 이제는 인간이 끝없는 바다에서 방향을 가리키는 별도 없이, 집이라고 부를 수 있는 항구도 없이, 여행의 목적도 없이 둥둥 떠다니는 모습을 그는 보았다. 동시에 니체는 최초는 아니더라도 가장 담대한 실존주의자이기도 한데, 특히 자아를 중심에 놓고 자아의 능력과 의지를 강조한 면에서 그러하다. 그는 자신의 허무주의에 대해 '초인'(Superman 혹은 Overman)의 개념으로 반응했는데, 초인이란 스스로 가치관을 만들어 의지의 힘으로 타인(말인, last man)에게 강요하는 마치 하나님같이 강한 개인을 가리킨다.

하나님의 죽음과 더불어, 진·선·미에 대한 외부적 표준도 모두 죽었다. 물론 니체가 말한 것은 문자적인 하나님이 정말 죽었다는 의미는 아니었다. 처음부터 어떤 유의 신도 아예 존재하지 않았다. 그 말의 의미는, 하나님이란 개념이 이제는 인간의 상상 속에서 작동을 멈추고, 인간의 행위에 아무런 영향을 미치지 못하게 되었다는 뜻이다. 사람들이 입으로는 하나님을 믿는다고 말할지 모르지만, 그들의 생각과 행동을 보면 무신론자에 가깝다는 것이다.

니체가 보기에, 지성사는 사람들이 참된 실재를 향해 점점 가까이 나아가는 발전적인 이야기가 아니다. 그것은 계속 바뀌는 환상을 그린 이야기다.

> 그러면 진리란 무엇인가? 은유들과 환유들과 신인 동형설들로 이루어진 기동 부대다. 요컨대 그것은 인간 관계의 총체로서, 시적으로 또 수사학적으로 선전되고 중첩되고 꾸며져서 한참 후에는 탄탄한 모습이 되어 사람들에게 표준이요 의무 사항으로 비치는 것이다. 진리는 우리가 본연의 모습을 잊어버린 환상에 불과하다. 이제는 낡아서 힘을 발휘하지 못하는 은유들이요, 그림이 지워져서 이제는 쇳조각에 불과한 동전들이다.[14]

그 결과 "완전한 관점주의(perspectivism)가 니체 철학의 핵심을 차지하고 있다"[15]고 노글은 말한다. 니체는 모든 세계관을 그 시대와 장소와 문화의 산물로 보았던 것이다.[16]

니체는 세계관을 특정 장소와 역사적 맥락에 있는 사람들이 의존하고 종속되며 탄생하는 문화적 실체로 간주한다.… '벨트안샤웅'(Weltanschauung)

---

14) Friedrich Nietzsche, "On Truth and Lie in an Extra-Moral Sense", in *The Portable Nietzsche*, trans. Walter Kaufmann (New York: Viking, 1954), pp. 46-47.
15) Naugle, *Worldview*, p. 102.
16) 그럼에도 불구하고 Nietzsche가 Weltanschauung, Weltbild, Weltsicht 같은 용어를 79번이나 사용했다고 Naugle은 말한다(같은 책, p. 100).

은 꼭 필요하고 뚜렷한 경계선을 제공하여 구조적으로 한 민족의 사고와 신념과 행위를 형성한다. 어떤 세계관이든 추종자의 관점에서 볼 때는 논쟁의 여지가 없으며, 사물을 평가하는 데 필요한 궁극적 표준들을 제공한다. 그것은 모든 사고 활동에 평가 기준을 제공해 주고, 진·선·미에 대한 기본적 이해를 형성한다.…세계관은 [추상적 관념을] 구체화시킨 것에 다름 아니다. 그것은 인식의 주체가 어떤 사회적 맥락에서 자연, 하나님, 법, 혹은 그 밖의 권위에 의존하여 만들어 낸 주관적 산물이다. 그런데 그들은 자신이 세계의 모형을 만들어 낸 창조자임을 잊어버린다. 한 세계관에서 말하는 '진리'라는 것은 기존의 언어 관습과 습관이 만들어 낸 산물에 불과하다.[17]

이와 같은 니체의 세계관 개념은 결코 예외적인 것이 아니다. 그의 주장 가운데 중요한 의미가 있는 것은, 모든 세계관이 시대와 장소와 환경에 따라 형성되는 상대적인 것이라는 과격한 입장이다. 니체의 역사주의는 어떤 면에서 딜타이의 관점과 다르지 않다. 하지만 딜타이의 경우 안정을 향한 갈망이 있음을 감지할 수 있으나, 니체는 그런 기미가 전혀 없이 마치 다시는 빛을 보지 못할 터널에 들어간 기차에다 자기 몸을 맡기는 모습이다. 그 기차는 헤드라이트에 자기 의지를 실은 채 동굴 속의 무(無)를 향해 더 깊이 치닫는다.[18]

루드비히 비트겐슈타인(Ludwig Wittgenstein, 1889-1951). 비트겐슈

---

17) 같은 책, p. 101; Peter Levine, *Nietzsche and the Crisis of the Humanities*(Albany: State of New York University Press, 1995), 특히 pp. 45-65, 187-199도 보라.
18) 이 이미지의 출처는 Friedrich Dürenmatt, "The Tunnel", in *A Casebook on Existentialism*, ed. William V. Spauos (New York: Thomas Y. Crowell, 1966), pp. 54-64.

타인은 헤겔과 하이데거처럼 이해하기 어렵고 모호한 인물로 유명하다. 그의 초기 작업은 자기 견해를 실재에 꼭 맞추려고 시도한 면에서 근대적이었다고 할 수 있다. 하지만 후기에는 이런 희망을 완전히 버리고 포스트모던 성향을 띠기 시작하면서, '다수의 상호 배타적인 세계상(像), 삶의 형태, 언어 게임'을 추구한다. 그래서 "포스트모더니즘으로 넘어가는 과도기의 중심 인물이 된다. 당시는 단 하나의 세계관을 둘러싸고 벌이던 세계관들의 싸움이 끝나면서 실재에 대한 다양한 비경쟁적, 언어적 구축 작업이 그것을 대치하던 시기였다."[19] "플라톤은 존재론을 지지하고 데카르트는 인식론을 주요 관심사로 주장한 데 비해, 비트겐슈타인은 문법과 언어를 지도적 원리로 지명했다."[20]

요컨대 비트겐슈타인은 세계관의 타당성 자체를 부인했다고 볼 수 있다. 모든 세계관은 하나같이 도무지 불가능한 주장을 늘어놓기 때문이다. 즉 자기가 실재를 있는 그대로 파악했다고 주장한다는 것이다. 그런데 우리가 실제로 갖고 있는 것은 "삶, 언어, 문화, 의미에 대한 검증 불가능한 모형들로 이루어진 세계에 대한 접근법"이다.[21]

여기서 우리는 용어의 문제에 부딪힌다. 중요한 의미에서—이것이 내가 지지하고 싶은 의미인데—비트겐슈타인을 포함하여 누구나 세계관을 갖고 있다. 따라서 세계관이란 개념을 거부하는 것은 일종의 자가당착이다. 그것은 마치 "절대적인 것은 없다. 모든 것이 상대적이다"라고 말하는 것과 같은데, 이 진술이 참이라면 그것은 거짓으로 판명된다. 즉 이는 자기 모순적 발언이다. 비트겐슈타인은 분명히 실

---

19) Naugle, *Worldview*, pp. 152-153.
20) 같은 책, p. 149.
21) 같은 책, p. 157.

재에 대해 진술하고 있다. 그 진술이 묘사하는 실재가 순전히 언어적이든, 그 진술을 본인이 원하는 것을 얻는 데 유용한지의 여부로만 평가해야 하든 상관없다. 말하자면, 언어의 본질에 관한 그의 진술은 그와 반대되는 진술과 나란히 놓아도 아무 문제가 없는 진리 주장, 즉 전자와 후자가 똑같이 참된 진술이 아니다. 그것들은 언어의 실제적인 성격에 관한 진술이다. 만일 그렇지 않다면, 그것들은 주장하는 바가 전혀 없는 셈이고 따라서 아무도 그것을 진지하게 여길 필요가 없을 것이다.

달리 표현하면, 비트겐슈타인은 아무도 비언어적 실재에 관한 지식을 얻을 수 없다고 주장한다. 따라서 비트겐슈타인은 존재론('존재하는 그 무엇')이나 인식론('어떻게 알 수 있는가')에 대해 아무런 '견해'를 갖고 있지 않다고 할 수 있다. 그에게는 해석학('어떻게 언어를 이해하고 사용할 수 있는가')만 있을 뿐이다.

비트겐슈타인의 세계관(본인은 그렇게 부르지 않겠지만)을 이런 식으로 기술할 수 있을 것 같다. **세계관이란 실재에 대한 사고 방식으로서, 객관적 실재에 관한 '지식'을 얻을 수 있다(즉, 비언어적 실재에 관한 '진리'를 알 수 있다)는 개념을 거부하고, 따라서 인식 가능한 실재를 자기가 원하는 것을 얻는 데 유용한 언어에 국한시키는 사고 유형이다.**

그는 세계관(Weltanschauung)보다 '세계상'(世界像, Weltbild)에 관해 이야기하길 더 좋아한다. 하지만 그가 이 용어를 사용하는 방식을 보면 세계관과 유사어라는 것을 알 수 있다.

[세계상의 사실들은] 의심의 여지가 없는 것이고, 특정한 사고 및 행동 방식의 '축', '강 바닥', '발판', '요체'의 역할을 한다.···이처럼 세계상들은

실재를 창조함으로써 그 신봉자에게 일종의 가짜 형이상학을 만들어 주어 그들로 하여금 그 안에서 살고 움직이고 몸담도록 한다.…비트겐슈타인이 사용하는 세계상이란 용어는…합리적 승인을 받으려고 경쟁하는, 인식론적으로 믿을 만한 구성물이라고 생각하면 안 되고, 실재를 조직하는 방식으로 인정받기 위해 적절한 용어로 표현해야 할 신념의 그물망이라 간주해야 한다. 결론적으로, 누구든 세계에 대한 자신의 안목을 말할 때 우리는 이런 존재이고, 우리는 이렇게 이해하고, 우리는 이렇게 행한다는 식으로밖에 말할 수 없을 것이다.[22]

이처럼 복잡한 비트겐슈타인의 견해를 우리가 어떻게 이해하든 간에, 한 가지 분명한 점은 세계관이 주변 세계에 대한 지식의 토대를 제공할 능력이 있다는 것을 그가 부정했다는 점이다. 세계관은 언어로 구성된 만큼 거꾸로 우리에게 실재를 구성해 주는 역할도 한다. 우리는 세계관이 보도록 허용하는 것만 볼 수 있을 뿐이다.

미셸 푸코(Michel Foucault, 1926-1984). 푸코는 **인식**(episteme)과 **세계관**이란 용어를 대조적으로 사용하기도 하고 유사어로 사용하기도 한다. 그의 철학의 뉘앙스를 이해하려면 이 둘을 구별하는 것이 중요할지 모르지만, 여기서는 전자에 관한 언급을 다루면서 후자에 대한 견해도 포함시키고자 한다. "인식이란 세계관과 비슷한 것으로 간주될 수도 있다. 즉 지식의 모든 영역에 공통된 한 조각의 역사요, 각 영역에 동일한 규범과 공리를 강요하는 그 무엇, 이성의 한 단계, 동시대인이라면 결코 피할 수 없는 특정한 사고 구조—어떤 자율적

---

[22] 같은 책, p. 161.

인 손이 영 단번에 쓴 거대한 입법 체계—로 생각될 수 있다."[23] 인식에는 "피해 갈 수 없는 일련의 규율과 규정, 추론 방식, 사고 패턴, 안다는 것의 모든 패턴을 창출하고 지배하는 법 체계 등이 포함된다."[24]

여기서 우리의 주목을 끄는 그의 세계관 이해는, 세계관과 권력의 상관 관계를 다룬 대목이다.

> 그가 독자들에게 제시하는 세계에 대한 관점은 인간이 언어 구조와 지식의 제도 속에 갇혀서 도무지 빠져나갈 수 없는 그런 것이다. 인간의 담론은 모두 권력 놀음이고, 사회 조직은 모두 억압적이며, 문화적 상황은 모두 전제적이다.[25]

푸코는 객관적 실재에 관한 진리를 이야기할 시간이 없다. 오직 담론만 있을 뿐이고, 그것은 모두 권력을 얻기 위한 놀음이다.

> '진리'는 진술의 생산, 규제, 분배, 순환, 작동을 위해 잘 정돈된 절차들의 체계로 이해될 필요가 있다.
> '진리'는 권력의 체계들과 순환 관계를 맺고 있는데, 후자는 전자를 생산하고 지탱하며, 전자는 후자를 유도하고 확장하게 된다. 그래서 진리의 '제도'(regime)가 수립된다.[26]

---

23) Michel Foucault, *The Archaeology of Knowledge*, trans. A. M. Sheridan Smith (New York: Random House/Pantheon, 1972), p. 15; Naugle, *Worldview*, p. 181에서 인용.
24) Naugle, *Worldview*, pp. 181-182.
25) 같은 책, p. 183.
26) Michel Foucault, "Truth and Power", in *The Foucault Reader*, Paul Rabinow 편집(New York: Pantheon, 1984), p. 74.

"푸코의 회의주의에 입각해서 말하면, 세계관이란 순전히 권력 엘리트의 언어적 구성물에 불과하다. 그것들은 부재중인 실재의 껍데기요, 사회적 억압의 효과적인 수단으로 사용될 뿐이다."[27] 달리 말해, "세계관은 언어적 권력의 옷을 차려 입고서 궁극적 실재를 해석하는 체하는 가짜에 불과하다."[28]

기독교적 정의의 개관

이제까지 다룬 정의들을 염두에 두면서, 세계관의 개념을 아주 중요시한 기독교 사상가들을 살펴보자. 제임스 오르, 아브라함 카이퍼, 헤르만 도여베르트(Herman Dooyeweerd), 제임스 올시우스(James Olthuis), 알버트 월터스(Albert Wolters), 로널드 내쉬(Ronald Nash), 존 콕(John Kok) 등. 한편 브라이언 왈쉬와 리처드 미들턴의 통찰은 나중에 살펴볼 예정이다(제5장).

제임스 오르(James Orr, 1844-1913). 오르는 스코틀랜드의 장로교 신학자로서 1890-1891년에 에딘버러의 연합 장로교 대학에서 열린 커 강좌에서 세계관적 사고를 기독교 신학에 처음으로 도입한 인물이다. 그의 강좌는 나중에 「하나님과 세계에 대한 기독교적 견해」(*Christian View of God and the World*)라는 제목으로 출판되었다. 오르는 그 개념이 독일에서 나왔음을 잘 알고 있었으며 자신의 변증을 위해 그것을 활용하였다.[29] 그의 주목적은 완전하고, 정합성 있고

---

27) Naugle, *Worldview*, p. 184.
28) 같은 책.
29) James Orr, *The Christian View of God and the World*(Grand Rapids, Mich.: Eerdmans, 1954), pp. 4-5, 365-370.

(coherent), 이성적으로 변호할 수 있는 기독교를 제시함으로써 당대의 지적, 문화적 도전에 대처하는 것이었다. 세계관 개념이 바로 그런 분석과 설명에 필요한 도구를 제공해 주었다. "현재 공격의 대상은 사물에 대한 기독교적 관점이고, 그런 공격에 대처하려면 전반적으로 기독교적 관점을 설명하고 변호하는 일이 필요하다."[30]

이어서 오르는 기독교 신앙이 인류의 발전과 관련된 중요한 이슈들을 어떻게 다루고 있는지 보여 줌으로써 기독교적 신념을 정당화하고 있다. "기독교 신앙을 내적 통합성, 합리적 정합성, 경험적 진실성, 실존적 능력을 갖춘 그리스도 중심적이고 자기 확증적인 성경적 진리 체계로 생각하게 만든 것이 그의 가장 독특한 공헌의 하나다."[31]

그의 세계관 개념은 당시에 널리 사용되던 용어인 '벨트안샤웅'(Weltanschauung) 혹은 '벨트안지히트'(Weltansicht)에 대한 일반적 이해에서 취한 것이다. 세계관이란 "특정한 철학이나 신학의 관점에서 모든 사물을 통째로 이해하려는 노력의 일환으로서 정신이 취할 수 있는 가장 폭넓은 견해다."[32] 오르는 에드워드 케어드(Edward Caird)를 인용하면서 좀더 자세히 설명한다. "사물들에 대한 우리의 관념 위아래에는 어떤 총체적 정신이 있는데, 그것은 이런 세세한 경험들을 아우르는, 내부 및 외부 세계에 관한 전반적 관념이다."[33] 더군다나 이런 세세한 관념들은 아주 정합성 있게 종합된다. "어디서나 인간의 정신은 우주가 하나라는 관념에 열려 있다. 즉 일련의 법칙이

---

30) 같은 책, p. 4.
31) Naugle, *Worldview*, p. 13.
32) Orr, *Christian View*, p. 3.
33) Edward Caird, *Social Philosophy of Comte*, p. 24. Orr, *Christian View*, p. 6에서 인용. Caird(1835-1908)는 관념론적 실재관을 갖고 있었던 스코틀랜드 철학자다.

그것을 통째로 붙들고 있고, 하나의 질서가 모든 것을 다스린다. 따라서 어디서나 단 하나의 보편적 관점을 추구하는 모습을 보게 되는데, 사물들을 통일체로 묶고 이해하려는 노력이 그것이다."[34]

세계관은 "인간의 본성 깊숙이 뿌리박혀 있으며", 지성과 행위 모두와 연관을 맺고 있다. 이어서 오르는 기독교적 세계관의 특징을 논의하는 데 상당한 분량을 할애한다. 주로 '하나님', '인간', '죄', '구속', '인간의 운명'과 같은 신학적 용어를 설명하면서 특히 그리스도 안에서 이루어진 하나님의 성육신에 초점을 맞춘다.

이런 오르의 견해가 초석이 되어 나중에 기독교 세계관의 개념이 크게 발전할 수 있었다.

아브라함 카이퍼(Abraham Kuyper, 1837-1920). 기독교 세계관 사상이 형성되던 초기에 어쩌면 오르보다 더 중요한 인물이 있다면, 바로 아브라함 카이퍼일 것이다. 카이퍼는 제임스 오르와 동시대인으로 그의 연구에 대해 잘 알고 있었다. 나중에 「칼빈주의 강좌」(*Lectures on Calvinism*)로 출판된 프린스턴 대학의 스톤 재단 강좌(1889년)에서, 카이퍼는 오르의 접근을 확장시켜 칼빈주의 기독교를 하나의 포괄적 세계관으로, 혹은 카이퍼의 말에 따르면 모든 것을 포괄하는 '삶의 체계'로 제시했다. 그는, 모든 세계관은 "인간 실존에 공통된 세 가지 기본 관계, 즉 **하나님**, **인간**, **세상**에 대한 우리의 관계를 다루지 않으면 안 된다"[35]고 주장한다. 그러고는 이렇게 자세히 설명한다.

---

34) Orr, *Christian View*, p. 8.
35) Abraham Kuyper, *Lectures on Calvinism* (Grand Rapids, Mich.: Eerdmans, 1931), p. 31.

우리가 **하나님과** 맺는 관계에 대해서: 사제나 교회와 상관없이 사람이 영원자와 맺는 직접적인 교제. 우리가 **인간과** 맺는 관계에 대해서: 각 사람이 하나님의 형상으로 창조되었기 때문에 갖는 존엄한 가치와, 따라서 하나님과 그분의 대리인 앞에서 만인의 평등을 인정하는 것. 우리가 **세상과** 맺는 관계에 대해서: 세상에서 저주가 은혜에 의해 억제되고 있다는 것, 세상의 삶은 독자성 면에서 존중되어야 한다는 것, 우리는 자연과 인간의 삶의 모든 영역에서 하나님이 숨겨 놓은 보배들을 발견하고 잠재력을 개발해야 함을 인정하는 것.[36]

그런데 오르와 달리, 카이퍼는 이 삼중적 관계를 토대로 신학을 정립하지는 않는다. 이어지는 네 차례의 강좌에서 그는 기독교 세계관이 어떻게 문화와 관련을 맺으면서 종교, 정치, 과학, 예술 등이 완전한 경지에 이르도록 조명하고 자극을 주는지를 설명한다. 그리고 우리의 사고와 생활 속에 칼빈주의 세계관을 깊이 뿌리박고 다가오는 미래를 맞이하라고 요청하면서 끝을 맺는다.

철학, 심리학, 미학, 법학, 사회 과학 문헌, 심지어 의학과 자연 과학에 이르기까지, 그것들을 철학적으로 사고하면 결국 기본 원리들로 되돌아가게 되는데, 이제까지보다 훨씬 더 심각한 질문을 제기할 필요가 있다. 즉, 현재 이런 분야의 방법론을 지배하고 있는 존재론적, 인간론적 원리들이 칼빈주의 원리와 일치하는지, 아니면 본질적으로 서로 다른지를 물어 보아야 한다.[37]

---

36) 같은 책.

카이퍼의 세계관 개념에서 특히 중요한 요소는 이것이다. 즉, 각 세계관은 단 하나의 관념에 기원을 두고 있다는 생각이다. 카이퍼 연구가인 피터 헤슬람(Peter S. Heslam)은, 카이퍼가 스톤 강좌를 하기 전부터 "모든 사상은 단 하나의 원리, '고정된 출발점'에서 나올 수밖에 없다"[38]고 주장했다고 한다. 이런 통찰이 현재의 논의와 어떻게 연관되는지는 나중에 밝혀질 것이다.

헤르만 도여베르트(Herman Dooyeweerd, 1894-1977). 도여베르트는 세계관을 논의한 그리스도인 사상가들 가운데 가장 철학적인 인물일 것이다. 동시에, 한 사람의 세계관의 바탕에 있는 것이 이론적 사상이 아니라고 가장 강력하게 주장한 인물이다. 관념과 명제로 묘사할 수 있는 세계관보다 더 근본적인 것은 마음의 종교적 혹은 신앙적 지향이다. "도여베르트가 보기에, 인간의 모든 노력은 세계관이 아니라 마음의 영적 결단(commitment)에서 나온다."[39]

결단의 종류는 두 가지이고, 거기서 두 종류의 삶이 파생된다. 즉 '하나님을 향해 회심한 사람'과 '하나님에게 등을 돌린 사람'이다. 본

---

37) 같은 책, p. 194.
38) Heslam, *Creating a Christian Worldview*, p. 92. Heslam은 Orr도 "단 하나의 핵심적 신념이나 원리에서 유래하는 독자적이고 정합성 있는 통일된 세계관을 갖고 있었다"고 지적한다(p. 93).
39) Naugle, *Worldview*, p. 26. 하지만 Dooyeweerd의 마음(heart)의 개념은 Naugle의 개념보다 훨씬 더 모호한데, 그 이유를 Ronald Nash는 이렇게 말한다. "그[도여베르트]는 마음을 다음 중 어느 것과도 동일시하면 안 된다고 말한다. ① 사람의 감정이나 정서, ② 사람의 지성이나 이성, ③ 현세에 국한된 신앙의 기능(사람이 마음으로 믿는 것은 사실이지만), ④ 어떤 비물질적 실체(혹은 그 문제와 관련된 물질적 실체)"[*Dooyeweerd and the Amsterdam Philosophy*(Grand Rapids, Mich.: Zondervan, 1962), p. 91]. Arthur Holmes도 Dooyeweerd의 세계관 개념을, 마음을 인간의 '통합의 핵심'으로 보는 성경의 개념과 연결했다[*Contours of a World View*(Grand Rapids, Mich.: Eerdmans, 1983), p. 32].

인이 내리는 결단은 "삶과 사상 전반에 결정적인 영향을 미친다."[40] 전자에서 기독교적 세계관이 나오는데, 이는 명제들로 표현되는 이론적 사상이 아니라 마음속에 깊이 뿌리박은 헌신의 성격을 띤다. "이론과 행위는 지성이 아니라 의지의 산물이고, 머리가 아니라 마음에서 나오는 것이다."[41]

도여베르트는 '전반적인 삶과 사상의 근원에 알맹이를 제공하는' 두 종류의 종교적 동인을 밝힌다.[42]

[첫째는] 성령의 권능이다. [이것은] 하나님 아버지와 아들의 관계를 맺도록 한다. 그 종교적 동인은 하나님의 말씀-계시라는 동인으로서, 성경을 이해하는 열쇠가 된다. **창조, 타락, 그리고 성령의 교통 안에서 예수 그리스도로 말미암은 구속의 동인**이 그것이다.

두 번째 근원은 참된 하나님께 반역하는 배교의 영에서 나온다.[43]

도여베르트의 견해처럼, 세계관은 철학적 체계가 아니다. 그것은 **전(前)이론적** 결단이며, 지성이 아니라 '마음'과 경험 그리고 실질적인 삶과 직접 접촉하는 것이다. 하지만 노글이 지적하듯이, 도여베르트의 견해처럼 '성령의 동인'과 창조, 타락, 구속이라는 성경의 주제들

---

40) Jacob Klapwijk, "On Worldviews and Philosophy", in *Stained Glass: Worldviews and Social Science*, ed. Paul A. Marshall, Sander Griffoen and Richard Mouw (Lanham, Md.: University Press of America, 1989), p. 51.
41) Naugle, *Worldview*, p. 27.
42) Herman Dooyeweerd, *A New Critique of Theoretical Thought*, trans. David H. Freeman and William S. Young (no city: Presbyterian & Reformed, 1969), 1:61.
43) 같은 책.

사이의 밀접한 관계에 주목하다 보면, 이 동인이 기독교적 세계관과 어떻게 구별되는지 이해하기 힘들다. 이 점에 대해서는 제7장에서 다시 다룰 예정이다(181면).

최근의 복음주의적 정의들

카이퍼 이후 수십 년 동안 기독교 신학자와 철학자들은 세계관의 개념에 대해 별로 논의하지 않았다. 하지만 칼빈 대학을 중심으로 하는 개혁주의 공동체는 그 개념에 대해 계속 토론했고, 1960년대에는 토론토에 있는 기독교 학문 연구소(ICS)가 카이퍼를 회상하고 도여베르트의 영향을 직접 받으면서 새롭게 부상하기 시작했다.

오늘날 세계관에 대해 글을 쓰는 복음주의자들은 대부분 오르와 카이퍼에게 그리고 간헐적으로 도여베르트에게 영향을 받았다. 앞의 두 인물과 그들의 후예가 공유하는 세계관 개념은 이러하다. 세계관은 (1) 한 개인의 전반적인 사상과 행위의 토대가 되는 전(前)이론적, 전제적 개념들에 뿌리박고 있으며, (2) 범위가 포괄적이며, (3) 반드시 그런 것은 아니지만 이상적으로는 논리적 정합성을 갖추고 있으며, (4) 모든 사물과 관계가 실제로 존재하는 방식(=실재)에 긍정적으로 연결되어 있으며, (5) 굳이 비이성적이지는 않더라도 이성에 의해 최종적으로 증명될 수 없는 결단의 성격을 가진 신념이다.[44]

---

44) 상당히 많은 그리스도인 사상가가 여러 학문 분야에 걸쳐 **세계관**을 이런 식으로 사용하고 있다. 몇 가지 예를 들어 보자.
  Steven Garber, *The Fabric of Faithfulness: Weaving Together Belief and Behavior During the University Years*(Downers Grove, Ill.: InterVarsity Press, 1996), 특히 pp. 108-124; Armand M. Nicholi Jr., *The Question of God*(New York: Free Press, 2002), p. 7; Douglas Groothuis, *Unmasking the New*

제임스 올시우스(James H. Olthuis). 세계관을 가장 명쾌하고 충실하게 정의한 인물이 캐나다인 철학자 제임스 올시우스가 아닐까 생각한다.

세계관(혹은 인생관)은 우리가 세계와 우리의 소명과 장래를 조망하는 하나의 틀 혹은 일련의 근본 신념이다. 이 관점은 굳이 자세히 설명할 필요가 없고 아주 내면화되어 있어서 보통 의문시되지도 않는다. 또 뚜렷이 체계적인 관념으로 개발되지 않을 수도 있고, 이론적으로 하나의 철학으로 정립되지 않을 수도 있다. 신조로 성문화되지 않을 수도 있고, 문화적, 역사적 발전을 거쳐 매우 정교하게 다듬어질 수도 있다. 그럼에도 불구하고 이 관점은 삶에 방향과 의미를 주는 궁극적 신념을 나르는 통로다. 그것은 질서와 무질서의 판단 기준이 되는 통합적, 해석적 틀이다. 그것은 실재를 다루고 처리하는 데 필요한 표준이다. 사실 우리의 일상적 사고와 행위가 모두 그것에 달려 있다고 하겠다.[45]

올시우스는 이어서 세계관이 사람들 및 그들의 공동체와 어떤 관

Age(Downers Grove, Ill.: InterVarsity Press, 1986), p. 17; W. Gary Phillips and William E. Brown, *Making Sense of Your World*(Chicago: Moody Press, 1991), pp. 42-43; Clifford Williams, *The Life of the Mind: A Christian Perspective*(Grand Rapids, Mich.: Baker Academic, 2002), p. 18; *Shaping a Christian Worldview: The Foundations of Christian Higher Education*, ed. David S. Dockery and Gregory Alan Thornbury(Nashville: Broadman & Holman, 2002), pp. 1-15, 249-254, 280-297의 기고자들.

45) James H. Olthuis, "On Worldviews", in *Stained Glass: Worldviews and Social Science*, ed. Paul A. Marshall, Sander Griffoen and Richard Mouw (Lanham, Md.: University Press of America, 1989), p. 29.

계를 맺고 있는지 설명한다.

물론 인생관은 개인이 품고 있지만, 그 범위와 구조는 공동체적 성격을 띠고 있다. 세계관은 세계와 우리의 위치를 조직적으로 정돈하고 조명할 수 있는 준거 기준을 제공하기 때문에, 그것을 신봉하는 자들을 하나의 공동체로 묶어 준다. 공동의 비전을 품는 자들을 하나로 통합시켜 주는 것이다. 때로는 사람들을 하나로 묶어 줄 뿐 아니라, 아이러니하게도 그들에게 도구와 어휘를 주어 그 안에서 서로 다른 입장을 개발하게 한다.[46]

알버트 월터스(Albert M. Wolters). 캐나다인 철학자 알버트 월터스의 정의도 이와 비슷하지만 좀더 단순하다.

우리의 목적을 위해 세계관을 '한 사람이 사물에 대해 갖고 있는 기본적 신념들의 포괄적 틀'이라고 정의하자.…세계관은 인류가 공유하고 있는 일상적인 경험의 문제요, 모든 인간 지식에서 빠질 수 없는 요소다. 따라서 그것은 비과학적이요 오히려 전(前)과학적이다. 왜냐하면 과학적인 앎은 항상 일상적인 경험의 직관적인 앎에 의존하기 때문이다. 세계관은 과학이나 이론의 인식 차원보다 더 기본적인 차원에 속한다. 미학이 미에 대한 모종의 선천적 감각을 전제로 하고, 법 이론이 어떤 근본적인 정의감을 전제로 하듯이, 신학과 철학은 세계에 대한 어떤 전(前)이론적 관점을 전제로 한다. 신학과 철학은 세계관을 과학적으로 다듬은 결과물이다.[47]

---

46) 같은 책.
47) Albert M. Wolters, *Creation Regained: Biblical Basics for a Reformational Worldview*(Grand Rapids, Mich.: Eerdmans, 1985), pp. 2, 9. 「창조 타락 구속」

로널드 내쉬(Ronald Nash). 세계관의 개념을 가장 명료하게 설명한 사람 가운데 하나가 로널드 내쉬다. "가장 단순하게 말해서, 세계관이란 인생에서 가장 중요한 문제들에 대한 일련의 신념이다.…[그것은] 하나의 개념적 틀로서, 그에 의거하여 우리는 우리가 믿는 모든 것을 의식적 혹은 무의식적으로 정돈하고, 실재를 해석하고 판단한다."[48] 이 이론적 틀은 비이론적 개념에 기초하고 있는데, 이런 개념은 심사숙고의 과정을 거쳐 의식적으로 개편될 수 있다. 내쉬는 포괄적인 세계관의 다섯 가지 요소를 이야기하고 있는데, 하나님, 궁극적 실재(이 세계의 본질), 지식, 윤리, 인간에 대한 이해가 그것이다.[49]

존 콕(John H. Kok). 철학자 존 콕의 정의는 언급할 만한 가치가 있다. 그것은 다른 정의들보다 세계관의 순전히 지적인 성격과 실천적 성격의 간격을 잘 메워 주기 때문이다.

> 세계관은 사물에 대한 기본 신념들의 포괄적 틀로 정의될 수 있으나, 우리의 **말**(입으로 고백하는 신념이나 인지적 주장)과 우리의 **행실**(신념의 실천)은 별개 문제며, 후자가 더 중요하다고 할 수 있다. 삶으로 실천된 세계관이야말로 우리의 신념을 실제로 나타내며, 우리가 무엇을 위해 살고 무엇을 위해 죽을 준비가 되어 있는지를 보여 준다.[50]

(한국 IVP 역간).
48) Ronald Nash, *Worldviews in Conflict*(Grand Rapids, Mich.: Zondervan, 1992), p. 16.
49) 같은 책, pp. 26-30.
50) John H. Kok, "Learning to Teach from Within a Christian Perspective", *Pro Rege*, June 2003, p. 12. Kok은 Dordt College의 철학과 교수이자 인문학부 학장이다.

그는 세계관이 "개념들을 모아 놓은 것 이상이다"라고 말한다. 그것은 또한 "한 사람이 가정이나 공적 영역에서 얻는 비전이요, 어렵게 자기의 것으로 삼았거나 자라면서 습득한 비전으로 거의 당연시하는 것이다. 그것은 과학적이거나 이론적인 것이 아니라, 제2의 천성이 되어 버린—하나님, 세계, 인생, 인간 본성, 이웃, 본인 등에 대한—하나의 관점, 하나의 의식이라고 할 수 있다."[51]

세계관의 정의는 결국 세계관의 문제

내가 이 작업을 시작하기 전에 머릿속에 떠오른 생각은, 세계관을 어떻게 생각하느냐 하는 것이 결국 본인의 세계관에 달려 있지 않나 하는 것이었다. 이 점을 간략하게 살펴보자.

비그리스도인의 이야기. 칸트와 딜타이에서 푸코에 이르는 과정을 통해 근대성에서 포스트모더니즘으로 전환되는 현상을 볼 수 있었다. 세계관이란 개념은 근대성의 절정기에 등장하는데, 당시는 칸트가 인간 이성의 자율성을 최고로 높여 놓았던 시기다. 그는 인식 가능한 모든 실재의 본질이 인간 정신의 본질과 떼려야 뗄 수 없이 묶여 있다고 생각했다. 실재는 본체(초월적 영역)와 현상계(내재적 영역)로 구성되어 있다. 본체는 인간의 정신이 접근할 수 없는 것이다. 그러나 현상계는 인식이 가능한데, 인간 정신이 지닌 범주들을 통해 현상계를 조직화할 수 있고 이해할 수 있기 때문이다.

이런 관념이 딜타이의 세계관 개념의 배경에 놓여 있다. 딜타이의 이해를 내 말로 표현하면, 세계관이란 **한 사람이 주변 세계와 거기에 담**

---

51) 같은 책, p. 14.

긴 수수께끼를 인지한 다음 그것에 대해 어떻게 이해하고 느끼고 행동으로 반응할지 고민할 때, 그 반응을 결정짓는 삶의 깊은 체험에서 나오는 일련의 정신적 범주다.

우리가 무엇을 인식하는가는 우리가 사용하는 전이론적 범주들에 의해 좌우된다. 따라서 세계관이 근본적 실재에 관한 일련의 관념이나 신념을 낳을 수 있지만, 세계관 자체는 우리가 안경처럼 사용하는 범주들로 이루어져 있다.

칸트는 **근대적** 철학자였다. 데카르트처럼 그도 인간 본성의 보편성을 믿었다. 그 범주들을 보편적 상수라고 생각했다. 죽음, 잔인함, 일시성 같은 인생의 수수께끼는 만인에게 동일한 것이다. 한 사람의 세계관은 이와 같은 실존적 수수께끼를 이해하려고 씨름하다가 나온다. 즉 세계에 대한 견해는 삶 자체와 마주침으로써 형성된다는 말이다. 딜타이의 초기 저서를 보면, 그도 칸트처럼 이런 관념이 보편적인 실재를 이해하는 토대를 제공한다고 믿었던 것 같다.

훗날 딜타이는 그렇지 않다는 것을 인식하게 된다. 노글이 말하듯이, 세계관들은 "근본적으로 다른 종류의 사람들에 의해 근본적으로 다른 환경에서 개발된다."[52] 따라서 세상에 사는 사람의 수만큼 많은 세계관이 생긴다. 딜타이는 그래서 역사주의자가 되었다. 즉 인간의 지식이 시대, 장소, 문화와 떼려야 뗄 수 없이 묶여 있다고 생각하기에 이른 것이다.[53] 이런 통찰은 포스트모더니즘으로 들어가는 입문

---

52) Naugle, *Worldview*, p. 87.
53) Dilthey는 이것이 자가당착적 입장임을 알아채지 못한 것 같다. 즉, 만일 모든 세계관이 그 시대와 장소의 산물이라면, 그의 세계관도 그러하고 세계관에 관한 구체적인 견해들도 마찬가지며 여기에는 모든 세계관을 시간과 장소의 산물로 보는 그의 견해도 포함된다. 많은 포스트모던 사상도 이와 동일한 문제를 안고 있다.

역할을 했다.

　니체와 함께 포스트모더니티가 도래했다. 니체는 세계관—지식과 이해에 도달했다는 모든 주장—이 결국 관점의 문제라고 생각했다. 진리 자체도 '은유들로 이루어진 기동 부대'다. 하나의 관점에 의존하지 않는 진술은 있을 수 없는데, 실재와의 관계 면에서는 모든 관점이 똑같은 입장에 서 있다.

　비트겐슈타인도 초기의 저서를 보면 데카르트만큼 근대적인 입장을 취했다. 그러나 후기에는 포스트모던 세계로 발을 들여놓는다. 사람과 사물로 이루어진 탄탄하고 객관적인 세계가 언어의 세계로 바뀐다. 우리가 언어를 사용하는 방식들을 창안함으로써(언어 놀이), 우리가 직접 알 수 없는 세계 안에서 이리저리 움직일 수 있게 되었다. 우리의 언어는 우리가 원하는 것을 어느 정도 얻을 수 있도록 해준다.

　그렇다고 언어 외에는 아무것도 존재하지 않는다는 말은 아니다. 언어가 아닌 다른 것이 많이 존재할 뿐더러 그 가운데 중요한 것도 많다. 단지 스스로 지식이라고 주장하는 것을 실재에 견주어 그 진위를 판단할 길이 없을 뿐이다. 그런 주장을 평가하는 유일한 방법은 그것이 얼마나 실효성이 있는가이다. 우리가 무엇을 아는 것처럼 생각할지 모르지만, 그 무엇이라는 것은 우리가 사용하는 언어에 의해 구성된 것이다.

　푸코는 포스트모더니티의 막다른 골목까지 우리를 데려간다. 그는 모든 언어가 권력을 얻기 위한 주장이라고 덧붙인다. 어떤 세계관이든 실재에 관한 진술로 표현되는 한 객관적 의미에서 참도 거짓도 아

James W. Sire, *The Universe Next Door*, 4th ed.(Downers Grove, Ill. : InterVarsity Press, 2004), 제9장. 「기독교 세계관과 현대사상」(한국 IVP 역간)을 보라.

니다. 그 진실성은 오로지 스스로를 위해 혹은 그것을 받아들이는 공동체를 위해 권력을 확보할 능력이 있는가에 달려 있다.

아이러니는, 세계관이 우리가 갖고 있는 지식의 토대를 형성한다는 생각은 자기 무덤을 파는 격이라는 점이다. 언어가 어떻게 작동하는지를 아는 것처럼 말하는 푸코의 암묵적 주장도 그런 운명에 처할 수밖에 없다. 만일 모든 언어가 순전히 권력 놀음이라면, 언어를 설명하는 푸코의 말도 권력 놀음인 셈이다. 그러므로 우리가 푸코의 편에 서서 언어 놀이를 통해 어떤 권력을 확보할 생각이 없다면, 굳이 푸코와 의견을 같이할 이유가 없는 것이다.

만일 세계관 개념의 역사에서 찾을 수 있는 이야기가 이것밖에 없다면, 그 역사는 세계관 개념의 죽음으로, 적어도 그 중요성의 종말로 끝나고 말 것이다. 그러나 허무주의로 인해 지식인이 의미는 발견하지 못할지언정 글 쓰는 일을 중지하지는 않는다.

그리스도인의 이야기. 세계관 개념의 역사에는 또 하나의 이야기가 있는데, 19세기 말에서 21세기에 이르기까지 그리스도인 사상가들이 원용한 이야기다. 이 이야기는 제임스 오르와 함께 시작된다.

오르는 스스로 시인하는 것처럼, 개념의 대부분을 빌헬름 딜타이 같은 독일의 관념론자와 스코틀랜드의 관념론자 에드워드 케어드에게서 빌려 왔다. 그는 케어드가 "세계에 대한 전반적 **관념**"(관념론의 냄새를 풍기는 말이다)에 관해 논한다고 말한다. 오르는 세계관은 "정신이 사물에 관해 취할 수 있는 가장 폭넓은 견해"(이것도 관념론의 냄새를 풍긴다)라고 하면서, "모든 사물을 통째로 이해하려는 노력의 일환으로"(이것은 실재론의 냄새가 난다)라는 말을 덧붙이고, 또 "특정한 철학이나 신학의 관점에서"(다시 관념론의 냄새가 나는 말이다)를 더한다.

그러나 오르의 초점은 이해의 성격이 아니라 이해할 대상인 세계에 있다(이것은 실재론적 입장이다). 거기에 "일련의 법칙"이 있고, "하나의 질서가 모든 것을 다스린다." 따라서 "사물들을 통일체로 묶고 이해하려는 노력"이 있다(이것도 실재론적이다). 더욱이, 오르는 기독교적 세계관을 개발하는 과정에서 세계를 파악하는 도구인 범주들에는 관심이 없고 세계의 성격에 관심을 둔다. 오르가 기독교적 세계관을 일곱 개의 대목으로 설명할 때는, 각각 "기독교적 견해는 무엇무엇을 단언한다"[54]는 식으로 시작한다. 예를 들어 보자.

1. 첫째, 기독교적 견해는 인격적이고 윤리적이며, 자기를 계시하는 하나님의 존재를 단언한다.[55]

이 문장은 존재론적 주장을 하고 있다. 다음 대목도 마찬가지다.

2. 기독교적 견해는 하나님이 세계를 창조하심을 단언한다. 그 안에 현존하는 하나님의 내재성, 그것을 넘어서는 그분의 초월성, 도덕적 목적을 위해 그것을 다스리는 그분의 거룩하고 지혜로운 통치.[56]

아브라함 카이퍼도 이와 마찬가지다. 그의 "삶의 체계"는 "세 가지 기본 관계"를 다루고 있는데, 이 관계들은 우리 눈에 비친 실재의 "그

---

54) Orr, *Christian View*, pp. 32-34.
55) 같은 책, p. 32.
56) 같은 책.

림"이 아니라 실재 안에 존재하는 것으로 간주된다. 놀랄 만한 주장 한 가지는, 우리 각자 속에 **신적 감각**이 있어서 하나님께 직접 나아갈 수 있다는 것이다. 그래서 하나님이 "**피조물과 직접 교제하실 수**" 있게 된다고 한다.[57] 여기에는 이론적 사상이나 언어가 들어설 여지가 없다. "우리가 존재하는 순간순간마다, 우리의 영적인 삶 전체가 하나님 안에 놓여 있다."[58] 이보다 더 실재론적이고 더 존재론적인 입장을 취할 수는 없을 것이다.

이런 실재론적 강조점은 올시우스와 월터스와 내쉬에게도 나타난다. 사실 전부는 아니라도 복음주의 기독교의 정의 대다수가, 우리가 하나님, 인간, 세계를 파악하는 수단인 어떤 **범주들**에 초점을 맞추지 않고, 하나님, 인간, 세계가 실제로 객관적으로(즉, 우리의 사고 바깥에 있는 것으로서) 무엇인가에 집중한다. 이런 의미에서, 오르에서 현재에 이르는 기독교의 세계관적 사상은 줄거리가 없는 이야기라고 볼 수 있다. 세계관의 개념이 이제까지 얼어붙어 있었다는 말이다. 아니, 데이비드 노글이 없었다면 그랬을 것이다. 이제 그가 어떤 독특한 풍미를 더해 주고 있는지 자세히 살펴보자.

새로운 종합: 데이비드 노글. 노글과 함께 그리스도인의 세계관 이야기는 새로운 국면에 접어든다. 한편으로, 다른 그리스도인 사상가들처럼 노글 역시 세계관을 존재론에 기초하여 정의한다. 다른 한편으로는, 자신의 정의에다가 세계관의 특징이 "설화적 기호들로 이루어진 언어 체계"에 있다는 생각을 덧붙임으로써 자기의 관점이 존재론

---

57) Kuyper, *Lectures on Calvinism*, pp. 21, 46.
58) 같은 책, p. 21.

에서 해석학으로 전환되고 있음을 인정한다.[59]

먼저, 존재론적 토대를 살펴보자. 올시우스와 홈즈 같은 세계관 분석가들은 자신의 개념과 19세기 관념론적 철학자들의 사상이 긴밀하게 연계되어 있음을 의식하긴 했지만, 그것이 일으킬 수 있는 위험을 거의 다루지 않았다. 노글은 그렇지 않다. 그는 특히 세계관의 주관적 성격과 그로 인한 상대주의를 심각하게 취급했다.

딜타이는 진리의 통일성과 인간 이성의 자율성을 믿는 계몽주의 사상을 출발점으로 삼았다가, 나중에 전자가 후자에 의해 손상되는 것을 발견한다. 서로 다른 추론가들이 동일한 문제를 다루다가 서로 상반된 결론에 도달할 때는 "누구의 이성인가" 혹은 "누구의 합리성인가" 하는 문제가 제기되기 마련이다. 그래서 이성 자체가 시대와 장소와 사람에 묶여 있는 것처럼 보인다. 진리를 피조물에게 계시하는 그런 하나님을 믿지 않는 사람에게는 상대주의가 인간 이성의 자율성으로 말미암는 원치 않은 결과일지 모르지만, 그것은 인간의 열망과 크게 상치되는 것이다. 그리스도인에게는 상대주의가 기독교의 신념에 정면으로 도전하는 걸림돌이다. 그리스도인에게도 모든 사람처럼(아리스토텔레스의 말투를 빌리자면) 진리를 알고 싶은 열망이 있기 때문만이 아니다. 자기야말로 진리를 완전히 파악했다고 믿어야 하기 때문도 아니다. 사실 그들은 죄가 지성에 부정적 영향을 미친 것을 잘 알고 있다. 그럼에도, 그리스도인은 진리가 하나라는 점에 부분적 진리가 있다고 믿는다. 두 개의 상반된 진술이 모두 옳을 수는 없는 법이다. 진리는 배타성을 갖고 있다.

---

59) Naugle, *Worldview*, p. 253.

이런 관념은 히브리 성경에도 암시되어 있지만, 예수 그리스도의 가르침에 놀랄 정도로 분명히 명시되어 있다. 죽음 이후에 일어날 일에 대한 그분의 언급을 예로 들어 보자.

예수님은 죽음이 얼마 남지 않았음을 아시고 제자들에게 "너희는 마음에 근심하지 말라. 하나님을 믿으니 또 나를 믿으라"(요 14:1)고 말씀하셨다. 이어서 그들에게 죽음 이후의 삶이 있으며, 당신이 그들을 위해 장소를 마련하러 가신다고, 그래서 결국 그들이 예수님과 함께 있게 하겠다고 말씀하셨다.

그 때 도마라는 제자가 혼란스럽다는 반응을 보이자, 예수님은 "내가 곧 길이요 진리요 생명이니 나로 말미암지 않고는 아버지께로 올 자가 없다"(요 14:6)고 말씀하셨다.

이것은 상대주의의 언어도 또 그런 개념도 아니다. 이것은 그 반대 진술로 합리적으로 반박할 수 없는 직접적인 진리 주장이다. 예수님이 하신 말씀은 참이 아니면 거짓이다. 둘 중 어느 것인지 증거를 모으는 일이 쉽지 않겠지만, 그렇다고 그 주장의 성격이 바뀌는 것은 아니다.

만일 세계관의 개념이 반드시 상대주의로 귀결된다면, 그것은 기독교적 지성의 작업실에서 사용할 수 없는 연장이 될 것이다. 노글은 이 점을 알고서, 기독교적 관점에서 **세계관**의 정의를 내릴 때 첫 번째 명제에서 그것을 정면으로 반박한다.

기독교적 관점에서 본 '세계관'은 삼위 하나님의 객관적 존재를 함축하고 있는데, 그분의 성품이 우주의 도덕적 질서를 수립하고, 그분의 말씀과 지혜와 법이 피조물의 모든 측면을 규정하고 다스린다.[60]

노글의 경우, 기독교 신앙의 첫째 명제는 존재론적 성격을 갖고 있다. 즉 참으로 실재적인 그 무엇에 대해 진술하고 있는 것이다. 노글만 존재론을 우선시하는 것이 아니다. 오르 이후 현재에 이르는 많은 그리스도인 사상가가 그런 입장을 취했다. 노글은 자기 입장을 분명히 천명한다.

> 하나님은…궁극적 실재로서 그분의 삼위일체적 본질, 인격적 특성, 도덕적 탁월성, 경이로운 사역, 주권적 통치 등이 모든 실재의 객관적 준거점이 된다.…우주의 의미와 그것을 정할 권위를 굳이 물어 볼 필요가 없는데, 둘 다 하나님의 존재와 성품에 의해 이미 정해졌기 때문이다. 따라서 상대주의와 주관주의는 당연히 배제된다.[61]

그러므로 기독교 전통에는 노글이 **창조적 객관성**(creational objectivity)이라 부르는 것이 있으며, 그것은 "진정 참되고 선한 삶에 대한 절대주의적 관점"[62]을 일컫는다.

둘째, 노글은 독일의 관념론자들을 연상시키는 태도로 세계관의 주관적 성격을 인정한다.

> **'세계관'을 기독교적 관점에서 보면, 인간은 하나님의 형상으로서 주관적 의식의 처소인 마음에 닻을 내리고 있으며, 마음이야말로 인생관을 형성하는 역할을 하고 흔히 세계관의 기능으로 간주되는 것을 발휘하는 결정**

---

60) 같은 책, p. 260; 강조는 저자의 것.
61) 같은 책, pp. 261-262.
62) 같은 책, p. 266.

적 수행자임을 의미한다.[63]

내가 알기로 노글은 성경에서 말하는 마음 개념과 세계관 개념의 놀라운 유사성을 강조한 최초의 사상가다. 이것은 충분히 칭찬할 만한 통찰인데, 그 이유는 이제까지 세계관 개념의 뿌리가 독일의 관념론이기 때문에 그것을 사용하면 기독교 사상에 관념론이 유입될 수밖에 없다고 비판하던 견해를 잘 반박해 주기 때문이다. 노글의 경우는 기독교 역사에서 흔히 볼 수 있었던 현상, 곧 이방 세계의 통찰을 전리품처럼 취하여 기독교 신학의 발전에 활용하는 사례에 속한다. 진리는 어디서 발견되든지 단연코 진리다.[64]

---

[63] 같은 책, p. 267; 강조는 저자의 것.
[64] 독일의 관념론이 Weltanschauung이라고 부르는 것이 성경에 나오는 '마음'과 거의 같은 의미를 지니고 있다는 Naugle의 통찰은, "세계관의 개념이 Kant의 저서로 인해 비로소 생기게 되었다"는 Gregory A. Clark의 공격에 대한 효과적인 대응이다["The Nature of Conversion: How the Rhetoric of Worldview Philosophy Can Betray Evangelicals", in *The Nature of Confession: Evangelicals and Liberals in Conversation*, ed. Timothy R. Phillips and Dennis Okholm (Downers Grove, Ill.: InterVarsity Press, 1996), p. 205]. Clark은 Weltanschauung의 개념이 너무나 관념적이어서 성경의 사상을 세계관의 견지에서 보는 것이 불가능하다고 주장한다. 그와 달리, Mark Noll은 "기독교적 세계관의 정립은 교회사 전체에 걸쳐 계속되어 온 과업이었다"고 말한다["Christian World Views and Some Lessons of History", in *The Making of a Christian Mind: A Christian World View and the Academic Enterprise*, ed. Arthur Holmes (Downers Grove, Ill.: InterVarsity Press, 1985), p. 30]. 사도 바울이 아테네에서 행한 연설을 보면, 그가 자기의 세계관과 상반되는 당시의 세계관들을 인식하고 있었음을 알 수 있다(행 17:16-34). 창세기에 나오는 창조 이야기조차 일부러 바벨론의 창조 개념과 대조시켜 전달했을 가능성이 높다(Joseph Spradley, "A Christian View of the Physical World", in *Making of a Christian Mind*, p. 58). 어쨌든 어떤 개념의 타당성이나 적절성은 그것이 얼마나 오래되었는지 혹은 어디서 왔는지에 달려 있지 않고 실재와 잘 부합하는지 여부에 달려 있다. 더욱이 나로서는 그리스도인이 내린 대다수의 정의—내

그리스도 이전의 고대 히브리인과 훗날의 그리스도인은 마음(가슴)을 인격의 중심으로 보았다. 히브리 성경에는 그 단어(*leb, lebab*)가 855번 등장한다. 그것은 신체 기관을 가리킬 뿐 아니라, "인격을 규정짓는 핵심 요소를 일컫는다. 요컨대, 한 인간의 지적…정서적…의지적…종교적 삶의 중심 처소로 여겨지는 것이다."[65]

노글이 인용한 예를 몇 가지 들어 보면 다음과 같다.

지적인 면

여호와는 지혜를 주시며…
지혜가 네 마음에 들어가며,
   지식이 네 영혼을 즐겁게 할 것이요(잠 2:6, 10).

정서적인 면

[하나님이 모세에게 그의 형이 그를 만나러 오고 있다고 말씀하시면서] 그가 너를 볼 때에 그의 마음에 기쁨이 있을 것이라(출 4:14).

의지적인 면

[다윗이 기도하기를] 우리 조상들 아브라함과 이삭과 이스라엘의 하나님 여호와여, 주께서 이것을 주의 백성의 심중에 영원히 두어 생각하게 하시고 그 마음을 준비하여 주께로 돌아오게 하시오며(대상 29:18).

가 처음에 내린 정의와 이 책에서 개정한 정의를 포함해서―가 본질적으로 관념적이라고 굳이 생각하는 이유를 모르겠다.
65) Naugle, *Worldview*, p. 268.

신약 성경에서는 "마음이 인간 정서의 중심이고…영적인 삶의 근원이며…지성과 의지의 중심 처소다."[66]

인간 정서의 중심
[예수님이 제자들에게 말씀하시기를] 너희는 마음에 근심하지 말라(요 14:1).

영적인 삶의 근원
[베드로가 마술사 시몬에게 말하기를] 하나님 앞에서 네 마음이 바르지 못하니…(행 8:21).

지성의 중심 처소
하나님을 알되 하나님을 영화롭게도 아니하며 감사하지도 아니하고 오히려 그 생각이 허망하여지며, 미련한 마음이 어두워졌나니(롬 1:21).

노글은 "예수님도 이런 관점을 가지고, 마음이 사람의 영적인 핵심이며 그것을 중심으로 삶이 영위된다고 가르치셨다"고 말한다.[67]

[예수님은 보물을 땅에 쌓아 두지 말라고 하신다] 네 보물 있는 그 곳에는 네 마음도 있느니라(마 6:21).

---

66) 같은 책.
67) 같은 책, p. 269.

요컨대 "마음과 그 내용물이 인간 의식의 중심이며 우리가 보통 세계관이라고 부르는 것을 창조하고 조성한다."[68] 그러면 마음은 어떻게 조성되는가? 어떻게 형성되는 것일까?

노글은 이렇게 말한다.

생명이 마음속으로 흘러들어간다. 생명의 샘이 마음에서 **흘러나오기** 전에, 무언가가 먼저 그 속으로 계속 **흘러들어가야** 한다.…사물은 외형화되기 전에 먼저 내면화되기 마련이다.…물론 어린 시절 이래 순수한 것과 오염된 것이 섞인 채 질적으로 다양한, 거의 무한한 근원에서 엄청난 양의 내용물이 마음의 저수지로 쏟아져 들어간다.[69]

노글은 이어서 그처럼 '마음에 영향을 미치는 요인들'을 이렇게 열거한다. "종교적·철학적·문화적 전통, 사회 경제적 조건, 결혼과 가정과 교육 같은 다양한 제도, 인간 관계와 친구들, 직업의 선택과 경력, 심리적·신체적 건강, 성적 체험, 전쟁 등." 마음과 외부 세계는 **서로 영향을 주고받는 상호 관계**에 있다.

이처럼 세상에 몸담고 있으면서 겪는 여러 경험─평범한 경험과 위기에서 겪는 것을 모두 포함한─을 통하여 세계관이 형성되고 또 개조되는 것이다.

이와 마찬가지로, "마음에서 생명이 흘러나온다."[70]

---

68) 같은 책, p. 270.
69) 같은 책, p. 271.
70) 같은 책.

일단 한 사람의 마음이 선천적 본성과 후천적 양육의 영향을 받아 조성되면, 그것이 삶의 전체적 토대를 형성한다. 여기서 전제들이란 대다수의 사람이 당연시하는 제1의 원리들을 일컫는다. 그것은 다면적인 성격을 띠고 있고 서로 결합되어 있으며 마음의 밑바닥을 형성하고 있다. 그것은 모든 사고와 행위의 배후에 있는 논리이기도 하다.[71]

한편, 우리의 행동이 우리 마음을 조성하고 개조한다. 다른 한편, 우리의 행동은 우리의 마음속에 들어 있는 내용물을 겉으로 보여 준다. 우리의 됨됨이는 우리가 머리 혹은 입술로 천명하는 그런 모양이 아니다. 그것은 우리의 실제 행동에 의해 드러난다. 마찬가지로, 우리의 세계관도 단순히 우리가 머릿속에서 그리는 것 자체가 아니고, 우리의 실제 행위를 통하여 드러나는 것이다. 야고보의 편지에서 말하는 것과 같다. "내 형제들아, 만일 사람이 믿음이 있노라 하고 행함이 없으면 무슨 유익이 있으리요…행함이 없는 네 믿음을 내게 보이라. 나는 행함으로 내 믿음을 네게 보이리라 하리라"(약 2:14-18).

예수님의 제자들이 손을 씻지 않고 음식을 먹는 일로 규례를 범했을 때, 바리새인들이 문제를 제기했다. 제자들이 율법에 지키지 않는다고 지적한 것이다. 그 때 예수님은 바리새인들이 율법의 문자는 지키지만 그 정신을 위배한 몇 가지 예들로 대응하신다. 그리고 이렇게 말씀하셨다.

무엇이든지 밖에서 사람에게로 들어가는 것은 능히 사람을 더럽게 하지

---

71) 같은 책, p. 272.

못하되…사람에게서 나오는 그것이 사람을 더럽게 하느니라. 속에서 곧 사람의 마음에서 나오는 것은 악한 생각 곧 음란과 도둑질과 살인과 간음과 탐욕과 악독과 속임과 음탕과 질투와 비방과 교만과 우매함이니 이 모든 악한 것이 다 속에서 나와서 사람을 더럽게 하느니라(막 7:15, 20-23).

전후 문맥을 보면, 예수님이 마음—인간 존재의 핵심으로 세계관이 작동하는 곳—과 행위의 긴밀한 관계를 단언하셨음이 분명하다. 여기서 문제는 마음이다. 이런 면에서 세계관은 객관적 참조점과 아주 주관적인 성격을 모두 갖고 있는 셈이다.

이제까지 살펴본 것처럼, 노글은 훌륭한 솜씨를 발휘하여 관념론과 성경적 기독교의 통찰을 서로 묶는 것 같다. 나아가 몇 가지 항목을 구체적으로 명시함으로써 기독교적 세계관의 성경적 특징을 더 뚜렷이 부각시키고 있다. 그것은, "죄가 인간의 마음과 지성에 미친 엄청난 영향"과 "실재에 관한 진리와 삶의 의미를 둘러싼 우주적 차원의 영적 전쟁"과 "예수 그리스도의 인격과 사역을 통하여 인간 역사에 진입한 하나님 나라"인데, 이는 신자들로 하여금 "참된 하나님과 그분의 피조물을 아는 지식"에 이르게 한다는 것이다. 이런 개념은 기독교적 세계관에만 해당되는 독특한 것이지 모든 세계관이 가진 일반적 특징은 아니다.

한편 노글은 기독교적 세계관에만 국한되지 않고 모든 세계관에 해당되는 공통된 특징을 이야기하기도 한다. 그가 세계관을 정의할 때 다음과 같은 특징을 덧붙이고 있음을 주목하라.

세계관은 설화적 기호들로 이루어진 언어 체계로서 추론과 해석과 인식

같은 기본적 인간 활동에 중요한 영향을 미친다.[72]

다른 곳에서는 세계관을 "**언어적 현상**", "상징적 세계를 조성하는 기호 체계", "**설화적** 기호들의 그물망", "세계를 해석하는 이야기들로 이루어진 언어 체계로서…사람들의 사고와 해석과 인식 활동의 토대 혹은 발판을 제공하는 것"이라고 말한다.[73]

이런 면에서 그의 가장 자세한 정의를 인용하면 다음과 같다.

그렇다면 세계관은 설화적 기호들로 이루어진 언어 체계로서 일정한 상징적 우주를 창조하여 주로 인생을 결정짓는 다양한 행습(practice)을 형성한다. 그것은 이성의 물결이 흐르는 수로를 만든다. 그것은 해석자가 특정한 관점에서 모든 유형의 텍스트를 이해하도록 하나의 지평을 수립한다. 그것은 곧 세계를 인식하게 하는 정신적 매체다. 인간의 마음이 세계관의 집이고, 세계관은 인간의 마음에 집을 지어 준다. 결론적으로 말해서, 이론적으로나 실제적으로 볼 때, 세계관을 구성하는 설화적 기호들의 언어 체계보다 더 중요한 인간적 혹은 문화적 실재를 머리에 떠올리기 어렵다.[74]

얼핏 보면, 노글이 세계관을 일차적으로 언어의 문제로 정의하는 것처럼 보인다. 그는 세계관을 **설화적 기호들로 이루어진 언어 체계**라고 말한다. 이런 정의를 그가 앞서 내린 포괄적 정의, 곧 현실성을 지닌

---

72) 같은 책, p. 253.
73) 같은 책, p. 291.
74) 같은 책, p. 330.

객관적인 것인 동시에 정신적 측면에서 주관적인 것이라고 한 정의에 비추어 보지 않으면, 다른 사람들이 내린 정의와 상충될 것이다. **즉, 일련의 정신적 범주**(딜타이), **하나의 사고 방식**(비트겐슈타인), **정신이 취할 수 있는 가장 폭넓은 견해**(오르), **일련의 기본 신념**(올시우스, 월터스, 내쉬), **기본적 신념들의 포괄적 틀**(월터스), **일련의 전제들**(사이어)과 거리가 멀다는 말이다. 이런 정의 가운데 어느 것도 범주나 틀 혹은 신념의 언어적 성격에 초점을 맞추지 않았다. 말하자면, 세계관이 하나의 언어로 표현될 수 있다는 사실에 주목하지 않았다는 뜻이다.

노글은 자신의 언어적 정의를 변호하기 위해 성경적이고 철학적인 논점을 자세히 전개하면서, 아주 다양한 철학자, 신학자, 심리학자, 민속학자들의 견해를 끌어와서 자기의 결론을 뒷받침한다. 그 가운데는 아우구스티누스, 움베르토 에코(Umberto Eco), 한스 게오르그 가다머(Hans-Georg Gadamer), C. S. 퍼어스(Peirce), 에른스트 카시러(Ernst Cassirer), 롤로 메이(Rollo May), 브루노 베텔하임(Bruno Bettelheim), 린다 덱(Rinda Dégh) 등이 포함된다. 노글의 견해에서 핵심 관념은 하나님이 우주 전체에 의미를 불어넣으시고 인간에게 그 의미를 파악할 수 있는 능력을 주셨다는 것이다. "우주 전체가 범(凡)언어적으로 이해되고 하나님과 그분의 영광 및 능력의 기호로 해석되어야 한다.…피조 세계는 신의 도상(圖像)이다. 이처럼 매혹적이고 성례전적 상징―친화적인 우주는 **거룩한** 기호들로 가득 차 있다."[75] 시편 기자가 말하듯이, "하늘이 하나님의 영광을 선포하고 있다"(시 19:1). 퍼어스는 "인간의 본성이 온통 기호적"이라고 말하는데, 노글

---

75) 같은 책, p. 293.

도 그에 동의하는 것 같다.

요컨대, 노글이 말하는 기독교적 세계관을 종합하면 (1) 객관적으로, 성경에 나오는 인격적이며 초월적인 삼위일체 하나님에 대한 **존재론적** 신념을 품고 (2) 주관적으로, 마음속에 깊이 뿌리박힌 하나의 관점이며 (3) 설화적 기호들로 이루어진 언어 체계다. 내 생각에는 그가 상식적인 관념을 견지하려고 하는 것 같다. 즉 실재는 본질상 객관적이고, 이해의 측면에서는 주관적이며, 그 의미를 파악하고 전달하는 면에서는 언어적이라는 것이다.

여기서 중요한 점은, 얼핏 보면 노글이 기호학(혹은 의미나 언어)을 존재론보다 앞세우는 것 같지만, 사실은 그렇지 않다는 것이다. 노글은 나에게 확신시켜 주기를, 자기는 세계관의 기호적 성격이, 인식론과 해석학보다 존재론을 우선시하는 자신의 신념을 대치하게 되는 것을 원하지 않는다고 했다.[76] 그는 세계관을 하나의 기호 체계로 이야기하기에 앞서 다음과 같은 서두를 붙인다.

> 그래서 앞 장에서 다룬 여러 사항—하나님께 뿌리를 둔 객관적 실재, 인간의 마음이 차지하는 핵심적 위치, 죄의 역동성과 영적 전쟁, 은혜와 구속의 소망—을 배경으로 삼아 이와 같은 철학적 성찰을 시도하는 것인데, 그 목적은 세계관의 본질과 그것이 모든 것에 미치는 영향을 더 깊이 이해하기 위함이다.[77]

---

76) Naugle과 개인적으로 나눈 대화에서.
77) Naugle, *Worldview*, p. 292. 그는 개인적인 대화에서 이렇게 덧붙였다. "존재론에 기반을 둔 세계관은, 그 존재론이 유신론이든 이신론이든 자연주의든 범신론이든 상관없이, 기호들(특히 설화적인 것들)의 체계로 되어 있으며, 그 체계는 인간의

요컨대, 노글은 세계관의 분석과 관련하여 널리 주목받을 만한 시각을 하나 덧붙인 셈이다. 이런 시각이 나의 관점과 아주 비슷하다는 것을 나중에 알게 될 것이다.

이것을 발판으로 다음 단계로

이제 지금까지 간략하게 살펴본 세계관의 역사를 토대로 삼아 세계관의 성격을 더 깊이 성찰할 수 있을 것이다. 먼저 '가장 중요한 사항'이 무엇인지를 고찰하는 일부터 시작할 예정이다. 다른 무엇보다 앞서는 가장 근본적인 문제는 무엇인가? 그것은 존재인가 인식인가, 아니면 의미인가? 이 문제로 눈을 돌려 보자.

마음속에 자리잡고 있으면서 거기서 실재에 대한 관점을 생성한다. 세계관을 구성하는 것은 기호들의 체계다. 그 기호들이 가리키는 것은 존재 혹은 실재다. 그것들은 형식에서는 기호적이고, 실질적으로는 존재론적으로 확립되어 있다."

3

무엇이 먼저인가?
존재인가, 인식인가?

> 하나님이 모세에게 이르시되
> 나는 스스로 있는 자이니라.
> 또 이르시되 너는 이스라엘 자손에게 이같이 이르기를,
> 스스로 있는 자가 나를 너희에게 보내셨다 하라.
> ─출애굽기 3:14

앞에서 어린 소년이 아버지에게 "누가 세계를 받치고 있나요?" 하고 물었는데, 그것은 존재론적 대답을 요구하는 질문이었다. 그 소년은 아버지가 무슨 권위에 기초해서 대답을 하려는지(인식론) 물은 것이 아니다. 또 세계의 의미나 그 배후의 계획적인 의도(거기에 존재하는 목적)에 관해 물은 것도 아니다. 또한 세계가 어떤 가치를 갖고 있는지(윤리학) 여부를 물은 것도 아니다. 그가 던진 질문은 우주의 본질이 **무엇인가** 하는 문제였다. 무엇이 지구를 나머지 우주와 작금의 관계를 맺게 해서 공중에 떠 있는 것처럼 보이게 할까?

아버지가 자연주의적 답(물질과 에너지가 복잡하면서도 질서 정연한 상태로 결합되어 있기 때문이라고)을 주든지 유신론적 응답(하나님이 그렇게 만드셨다고)을 하든지 그것은 어디까지나 존재론적 대답이다. 서구 사상사를 보면 17세기까지는 줄곧 존재론적 질문이 암묵적으로 우선시되었다. 무언가 존재한다는 사실을 출발점으로 삼은 것이다. 그러면 첫째 질문은, "저기에 있는 것이 무엇인가"이다. 자문자답을 한다면, "나는 저기에 있고, 나와는 다른 그 무엇도 저기에 있는 것처럼 보인다. 나는 누구 혹은 무엇인가? 그리고 다른 존재도 있는가? 존재한다면 그건 무엇인가?" 이런 것은 모두 존재론적 성격을 지닌 의문이다.

곧 다른 질문들이 이어진다. 저기에 무엇이 있는지를 알 수 있는 능력이 나에게 있는 까닭은 무엇일까? 그것이 저기에 있는 이유는? 내가 여기에 있는 이유는? 나의 행위에 대해 내가 책임져야 하는가? 내가 마땅히 해야 할 일은 무엇인가? 여기에 이런 상태로 계속 존재하려고 애쓸 가치가 있는가?

내가 「기독교 세계관과 현대사상」의 초판에서 제기했던 일곱 가지 질문을 제1장에서 언급했는데, 쉽게 참고하라고 여기서 다시 열거하는 바다.

1. 진정으로 참된 최고의 실재는 무엇인가?
2. 외부의 실재, 즉 우리를 둘러싼 세계의 본질은 무엇인가?
3. 인간은 무엇인가?
4. 인간이 죽으면 어떤 일이 일어나는가?
5. 지식이 가능한 까닭은 무엇인가?
6. 무엇이 옳고 무엇이 그른지 어떻게 알 수 있는가?
7. 인간 역사의 의미는 무엇인가?

잠시 이 일곱 가지 질문이 한 세계관이 다룰 수 있는 문제를 거의 망라한다고 가정해 보자. 그러면 금방 떠오르는 의문이 있다. 이 질문의 순서에 무슨 중요한 의미가 있는가 하는 것이다. 이에 대해서는, 아주 중요한 의미가 있다고 대답할 수 있다. 이 대답을 자세히 설명하는 것이 이 장의 목적이다.

가장 중요한 사항을 먼저 놓는 것이 중요한 이유를 알려면, 서로 다른 다음 두 가지 경우에 무슨 일이 발생하는지를 살펴보면 된다. (1)존재론이 인식론을 앞서는 경우 (2) 인식론이 존재론을 앞서는 경우.

존재론이 우선하는 경우

전통적 유대교의 유신론과 전통적 기독교 유신론은 항상 무한하고 인격적인 하나님을 존재의 기본 형태로 간주해 왔다. 가장 근본적 차원에서, 하나님이 존재의 의미에 해당하신다. 말하자면, 존재론을 인식론보다 우선시했다는 뜻이다.

모세가 불이 붙었는데도 타지 않는 떨기나무를 보려고 다가가자 어떤 음성이 들렸다. 그것은 스스로를 히브리 민족의 전통적 부족 신, 곧 모세의 조상의 하나님—"아브라함의 하나님, 이삭의 하나님, 야곱의 하나님"—이라고 밝혔다(출 3:6). 모세가 하나님의 이름을 묻자, 하나님은 "나는 스스로 있는 자이니라(I AM WHO I AM).…너는 이스라엘 자손에게 이같이 이르기를, 스스로 있는 자가 나를 너희에게 보내셨다 하라"(출 3:14)고 응답하셨다. 스스로 있는 (I AM) 존재, 이보다 더 실재적인 것은 없다. 여기서 '스스로 있는 자'는 피조 질서에 속한 어떤 것과도 동일시될 수 없는 존재다. 그분은 전쟁의 신이나 달의 여신, 혹은 나일의 영과 같은 여러 신 가운데 하나가 아니다. 그분은 오직 하나밖에 없는 존재다. 그분이 존재의 본질이다.[1]

물론 히브리 민족의 신이자 기독교의 성경에서 말하는 하나님이 아무런 성품도 갖고 있지 않다는 말은 아니다. 그분은 속빈 강정 같은 존재가 아니다. 하나님이 자기가 누구인지—본성상 자기가 아닌 다른 존재가 절대로 될 수 없는 존재라고—를 밝히시는 성경 본문을 보아도, 모세 집안의 하나님, 곧 아브라함과 이삭과 야곱의 하나님으로 계시하시는 것을 알 수 있다. 이 하나님은 모호한 윤리적 원칙이나 무한한 세력 같은 존재가 아니다. 그분은 완전한 인격을 가지고 계신 존재다. 그분은 아브라함을 불러 바빌로니아의 우르를 떠나라고 하셨다. 그분은 아브라함의 예배를 받으신다. 그분은 히브리 백성의 역사를 통틀어 예언자들에게 개인적으로 말씀하시고 그들을 통해 메시지를 전하신다.

여기서는 성경의 하나님 개념이 유대인과 그리스도인의 역사에서 점차 그 모습이 드러나는 경위를 굳이 설명할 필요가 없을 것이다. 하지만 성경적 계시의 존재론적 측면을 부각시키는 몇 가지 중요한 대목만 열거해도 기독교적 세계관에서 존재론이 중심을 차지하고 있음을 보여 주기에 충분하리라.

창세기 첫 장은 하나님이 "태초에" 계셨다고 선포함으로써 주변 나라의 신들과는 달리 우주의 일부가 아님을 밝히고 있다. 그분은 오히려 우주(하늘과 땅)와 인간의 창조자시며, 인간은 그분과 너무 닮아서 "그분의 형상으로" 지어졌다고 말한다.

모세는 하나님으로부터, 만일 그가 하나님께 순종하여 이집트로

---

1) 스콜라 철학자들은 오직 그분 안에서만 본질과 실존이 하나라고 말할 것이다[E. L. Mascall, *He Who Is: A Study in Traditional Theism* (London: Libra, 1966), p. 13를 보라].

돌아가서 이스라엘 백성을 포로 상태에서 벗어나게 하면, 광야의 어느 산에서 그를 만나 주겠다는 말씀을 듣는다. 모세는 순종하게 되고, 그 과정에서 하나님을 신뢰하는 법을 배운다. 그는 하나님께 푹 빠져서 그분의 얼굴을 보고 싶어할 정도가 된다. 그는 "주의 영광을 내게 보이소서" 하고 부탁한다(출 33:18). 하나님은 자기를 본 사람은 아무도 살 수 없다고 경고하신 다음, 모세를 큰 바위의 틈에 넣으시고 거기를 지나가심으로 모세가 그분의 등을 보게 하신다. 그 과정에서 자기가 누구인지를 모세에게 선포하신다. 이 선포는 지적으로 풍부한 내용을 담고 있으나 예수님이 그 비밀을 풀어 주시기 전에는 아무도 설명할 수 없는 수수께끼를 담고 있다.

여호와라, 여호와라,

자비롭고 은혜롭고

노하기를 더디하고,

인자와 진실이 많은 하나님이라.

인자를 천 대까지 베풀며,

악과 과실과 죄를 용서하리라.

그러나 벌을 면제하지는 아니하고

아버지의 악행을 자손

삼사 대까지 보응하리라(출 34:6-7).

여기에 담긴 수수께끼—사랑의 하나님인 동시에 심판의 하나님—는 오직 하나님의 본체인 예수님이 친히 세상의 죄를 짊어지실 때 풀릴 수 있었다. 바울이 말하는 것처럼, "하나님이 죄를 알지도 못하신이를 우리를 대신하여 죄로 삼으신 것은 우리로 하여금 그 안에서 하나님의 의가 되게 하려 하심이라"(고후 5:21).

여기서 중요한 점은 성경의 하나님은 실속으로 가득 찬 분이라는 것이다. 이런 개념을 가장 명료하게 표현한 것이 웨스트민스트 신앙고백이다.

> 살아 계시고 참되신 하나님은 오직 한 분밖에 없으며, 존재와 완전성이 무한하시고, 지극히 순결한 영이시며, 눈에 보이지 않는 분이요, 몸과 부분과 정욕이 없는 분이며, 불변하시고, 광대하시고, 영원하시며, 불가해하고, 전능하시고, 지극히 지혜로우시며, 지극히 거룩하시고, 지극히 자유로우시고, 지극히 절대적이시며, 모든 일을 자기의 영광을 위하여 자기의 불변하고 지극히 의로운 뜻에 따라 행하시고, 지극히 사랑이 많고 은혜로우시며, 자비하시고, 오래 참으시고, 선하심과 진실하심이 풍성하시며, 악과 허물과 죄를 용서하시고, 부지런히 자기를 찾는 자에게 상을 주시고, 지극히 공평하고 엄격하게 심판하시며, 모든 죄를 미워하되 죄 있는 자를 그냥 두지 않으시는 분이다(2장 1절).

둘째와 셋째 항목(2장 2절과 3절)은 이 개념을 더 자세히 설명하면서 삼위일체 하나님의 성품이 선과 능력과 지식의 면에서 완벽함을 진술한다.

기독교적 세계관을 가진 사람이라고 누구나 이처럼 자세하고 추상적인 언어로 하나님의 개념을 표현할 수 있는 것은 아니다. 그래서 아주 간단하게 줄여서 다음과 같이 정의할 수 있다.

하나님은 무한하시고, (삼위의) 인격이시며, 초월적이고 내재적이며, 전지하시고, 주권자이시며 선(善)이신 분으로서 우주를 창조하신 분이다.[2]

인식론은 존재론 다음에

이런 하나님 개념을 기독교 세계관의 토대로 삼을 경우, 그 다음에 이어지는 여섯 가지 질문은 당연히 그에 의거하여 대답될 수 있을 것이다. 최고의 실재가 성경의 하나님이라면, 우주란 창조자의 의도에 따라 창조된 피조물이지, 그 본질을 아무렇게나 상상할 필요가 없고 과학자에 의해 정의되는 것도 아니다. 우주의 본질과 성격은 하나님에 의해 결정되는 것이다. 더욱이 사람—각 개인과 모든 인류—도 하나님의 설계대로 창조된 존재이지, 자기 마음대로 규정할 수 있는 존재가 아니다. 존 헨리 뉴맨(John Henry Newman)이 이 점을 잘 표현했다. 하나님은 창조주로서 피조물과 무한히 떨어져 계시지만, "그분은 그것과 너무 깊이 연루돼 나머지 그 안에 현존하시고, 그 위에 섭리하시고, 거기에 흔적을 남기시고, 그것을 통하여 영향력을 발휘하셔서 자기 품에 친히 안으시기 때문에, 그분을 묵상하지 않고는 그것에 대해 진정으로 혹은 충분히 성찰할 수 없다."[3]

우주 전체는 하나님과의 독특한 관계를 반영하고 있다. "종교적 진리는 일반 지식의 일부가 아니라 조건이다"라고 뉴맨은 말한다.[4] 나

---

2) 이 정의는 다음 책에 나오는 기독교 유신론의 첫 두 명제에 기초하고 있다. James W. Sire, *The Universe Next Door*, 3rd ed. (Downers Grove, Ill.: InterVarsity Press, 1997), pp. 23, 26.
3) John Henry Newman, *The Idea of a University*, ed. Frank M. Turner (New Haven, Conn.: Yale University Press, 1996), p. 37.
4) 같은 책, p. 57.

아가, 우주는 인식 가능한 것이다.

인식론은 이미 존재하고 있는 것의 본질에 근거를 두고 있다. 그것은 하나님과 동떨어진 인간의 자율적 이성에 근거하고 있는 것이 아니다. 더구나 종교적 지식과 세속적 지식을 별개의 것으로 나눌 수 없다. 뉴맨이 말하는 것처럼, "모든 지식은 하나로 묶이는데, 그것은 주제가 하나이기 때문이다. 우주는 길이와 넓이의 면에서 너무나 밀접하게 묶여 있어서 정신적 추상 작용을 거치지 않고는 이런저런 부분으로, 이런저런 작동으로 갈가리 떼어 놓을 수 없다."[5]

만일 최고의 실재가 성경의 하나님이라면, 윤리도 인간의 최고의 열망이 아니라 궁극적으로 선하신 하나님의 성품에 기초하게 될 것이다. 인간의 목적은 어느 개인, 공동체, 국가, 다국적 집단 등에 의해 자율적으로 정해지는 것이 아니라, 하나님에 의해 이미 정해져 있을 것이다.

요약하자면, 성경적 세계관에서는 모든 것이 무엇보다도 하나님의 본질과 성품에 의해 결정된다고 할 수 있다. 그러므로 **존재론이 인식론보다 앞선다**는 말은 아무리 크게 외쳐도 지나치지 않다. 만일 이것을 뒤집어서 인식론이 존재론을 결정한다고 가정하면, 처음에는 그렇게 보이지 않더라도 실제로는 기독교적 세계관에 치명적인 결과를 초래한다.

성경이 인식론으로 눈을 돌릴 때는 하나님의 존재를 가정하는 가운데에서다. 가장 먼저 들 수 있는 본문은 요한복음의 첫 대목이다.

---

5) 같은 책, p. 45.

태초에 말씀이 계시니라. 이 말씀이 하나님과 함께 계셨으니 이 말씀은 곧 하나님이시니라. 그가 태초에 하나님과 함께 계셨고 만물이 그로 말미암아 지은 바 되었으니 지은 것이 하나도 그가 없이는 된 것이 없느니라. 그 안에 생명이 있었으니 이 생명은 사람들의 빛이라. 빛이 어둠에 비치되 어둠이 깨닫지 못하더라(요 1:1-5).

태초 혹은 "영원 전부터"(시 93:2) 존재하셨던 하나님이 우주의 존재와 성격을 좌우한다. 하나님의 특징은 바로 그 말씀, 로고스(합리성, 목적, 의미의 토대가 되는 원리)에 있다. 그리고 그 말씀에 의해 모든 것이 창조되었다. 달리 말하면, 모든 것이 각각 뚜렷한 특성을 갖고 있다는 뜻이다. 각기 고유한 존재이므로 다른 것과 섞일 수 없다. 모든 것이 질서 정연하게 창조되었다.

조셉 파이퍼(Josef Pieper)는 이렇게 말한다.

> **존재하는** 모든 것은 본질상—즉, **실제로** 존재하기 때문에—인식 가능한 것이기도 하다.…모든 존재물은 본래 창조적이고 독창적인 하나님의 지성에서 나왔으므로, 하나님이 그것을 마음에 품고 '말씀하셨을' 때 자기의 본질, '그 입에서 나온 말씀'의 속성, 고유한 특성을 부여받았고, 따라서 원칙적으로 이해할 수 있고 인식할 수 있게 되었다.[6]

소설가요 신학자인 조지 맥도널드(George MacDonald)도 이 개념을 잘 설명하고 있다. 그는 C. S. 루이스(Lewis)가 어떤 작가보다도

---

6) Josef Pieper, *In Defense of Philosophy*, trans. Lothar Krauth (San Francisco: Ignatius, 1992), pp. 74-75.

"그리스도의 영에 더 가까운, 혹은 계속 더 가까워지고 있는" 인물이라고 인정했던 사람이다.

> 나는 자연에서 발견할 수 있는 모든 사실 하나하나가 하나님의 계시라고 믿는다. 그 사실이 그렇게 존재하는 것은 하나님이 그런 분이기 때문이다. 그리고 우리는 그런 사실들을 통하여 하나님이 어떤 분인지를 무의식적으로 배운다고 생각한다. 우리가 처음 세상과 접촉하는 순간부터 그것은 하나님의 계시로, 곧 눈에 보이는 것이되 눈에 보이지 않는 것을 알려 주는 것으로 우리에게 다가온다.7)

인간이 지식을 얻을 수 있는 이유는 하나도 빠짐없이 모든 것을 창조하시고 아시는 그분이 또한 "모든 사람의 빛"(요 1:4)이시기 때문이다. 그리스도는 "모든 사람을 비추는 참 빛"이시다 (요 1:9). 그래서 우리가 무엇인가를 알 수 있는 것이다. 존재론—우리를 그분의 형상으로 창조하시는 전지한 하나님의 존재—이 인식론의 기초다.

존재론의 우선적 위치는 복음에도 적용된다. 네 복음서는 한결같이 "예수님은 누구인가?"라는 일차적인 질문에 답하는 데 초점을 맞추고 있다. 가장 중요한 문제는 그분이 무슨 일을 하셨는가 혹은 무슨 말씀을 하셨는가가 아니다. 과연 그분이 누구인가였다. 우리가 그분의 정체를 있는 그대로 깨닫게 되면, 그분의 가르침은 그저 추상적 진리가 아니라 큰 힘을 싣고 우리의 가슴을 두드릴 것이고, 그분의 삶과

---

7) George MacDonald, *Creation in Christ*, ed. Rolland Hein (Wheaton, Ill.: Harold Shaw, 1976), p. 145; MacDonald에 대한 Lewis의 논평은 *George MacDonald: An Anthology*의 서문에 나오며, *Creation in Christ* 표지에 인용되어 있다.

죽음과 부활은 우주적 차원에서 가장 의미 심장한 사건이 될 것이다.

끝으로 우리는 신학과 과학이 밀접한 관계를 맺고 있음을 알아야 한다. 모든 학문 분야에서 우리가 공부하는 내용이 다름 아니라 하나님의 피조물이요 그분에 의해 지탱되는 것이기 때문이다. "이는…그의 능력의 말씀으로 만물을 붙드시며…"(히 1:3).

이 세계의 특성은 창조주의 의도에 따라 만들어진 것이다. 요한이 말하듯이, 로고스가 세계를 만들었는데, 그것은 곧 합리성/이해 가능성/유의미성 등이 이 세계의 특징임을 가리킨다. 세계가 너무 복잡해서 사람의 머리로는 도무지 이해할 수 없는 것처럼 보이지만, 그 배후에는 이해 가능한 질서와 구조가 있다고 믿을 만한 이유가 있는 것이다.

그러면 근본적 실재의 본질은 무엇인가? 궁극적 존재는 무엇인가? 그것은 바로 하나님, 곧 전지 전능하시고, 무소 부재하시며, 선하신 놀라운 인격이다. 우리가 우주를 이해할 수 있는 이유는 그 모든 것을 아시는 하나님이 우주가 이해될 수 있도록 창조하셨기 때문이다.

인식론이 우선하는 경우

물론 하나님이 인간에게 자신을 계시할 때 그 계시를 신뢰할 만한 이유를 주시는 경우도 있다. 그런 이유는 흔히 예언자들이 수행해야 할 행동과 관련된다. 가령, 모세는 이스라엘 백성을 이집트에서 광야로 데리고 나오라는 명령을 받았다. 그렇게 한다면, 하나님이 그와 함께하시고 이스라엘 백성을 속박에서 풀어 주도록 그분의 권능으로 초자연적 표적을 주실 것이다. 사실 거의 불가능해 보이는 과업을 수행하러 모세가 발을 내딛기도 전에 일부 표적이 그에게 주어졌다(출

3장 이하). 다른 표적들은 그가 순종하기 시작하자 주어졌다. 예수님도 당시의 종교 지도자들에게 하나님이 자기를 보내셨다고 주장하는 이유를 밝히셨다(요 5:31-47). 아울러 요한복음은 예수님을 성육한 하나님으로 믿을 만한 증거로 일곱 가지 표적을 제시하고 있다. 성경은 하나님의 존재를 가정할 뿐, 그것을 증명하려 애쓰지 않는다.

그런데 이 모든 것은 자기를 계시하시는 하나님을 전제하고 있다. 지식의 토대를 마련하는 일이 궁극적 존재에 대한 신념보다 앞서는 경우에는 어떻게 되는가? 인식론이 존재론을 앞지를 때는 무슨 일이 생기는가? 이 이야기를 역사적으로 추적해 볼까 한다. 먼저 데카르트에서 시작하자.[8]

17세기는 회의주의가 휩쓸었던 시대다. 종교적 다양성이 유행을 타기 시작했다. 루터파가 유럽 전역에 퍼져 나가면서 칼빈파와 경쟁

---

[8] Gregory A. Clark은 "'세계관의 관념'은 인식론이 가진 일련의 문제를 해결하고자 출현한다.…'세계관'의 관념은 칸트 이후의 철학 분야에서 자연스럽게 자리잡는다" ["The Nature of Conversion: How the Rhetoric of Worldview Philosophy Can Betray Evangelicals", in *The Nature of Confession: Evangelicals and Liberals in Conversation*, ed. Timothy R. Phillips and Dennis Okholm(Downers Grove, Ill.: InterVarsity Press, 1996), p. 203]. 이것이 지성사에 나타난 하나의 사실일지는 몰라도, 그렇다고 모든 세계관이 당연히 인식론적 문제를 일차적 관심사로 삼아야 하는 것은 아니다. 기독교적 세계관이 세계관의 자격을 얻으려고 그렇게 할 필요가 없으며, 나는 오히려 그렇게 해서는 안 된다고 생각한다. 세계관에 대한 기독교적 개념도 인식론의 문제를 최우선 과제로 여겨서는 안 된다고 생각한다. 그리스도인이란 무엇보다도 먼저 무한하고 인격적인 하나님의 존재를 긍정하는 사람이지, 성경을 하나님의 계시로 간주하는 사람이 아니다. 자연주의자는 무엇보다 **먼저** 우주에 존재하는 것이 물질(혹은 물질과 에너지의 복잡한 관계)밖에 없다고 주장하는 사람이지, 인간 이성의 자율성 혹은 다른 어떤 인식론적 관념을 가진 자가 아니다. 세계관의 개념 자체가 세계관에 의존한다. 관념론적 세계관을 제외한 어떤 세계관도, 칸트 이후의 관념론이든 그 밖의 관념론이든 관념론과 필연적으로 결합될 필요가 없다.

하고, 양자에 맞서 반(反)종교개혁 운동이 일어났다. 여러 당파가 생기고 각기 자기가 말하는 진리가 옳다고 서로 싸우는 바람에 기독교적 세계관의 지적 통일성은 기독교 내부에서 산산이 부서지고 있었다. 그러므로 사려 깊은 사람들이 과연 절대적 확실성을 품고 견지할 수 있는 진리에 도달할 수 있을까를 고민했던 현상은 결코 놀랄 일이 아니다. 이 때 데카르트가 등장한다.

데카르트(1596-1650)는 정통 가톨릭 철학자로서 지식에 이르는 확실한 길을 찾으려고 고심했던 중요한 인물이다. 그의 하나님 개념은 아퀴나스의 개념과 같았다.[9] 그가 찾고 있었던 것은 이 개념이 확실히 참이라는 점을 입증하는 방법이었다. 그래서 확실한 진리를 찾으려고 극단적인 의심의 방법을 고안한 것이다.[10]

---

9) 40년 전 대학원 시절에 나는 학기말 리포트에 이런 주장을 펴서 철학 교수를 설득하는 데 성공한 적이 있다. 당시에 Étienne Gilson, *God and Philosophy*(New Haven, Conn.: Yale University Press, 1941)를 읽었더라면, 다음 인용문을 덧붙였을 것이다. "사실상, Descartes가 그리스도인으로서 믿었던 하나님은 그가 철학자로서 알았던 만물의 최고의 목적과 동일한 하나님이었다. 그러나 Descartes가 철학자의 입장에서, 절대적으로 자족하는 완전한 존재이신 하나님을 사용할 필요가 없었다는 사실은 여전히 사실로 남는다. 그에게 하나님은 종교적 신앙의 대상이었다. 지식의 대상이었던 것은 '철학의 원리들' 가운데 최고의 원리로 간주되었던 그런 하나님이었다"(pp. 36-37).

10) René Descartes, "Meditation I", in *The Philosophical Works of Descartes*, trans. Elizabeth S. Haldane and G. R. T. Ross (n.p.: Dover, 1955), 1:145. 다른 곳에서 Descartes는 이렇게 쓰고 있다. "우리는 산술과 기하학의 증명만큼 확실한 수준에 도달할 수 없는 문제를 붙들고 바쁘게 씨름해서는 안 된다"("Rules", in *Philosophical Works of Descartes*, 1:5). Frederick Copleston은 Descartes의 견해를 이렇게 표현한다. "단 한 종류의 지식이 있을 뿐인데, 확실하고 명증한 (Certain and evident) 지식이 그것이다." Frederick Copleston, *A History of Philosophy*, vol. 4, *Descartes to Leibniz*(London: Burns, Oates & Washbourne, 1958), p. 70를 보라.

그의 논점을 간단하게 말하면 이렇다. 하나님이 존재하지 않을지 모른다. 외부 세계도 존재하지 않을지 모른다. 그러나 적어도 나는 존재하고 있음이 틀림없는데, 내가 생각을 하고 있기 때문이다. 즉, **나는 생각한다. 고로 나는 존재한다.** 내가 생각하고 있는 내용이 설사 사실과 다를지라도, 내가 지각을 하고 있는 한 나는 어떤 존재임이 분명하다. 심지어 내가 과연 존재하고 있는지 의심한다 하더라도, 내가 존재하고 있음이 틀림없는데, 그렇지 않다면 의심하는 일조차 하지 못할 것이기 때문이다.

이에 기초하여 데카르트는 적어도 자기—생각하는 사물—가 존재한다는 확실한 입장을 정립했다. 이어서 이런 결론에 타당성을 부여하는 근거를 분석했다. 그 결과, 그 결론의 명석함(clearness)과 판명함(distinctness), 그와 다른 결론을 내리는 것이 불가능하다는 점 등이 그것을 참으로 보증한다고 결론지었다. 이 지식의 확실성은 하나님께 직접 받은 계시나 책에서 간접적으로 얻은 것에 의존하지 않고 오로지 인간의 이성(사고의 의식)에 기초한 것이다. 누구에게나 이것을 스스로 알 수 있는 능력이 있다. 그래서 인간 이성의 자율성이 주창되었다.

데카르트의 논증을 이해하는 방식이 아주 다양하다는 점은 그것을 다루는 방대한 문헌만 보아도 쉽게 알 수 있다.[11] 그의 논점을 짧게 간추리면 이렇다. 첫째, 만일 **나는 생각한다, 고로 나는 존재한다**는 것이

---

11) 예를 들어, 다음 책을 보라. Bernard Williams, *Descartes: The Project of Pure Enquiry* (Harmondsworth, U. K.: Penguin, 1978); Margaret Dauler Wilson, *Descartes* (London: Routledge, 1978); and Stephen Gaukroger, *Descartes: An Intellectual Biography* (New York: Oxford University Press, 1995).

하나의 논증이라면, 이는 순환론에 빠지기 때문에 타당성이 없다. 결론('나')이 이미 전제에 내포되어 있다. 그런데 데카르트가 이 진술을 하나의 논증이 아니라 직관에 대한 기술로 피력했다고 생각할 만한 여지도 충분히 있다.[12]

만일 그것이 직관이라면, 그 직관의 대상은 무엇인가? 데카르트가 '나' 혹은 자아, 곧 의식의 자리라고 말하지 않을까 생각한다. 달리 표현하면, **의식이 있다, 고로 의식을 가진 자(나)가 존재한다**는 식이다. 그렇다고 내가 의식하는 모든 것이 존재한다는 말은 물론 아니다. 내가 타자—세상—에 대한 의식을 갖고 있을지 몰라도, 세상이 존재하지 않을 수도 있다. 나에게 주변 세계에 대한 경험뿐 아니라 수학적 체계, 철학적 관념, 음악에 대한 추억 등 풍부한 상상력이 있을지 모른다. 그러나 그 가운데 나의 생각 바깥에 존재하는 것이 전혀 없을 수도 있다. 데카르트도 이 점을 알고 있기 때문에, 특정한 상황 아래서는 본인이 의식하고 있는 것이 반드시 존재한다는 것을 입증하려고 논점을 정립한다.

그는 사고 활동이 계속되고 있음을 그처럼 확신하게 만드는 것이 무엇인지 성찰한다. 그리고 바로 그 생각의 **명석함**과 **판명함**에 있다고 결론을 내린다. 그는 그것이 너무나 명석하고 판명해서 도무지 달리 생각할 수 없기 때문에 그것을 뒷받침하는 실재가 틀림없이 있다고 보았다. 물론 데카르트는 명석하고 판명한 다른 관념들도 갖고 있었는데, 그 가운데 가장 중요한 것은 하나님에 대한 관념이다. "내가 하나님이란 이름을 들을 때 생각나는 것은, 무한하고[영원하고 불변하

---

[12] Williams, *Descartes*, p. 89.

는], 독립적이고, 전지하고, 전능한 그리고 나 자신과 다른 모든 것―만일 그런 것이 존재한다면―을 창조한 어떤 실체다."[13]

데카르트는 이 관념을, 오류를 범할 수 있는 자기 정신의 산물로만 볼 수 없다고 주장한다. 유한자 스스로 무한자의 개념을 끌어낼 수는 없기 때문이다. 오히려 그 정신이 유한자를 파악하려면 무한자의 개념을 갖고 있어야 하고, 그런 개념은 무한자에게서 나올 수밖에 없다. 그러므로 무한한 존재로서의 하나님 관념은 하나님이 그에게 주신 것이 분명하다. 요컨대, 그런 존재로서의 하나님이 틀림없이 존재한다.

논증의 두 번째 대목에서, 데카르트는 설사 하나님이 존재하지 않더라도 신 관념을 가진 자가 존재할 수 있을지 여부를 고찰한다. 본인이 스스로에게 하나님의 관념을 품게 하려면 자기가 하나님의 완전성(무한성 같은)을 갖고 있어야 할 것이라고 결론을 내린다. 그런데 자기에게는 그런 완전성이 없는 것이 자명하다. 하지만 자기가 그런 완전성에 관한 관념들을 갖고 있는 만큼, 하나님이 그것들을 갖게 했음이 분명하다. 그러므로 하나님은 존재한다.[14]

데카르트는 나도 존재하고 하나님도 존재한다고 결론을 내리면서, 그러면 물질 세계는 어떤가 하고 묻는다. 그런 하나님이 존재하는 이상, 그분은 속이시지 않을 것이다. 그리고 나에게 그런 세계가 존재한다는 명석하고 판명한 의식이 있는 이상(비록 그 물질 세계가 무엇인지에 대해 내가 잘못 알고 있더라도), 그 세계는 확실히 존재한다. 객

---

13) René Descartes, "Meditation III", in *The Philosophical Works of Descartes*, trans. Elizabeth S. Haldane and G. R. T. Ross (n.p.: Dover, 1955), 1:165.
14) 내가 간략하게 소개하는 이 논증을 자세히 보려면 다음 책을 참고하라. Williams, *Descartes*, pp. 130-162. Copleston, *History of Philosophy*, 4:92-115.

관적 세계가 존재한다고 믿는 아주 강한 확신이 외부 세계가 존재하고 있음을 증명한다.

내가 아주 간략하게 요약한 것은 처음에 나오는 데카르트의 네 가지 성찰에서 뽑은 논증이다. 자아(생각하는 자)의 자율성에서 먼저 자기 존재의 확실성이 나온다. 그것에 기초해서, 하나님의 존재가 확실해진다. 그리고 그것에 기초해서, 외부 세계의 존재가 확실해진다. 인식론이 존재론을 앞서는 셈이다.

'다섯째 성찰'에서 데카르트는 하나님의 존재 문제로 되돌아가서, 이번에는 자기 나름대로 존재론적 논증을 펼친다. 그것은 본질 자체가 존재이고 우주의 다른 모든 것의 기원이 되는 유일한 존재가 본래 있을 수밖에 없다고 하면서 신의 필연성을 주장하는 논증이다. 그리고 이 논증의 논리적 결론으로서, 만일 그런 존재가 없다면 자기의 추론도 확실하다고 생각할 근거가 없다고 한다.

그리고 모든 지식의 확실성과 진실성이 참된 하나님에 대한 지식에만 의존하고 있는 만큼, 내가 그분을 알기 전에는 어떤 것에 대해서도 완전한 지식을 얻을 수 없음을 나는 아주 분명히 인식하고 있다. 그리고 현재 내가 그분을 알고 있으므로 나는 무수한 사물에 관한 완전한 지식을 획득할 수 있는 수단을 갖고 있는 셈인데, 거기에는 하나님과 다른 지적인 문제들과 관련된 것뿐 아니라 순수 수학의 대상이 되는 구체성을 지닌 것들도 포함된다.[15]

---

15) Descartes, "Meditation V", 1:184.

데카르트는 자신을 포함한 모든 것의 존재에 대해 회의하던 극단적인 의심에서 너무나 멀리 이동했다. 어쩌면 실존적인 불안에서 지적인 교만으로 움직였다고 말할 수 있을 것이다.[16] 논조로 보나 내용으로 보나 근대적 지성의 핵심이 바로 여기에 있다. 즉 인간의 이성(인식과 경험으로 볼 때 비록 오류를 범할 수 있는 것이긴 하지만)은 하나님의 존재에 의존하는 동시에 그 존재를 증명하는 것으로서 "무수한 사물에 관한 완전한 지식"을 획득할 수 있는 능력을 갖고 있다. 인간 지성의 역량과 능력에 대한 계몽주의적 자신감은 데카르트의 논증에서 직접 유래된 것은 아니더라도, 그로부터 큰 추진력을 받은 것이 분명하다.

그 이후 많은 철학자가 데카르트가 시도한, 하나님의 존재에 대한 세 가지 논증과 자기 존재의 확실성에 대한 논증을 열심히 파헤쳤다. 양자 가운데 더 약한 것은 물론 하나님에 관한 논증이다.

첫째, 하나님의 존재를 증명하는 첫 두 논증은 충분한 이유라는 개념(인과율)을 가정하고 있다. 어떤 관념이나 사건이 존재하려면 그것을 불러일으킨 충분한 이유가 있어야 한다. 이 원칙을 믿을 만한 상식적 이유와 복잡한 이유가 모두 있긴 하지만, 데카르트는 그것을 극단적인 의심의 방법에 종속시키지 않는다. 물론 충분한 이유의 개념도 의심될 수 있다. 어쩌면 세계가 무질서하거나 불확정적일지도 모른다

---

16) 이것은 정확한 묘사이기보다 수사학적 진술에 가깝다. Descartes가 당시에 20세기의 실존주의자가 말하는 불안(angst)에 시달렸다고 믿기는 어렵다. 그러나 그것이 게임에 불과한 것은 아니었다. Descartes는 자기의 철학 전체를 '코기토'(*cogito*) 위에 쌓아올렸다. 이 점에서 그가 잘못되었다면, 그의 철학 체계가 모두 의심받게 될 것이다. Descartes 자신이 "필연성의 토대들이 파괴되면 그와 더불어 나머지 건물이 모두 무너질 것이다"라고 말한다(Descartes, "Meditation I", 1:145).

(예를 들어, 하이젠베르그의 불확정성의 원리를 이렇게 해석할 수 있다). 충분한 이유의 원리가 참이 아닌 것으로 드러나야 이 논증의 결론이 확실성의 수준에 못 미치게 되는 것은 아니다. 단지 그것도 의심될 필요가 있다는 말이고, 외부 세계의 존재처럼 의심받을 소지가 있다는 것이다. 데카르트의 극단적 의심은 자기가 믿는 것처럼 그렇게 극단적이지 않은 셈이다.

둘째, 이 두 논증이 성립되려면 하나님 관념이 명석하고 판명한 것이어야 한다. 그러면 과연 하나님을 "무한하고[영원하고 불변하는], 독립적이고, 전지하고, 전능한 그리고 나 자신과 다른 모든 것—만일 그런 것이 존재한다면—을 창조한 어떤 실체"로 보는 관념이 그런 특징을 갖고 있는가? 만일 그처럼 명석하고 판명하지 않다면(사실 그럴지도 모른다), 그것은 논증의 일부로 포함될 자격이 없다. 아울러, **명석하고 판명한** 관념이라는 것이 도대체 무엇인가? 내가 알기로는, 이 개념이 충분히 밝혀진 적이 없는 것 같다. 내 머릿속에 있는 분홍색 코끼리나 유니콘의 관념이 사실상 그처럼 복잡한 존재에 대한 나의 관념보다 더 명석하고 판명한 것처럼 보인다. 그런데 유니콘과 분홍색 코끼리는—내가 아는 한—존재하지 않는다.

셋째, '다섯째 성찰'에 나오는 데카르트의 존재론적 논증은 느닷없이 등장한 것처럼 보인다. 이것은 앞에 나온 네 가지 성찰에 근거한 논증이 아니다. 그리고 그로부터 그가 도출하는 것은 만일 하나님이 존재하기만 하면 자신의 추론을 신뢰할 수 있다는 점이다. 거기에는 자기 존재의 확실성을 증명하는 기본 논증들도 포함되어야 할 것이다.

존 코팅햄은 "데카르트의 논리 체계에서 하나님의 중요성은 아무리 강조해도 지나치지 않다"[17]고 바로 지적했다. 데카르트는 확실한 자기 인식을 출발점으로 삼았지만, 자기 철학의 근거를 오로지 자기 존재의 확실성에만 둘 수는 없다고 생각한다. 즉 자기가 가지고 있는 이성의 자율성에만 의존할 수 없었던 것이다. 데카르트가 자기의 추론을 신뢰하기 위해서는 하나님이 존재할 필요가 있었다. 동시에, 하나님의 존재의 확실성을 자기 존재의 확실성 위에 놓다 보니 인간 이성에 대한 신뢰가 약화되기 시작했다. 만일 최초의 논증이나 직관이 잘못되었거나, 그것이 너무 약해서 하나님의 존재 증명을 올려놓을 수 없다면, 하나님의 존재의 확실성도 약화되고 회의주의에 빠지게 된다. 이 지점에 이르면 자연 세계가 확실히 존재한다는 주장도 할 수 없게 된다.[18]

그렇다면 데카르트가 하나님의 존재를 증명하는 데 실패한 것처럼 보인다. 그와 더불어 인간 지식의 확실성을 증명하는 논리도 같은 운명에 처한다. 그런데 문제는 이보다 더 깊은 차원에 있다. '나는 생각한다, 고로 나는 존재한다'는 명제가 자아의 존재를 확실하게 만들어 주므로, 그것을 토대로 인식론을 정립할 수 있다는 입장 자체가 의심의 대상이 된다. 그 이유를 살펴보자.

---

17) John Cottingham, "Descartes, René", in *The Cambridge Dictionary of Philosophy*, ed. Robert Audi(Cambridge : Cambridge University Press, 1995), p. 195.
18) Leszek Kolakowski는 Descartes의 부적절한 코기토 논증이 제기한 문제를 풀려는 Edmund Husserl의 시도를 비판하면서 이렇게 말한다. "Husserl의 monodology는, 주관성에서 출발해서 공동의 세계로 통하는 길을 회복하려는 모든 철학적 시도가 지닌 논리적 절망을 보여 주는 또 하나의 본보기라고 생각한다"[*Husserl and the Search for Certitude*(Chicago : University of Chicago Press, 1987), p. 79].

코기토, 에르고 숨

겉으로는, '나는 생각한다, 고로 나는 존재한다'는 명제가 타당한 논증인 것처럼 보인다. 이미 오래 전에, 아우구스티누스가 자유 의지에 관한 대화와 기독교 교리 지침서에서 그것을 사용했다.

> 아우구스티누스: 먼저 당신이 살아 있음을 절대로 확신하는지 나에게 말해 주시오.
>
> 에보디우스: 그보다 더 확실한 것이 어디 있겠소?
>
> 아우구스티누스: 그러면 살아 있다는 것과 당신이 살아 있음을 아는 것을 서로 구별할 수 있소?
>
> 에보디우스: 본인이 실제로 살아 있지 않으면, 아무도 자기가 살아 있음을 알 수 없다는 것을 나는 안다오.[19]

아우구스티누스의 경우, 문제는 여기서 끝난다. 본인이 살아 있음을 인식하는 '나'를 구성하는 것이 무엇인지는 검토하지 않는다. 기독교 교리 지침서에서도 마찬가지다.

누구든 자기가 살아 있음을 모르는 것은 불가능하다. 만약 살아 있지 않다면 무지한 것도 불가능하기 때문이다. 지식뿐 아니라 무지도 살아 있는 존재만이 갖고 있는 속성이기 때문이다. 그런데 어이없게도, 그들은 자기가 살아 있음을 인정하지 않음으로써 잘못을 피할 수 있다고 생각한다.

---

19) Augustine, *On Free Choice of the Will*, trans. Thomas Williams (Indianapolis: Hackett, 1993), p. 12 (1.7).

실은 그들이 범하는 잘못 자체가 그들이 살아 있음을 증명하고 있다. 생명이 없는 자는 잘못도 범할 수 없기 때문이다. 그러므로 우리가 살아 있음은 참되며 확실한 것이고, 그 밖에도 참되고 확실한 것이 많다. 이에 동의하지 않는 것을 절대로 지혜라고 불러서는 안 되고, 오직 어리석음의 극치라고 해야 할 것이다.[20]

첫째 대목은 공평한 논리인 것 같다. 내가 "나는 존재하는가?"라고 묻는다면, 당연히 나는 존재하고 있는 것이다. 하지만 내가 누구인지 혹은 무엇인지는 모를 수 있다. 그러면 질문자는 어떤 존재인가? 이 논증에 국한한다면, 질문자는 자기 존재에 관해 의문을 제기했는데 그에 대해 '그렇다'고 응답하지 않으면 안 되는 사람이었다고 말할 수밖에 없다. 이 질문자는 꿈을 꾸고 있을 수도 있는데, 그럴 경우에는 질문자가 알고 싶어하는 것이 모두 의심의 대상이 될 것이다. 질문자가 의식을 갖고 있는 유일한 존재일 수도 있다. 다른 모든 문제에 대한 질문자의 추론이 실재에서 완전히 동떨어진 것일 수 있다.

데카르트는 '나'(자아)라는 존재가 자기 이외의 다른 존재—세계와 하나님—를 확실히 자각하는 데서 [무엇인가를] 추론할 수 있는 능력이 있다고 가정할 필요가 있다. 그는 자기 성찰을 통하여 자각이라는 것이 **명석하고 판명한** 특징을 갖고 있음을 알게 된다. 그래서 바로 이것이 자기가 찾고 있던 지적인 확실성을 준다고 말한다. 그런데 설사 우리가 명석하고 판명한 관념을 가진다는 것이 무엇인지를 알고 있다 하더라도(알고 있는지 의심스럽지만), 그런 관념 자체가 그

---

20) Augustine, *The Enchiridion on Faith, Hope and Love*, ed. Henry Paolucci (Washington, D.C.: Regnery Gateway, 1961), pp. 26-27 (20).

처럼 명석하고 판명한 어떤 것의 존재를 보장한다고 생각할 이유는 전혀 없다. 그러면 데카르트는 하나님은 우리에게 실재와 일치하지 않는 명석하고 판명한 관념을 주셔서 우리를 속일 분이 아니라고 대답할지 모르겠다. 그런데 이것은 곧 데카르트가 증명하려고 하는 그것—속이지 않는 하나님의 존재—을 하나의 가정으로 삼는 꼴이 된다. 즉 순환 논리에 빠지는 셈이다.

존 코팅햄은 이렇게 표현한다.

만일 지성의 명석하고 판명한 인식의 신빙성이 하나님에 대한 우리의 지식에 달려 있다면, 그런 지식이 애초에 어떻게 정립될 수 있을까? 만일 우리가 명석하고 판명하게 인식한다는 것을 전제로 삼아 하나님의 존재를 증명할 수 있다고 응답한다면, 이는 순환 논리다. 그러면 이 단계에서 우리의 명석하고 판명한 인식이 믿을 만하다고 어떻게 당당히 가정할 수 있느냐 하고 물을 수 있기 때문이다.[21]

여기서 데카르트로서는 경계선도 없고 뚜렷한 테두리도 없이 홀로 고립된 자아의 굴레에서 도무지 벗어날 수 없을 것이다.

니체는 이런 문제뿐 아니라 다른 여러 문제를 직시하고 데카르트의 명제에 치명타를 가한다.

과거에는 혹자가 문법 및 문법에 관한 주제를 믿는 것처럼 '영혼'을 믿었기 때문이다. 혹자는 '나'가 필요 조건이고, '생각한다'는 술부요 조건부라

---

[21] Cottingham, "Descartes", p. 195.

고 말했다. 생각하는 활동에 원인을 제공하는 주체가 **반드시** 있어야 한다는 것이었다. 그 후 이 그물망에서 빠져나오려고 눈물 겨울 정도로 머리를 짜내고 인내하곤 했다. 그러고는 이것을 거꾸로 뒤집어도 되지 않을까 하고 물었다. '생각한다'를 필요 조건으로, '나'를 조건부로 삼는 식으로 말이다. 이 경우에 '나'라는 것은 생각에 의해 **만들어진** 하나의 종합일 뿐이다.[22]

니체는 종종 지식인에게 충격을 주었다. 이것이 바로 그런 경우다. '나'는 능동적인 작인, 곧 생각을 하는 존재인가, 아니면 그저 생각이 낳은 산물인가? 생각하는 것만 존재할 뿐인가?[23]

'생각하는 자' 없이 '생각하기'가 있을 수 있다는 발상이 너무 극단적이고 이상하다고 여겨지면, 머릿속에서 생각이 계속 이어지는 것을 우리가 어떻게 인식하게 되는지 주목해 보라. 언어 없이도 생각을 하는 것이 가능하든 그렇지 않든, 우리가 생각하는 활동을 포착하는 순간 언어가 개입된다. 우리는 생각을 언어로 표현할 수 있기 때문에, 생각하고 있다는 사실을 인식하게 된다. 우리가 표현의 도구로 삼는 언어는 구체적인 문법과 어휘를 가진 특정한 언어다. 내가 "나는 생

---

22) Friedrich Nietzsche, *Beyond Good and Evil*, in *The Basic Writings of Nietzsche*, ed. Walter Kaufmann (New York: Modern Library, 1969), sec. 54, p. 257.
23) Kolakowski도 Nietzsche의 비판을 상기시키는 진술을 한다. "Descartes의 큰 실책은 자기가 세계의 존재는 의심할 수 있어도 자신의 존재는 의심할 수 없다고 생각한 점이다. 즉 자신의 에고(Ego)는 자기에게 직접 주어졌으므로 자기가 생각하는 실체가 되었다고 사유한 것이다. 그러나 순수 현상계에서는 생각하는 실체가 전혀 나타나지 않는다. 그러므로 우리는 그 실체적 에고도 제거해야 한다.···이런 현상들은 이미 주어진 것이지만, 그것이 '내 것'이라는 사실은 그렇지 않다"(*Husserl and the Search*, p. 38).

각한다"고 말할 때, 이것을 하나의 언어(영어나 한국어)로 말하고 있는 셈인데, 그 언어는 술어(생각한다) 앞에 주어(나 혹은 그녀 혹은 그들)를 붙일 것을 요구한다. 내가 라틴어를 사용하면, '코기토'(cogito)라는 말 속에 술어와 주어가 모두 포함되어 있다. 두 경우 모두, 내가 **생각하다**는 단어만 사용하면 아무것도 말하지 않은 셈이다. **생각하다**는 어떤 주어도 포함하고 있지 않기 때문이다. 그런데 내가 존재를 증명하려고 하는 것은 바로 그 주어다. 어쩌면 '나'라는 것이 언어의 산물일지 모른다. 자아라는 것이 언어적 구성물에 불과할지 모른다는 말이다.

니체는 정말 정곡을 찔렀다. 데카르트의 의심은 충분히 극단적이지 않았다는 것이다. '코기토'의 '나'는 그저 '코기토', 곧 생각이 만들어 낸 생각하는 사물(그것이 사물일 필요가 있다면)일지도 모른다.[24]

우리 시대가 21세기에 접어든 만큼 이보다 더 중요한 것은 포스트모더니스트들의 견해다. 먼저 언어(의식적 사고의 필요 조건)란 그냥

---

24) Miguel de Unamuno도 Descartes의 코기토에 대해 비판적이다. "Descartes의 「방법서설」의 결함은 사전의 방법론적 의심이나 처음에 모든 것을 의심하기로 결단한 지적인 방법에 있는 것이 아니라, 단지 생각하는 자―이는 추상적 개념이다―가 되기 위하여 자기 자신 곧 Descartes, 진정한 인간, 살과 뼈를 가진 사람, 죽기를 원치 않는 사람을 벗어 버리기로 결심한 데 있다. 그러나 그 진정한 인간이 되돌아와서 자기를 철학 속으로 밀어넣었다"[*The Tragic Sense of Life*, trans. J. E. Crawford Flitch(New York: Dover, 1954), p. 34]. 그는 이렇게 계속한다. "*ego cogito, ergo ego sum*이라는 이 생략 삼단논법에 함축된 에고는 비실재적인―즉, 이상적인―에고 혹은 나이고, 그것의 존재(*sum*)도 비실재적인 그 무엇이다. "나는 생각한다, 고로 나는 생각하는 자다." 여기서 하반절에 나오는 '나'라는 존재는 '나는 생각한다'에서 연역된 것으로서 하나의 앎에 불과하다. 이 존재는 지식이지 생명이 아니라는 말이다. 그리고 일차적 실재는 '나는 생각한다'가 아니라, '나는 살아 있다'인데, 생각을 하지 않으면서 살아 있는 자도 있기 때문이다. 그런 삶은 진정한 삶이 아닐지는 몰라도 말이다"(p. 35).

생기는 것이라고 선언하는 리처드 로티(Richard Rorty)의 말을 생각해 보자.

> 과수원이 제철을 만나면, 그 존재의 필요 조건이 우발성에 있다고 해서 아름다움이 감소되는 것은 아니다. 이와 같이 우리의 지식이 어떠하든 간에, 아리스토텔레스가 은유로 사용한 '우시아'(*ousia*, 실체), 사도 바울이 은유로 사용한 '아가페', 뉴턴이 은유로 사용한 '중력'(*gravitas*)도 모두 어떤 우주의 광선이 그들의 뇌 속에 있는 중요한 신경을 뒤섞은 결과다. 혹은 유아기에 겪었던 이상한 일화—특이한 상처—가 낳은 결과일 가능성이 더 높다. 그 결과는 참 놀라운 것이다. 그런 일은 이전에는 한 번도 일어나지 않았다.[25]

생각이란 그냥 생기는 것일 뿐 아니라, 바로 이 생각이 자아를 창조하기도 한다. "인간의 자아는 어휘 사용에 의해 창조된다."[26] 그의 말에 따르면, 니체가 "자신의 우발성을 대면하고 자기의 존재 목적을 추적하면서 도달하게 되는 자기 인식은 곧 자아 창조로서 새로운 언

---

25) Richard Rorty, *Contingency, Irony and Solidarity* (Cambridge : Cambridge University Press, 1989), p. 17.
26) Rorty의 글을 인용하면, "평가 기준을 찾고 싶은 유혹은, 세계나 인간 자신이 하나의 고유한 본성과 본질을 소유하고 있는 것처럼 생각하고 싶은 더 일반적인 유혹의 일종이다.····그러나 만일 우리가, 대다수의 실재는 우리의 묘사에 대해 무관심하다는 관념과, 인간의 자아는 어떤 어휘로 적절하게 혹은 부적절하게 표현되는 것이 아니라 어휘의 사용으로 인해 창조된다는 관념을 수용할 수만 있다면, 마침내 낭만주의 관념이 가리키는 진리, 즉 진리는 발견되는 것이 아니라 만들어진다는 것, 진리란 언어적 실체 혹은 문장들의 한 속성이라는 관념을 우리의 것으로 삼은 셈이다"(같은 책, p. 7).

어를 발명하는 과정―새로운 은유들을 생각해 내는 일―과 동일하다는 것"을 알았다고 한다.[27]

로티에게는 언어로 자아를 창조한다는 관념이 해방의 메시지로 다가왔다. 그것은 사람들을 해방시켜 자신과 사회를 바꾸게 한다. 여기서 말끔한 공식이 나온다. 언어를 바꾸라. 그러면 당신의 자아와 사회가 바뀌리라. 사실, "언어를 비롯한 여러 사회적 관행을 바꾸면 이전에는 존재한 적이 없는 그런 유의 인간이 생길지 모른다."[28]

니체는 예언자처럼 앞을 내다보았던 것 같다. 사실 일부 사람은 "작은 '그것'(이것이 정직한 작은 옛 자아에게서 남은 전부다)이 없이도 그럭저럭 살아가는 법"[29]을 배웠다. 니체는 코기토 논증이 과연 상당한 업적을 이룩했는지 의문을 품었는데, 그것은 옳은 지적이었다. 생각하는 활동이 있을 수 있다. 그리고 생각하는 자도 있을 수 있다. 그런데 그 생각하는 자는 무엇인가?, "'나'는 무엇인가?"라는 의문은 여전히 날카로운 질문이다. 우리가 주관적인 자아로부터 시작하면,

---

27) 같은 책, p. 27. Rorty는 이와 비슷한 말을 하면서 Wittgenstein에게 그 공로를 돌린다. "Wittgenstein의 주장, 곧 어휘들―우리가 가장 진지하게 받아들이는 말, 자기 묘사에 필수적인 말까지 포함한 모든 어휘―은 인간의 창조물이고, 시, 유토피아 사회, 과학적 이론, 장래 세대와 같은 다른 인공물을 창조하는 도구라는 주장" 말이다(Rorty, *Contingency*, p. 53). 지식을 언어로 환원시키는 Rorty의 입장도 신랄한 비판을 받고 있다. 예를 들어 Alvin Goldman, *Knowledge in a Social World*(Oxford: Oxford University Press, 1999), pp. 10-12, 26-28; Donald Davidson, "Truth Rehabilitated", in *Rorty and His Critics*, ed. Robert Brandom (Oxford: Blackwell, 2000), pp. 65-74; and Charles Taylor, "Rorty in the Epistemological Tradition", in *Reading Rorty: Critical Responses to "Philosophy and the Mirror of Nature"(and Beyond)*, ed. Alan R. Malachowski (Oxford: Blackwell, 1990), pp. 257-275를 보라.
28) Rorty, *Contingency*, p. 7.
29) Nietzsche, *Beyond Good and Evil*, p. 214.

주관적 자아가 존재한다는 생각을 지지해 줄 만한 이유를 모두 잃어버리고 만다. 인간의 자아가 죽고 말았다.

계시가 먼저다

존재론이 인식론에 앞선다는 나의 주장에 대해 누군가 강력한 반론을 제기하고 싶다면, 우리 그리스도인은 무엇이 가장 먼저인가 하는 문제에 대한 해답을 인간의 자기 성찰이 아니라 계시에서 얻는다고 지적하면 될 것이다. 우리 인간은 제한된 존재다. 우리는 하나님이 일러 주시지 않으면 그분에 대해 전혀 알 수 없다. 그분은 사실상 자연 질서를 통해 조금 그렇게 하셨고, 주로는 성경을 통해 자신을 계시하셨다. 계시―우리가 전혀 모르는 것에 대한 지식을 선물로 주는 것―가 하나님에 대한 우리의 이해보다 반드시 앞서야 한다. 즉, 그것이 맨 먼저 와야 한다는 말이다.

인식의 순서로 보아도 이것이 옳다. 우리는 세계에 나타난 하나님의 일반 계시와 성경에 나오는 하나님의 특별 계시를 통하여 우리 앞에 놓여진 것을 받는다. 그러나 세계관에서는 존재의 질서가 인식의 질서를 앞선다. 계시가 있기 전에, 계시할 그 무엇과 그것을 계시할 누군가 혹은 어떤 것이 있어야 한다. 마치 우리나 하나님이 계시에 의존하는 것처럼 계시가 먼저 있을 수는 없는 법이다. 그것은 언제나 하나님에게 의존한다.[30]

---

30) E. L. Mascall은 이것을 재치 있게 설명한다. "피조물에 불과하기에 갖게 되는 단점의 하나는 당신이 모든 것을 잘못된 방식으로 보는 것이다. 당신은 하나님의 관점이 아니라 사람의 관점에서 사물을 본다. 사물이 존재하는 순서(*ordo essendi*)는 우리가 그것을 인식하는 순서(*ordo cognoscendi*)와 정반대다. 그리고 이것은 특히 모든 존재 가운데 가장 근본적인 존재인 하나님의 경우에도 해당된다." 우리는 자

이를 바탕으로 조직 신학을 정립하려는 시도가 다양하게 일어났다. 존 칼빈은 하나님과 우리 자신에 관한 지식에서 출발한 다음, 곧바로 하나님이야말로 모든 사람에게 자기 존재에 관한 지식을 불어넣으시는 분이어서 특별 계시가 없어도 모든 이가 하나님의 존재에 대해 알게 된다고—그것이 부적합하고 오도하는 지식이라 할지라도—주장한다. 하나님에 대한 바른 지식을 얻으려면 성경이 필요하다. 하지만 그분의 초점은 어디까지나 자기 자신이다.[31] 달리 말해서, 칼빈은 모든 인간이 하나님의 개념을 갖고 있다고 믿는다. 세계관의 용어로 말하면, 칼빈은 인식론에서 시작하지만 금방 초점을 존재론으로 바꾼다. 모든 사람이 먼저 하나님의 존재와 그분의 일부 속성에 관한 전(前)이론적 지식을 직접 가질 수 있고, 이어서 그들이 성경에 노출되면 특별 계시를 통하여 그런 지식이 명료해지고 교정될 수 있는 것은 모두 하나님의 됨됨이 때문에 가능하다.[32]

그런데 20세기와 21세기의 신학은 기본적으로 적대적인 환경 속

라면서 가정이나 공동체를 통해 하나님에 관해 배우고, 심지어 하나님을 예배하는 활동에 참여하기도 한다. "논리적 순서는 이를 거꾸로 뒤집으면 된다. 하나님이 제일 먼저고, 그 다음은 하나님이 인간의 몸을 입고 성육하신 그리스도이며, 맨 마지막에 오는 것이 그리스도가 설립한 교회의 신앙과 예배다. 그리고 사실 이것이 사도신경과 니케아 신조가 채택한 순서로서, 그것들은 하나님 아버지로 시작하여 성육신과 구속의 사실을 요약한 다음 맨 마지막에 성경의 영감과 교회와 세례를 언급한다"[*He Who Is: A Study in Traditional Theism* (London: Libra, 1966), p. 1].

31) John Calvin, *Institutes of the Christian Religion* 1.1-13.
32) "인간의 마음에 모종의 신 관념이—타고난 본능에 의해—있다는 것은 논란의 여지가 없는데, 그것은 하나님이 누구도 무지한 체하지 못하도록 모든 사람에게 자신의 신성에 대한 관념을 부여하셨기 때문이며, 그 관념을 계속해서 되살리고 때로는 확대해서 하나님이 계시다는 것과 그분이 조물주이심을 스스로 인식시킴으로써 그들이 그분을 예배하지도 섬기지도 않을 때 자기 양심에 의해 정죄받도록 하기 위함이다"(Calvin, *Institutes* 1.3.1).

에서 개발되었고 또 그런 환경에 맞서려고 노력해 왔다. 이런 환경의 상당 부분은 데카르트와 존 로크의 철학 직후에 등장한 계몽주의 사상의 영향을 받았다. 두 사람 모두 존재론적 토대가 아니라 인식론적 토대에서 출발했다. 우리가 살펴본 것처럼, 데카르트는 진리를 발견하려고 인간 이성을 신뢰했고, 로크는 감각으로 질서와 인식에 도달하는 지성의 능력을 믿었다. 두 경우 모두, 인간 이성의 자율성이 특별 계시 혹은 플라톤, 아리스토텔레스, 아우구스티누스, 아퀴나스와 같은 이전의 권위를 대치한 사례다. 피터 메다워(Peter Medawar)가 말하듯이, "인간 이성의 **필요성**"이 서서히 "인간 이성의 **충분성**"에게 자리를 내주었던 것이다.[33] 그 후로는 어떤 신념이든 지적으로 인정을 받으려면 인간 이성의 심판대를 통과해야만 했다.

20세기 기독교 신학은 대체로 이런 도전을 받아들여서 그런 합리성을 어떻게 만족시키는지 보여 주려고 여러 모양으로 애썼다. 일부 신학자는 그런 기준에 못 미친다는 이유로 전통적 기독교 신념의 일부를 버리기도 했다. 또 어떤 이들은 근대인에게 가장 비합리적으로 보이는 개념들이 실제로는 근대적 인간 이성의 기준으로 볼 때 무척 합리적임을 보여 주려고 노력한다.

예를 들어, 흔히 변증학자들은 예수님의 부활이 복음서에 나온 증거를 가장 합리적으로 설명한 결과이고, 복음서의 이야기들도 인간의 이성에 비추어 볼 때 역사적으로 신빙성이 있다고 주장한다. 그들이 불신자와의 접촉점을 만들고, 신자에게는 하나님에 관한 교리를 소개하기 위한 방도로 이런 접근을 취하는 것은 충분히 이해할 만하다. 그

---

33) Peter Medawar, "On 'the Effecting of All Things Possible'", *The Listener*, October 2, 1969, p. 438.

런데 오늘날에는 사려 깊은 사람 가운데, 기독교 신앙의 핵심 교리는 그만두고라도, 무슨 주제와 관련해서든 성경의 권위를 인정하는 사람을 찾기가 아주 어렵다. 사실 변증학이 신학이나 기독교 신앙의 토대인 것은 아니다.[34] 그것은 신학과 철학의 한 분과로서 하나님과 세계에 대한 기독교적 견해가 우리 인간이 복잡한 세상에서 경험하는 것을 가장 잘 설명해 준다는 것을 보여 주는 학문이다.

어쨌든 기독교 세계관은 기독교 신학과 동일한 것이 아니다. 둘 다 비슷한 문제들을 다루고 있다. 세계관은 전이론적 차원에 대한 의식을 내포하고 있다. 신학은 보통 이런 차원을 가정하고 있지만 그 본질을 파헤치지는 않는다.

---

34) 일부 복음주의 변증학자는 기독교 신앙의 주요 측면들이 어떤 의도나 목적을 위해서든 인간의 이성으로 증명되거나 적절히 변호될 수 있다고 생각한다. 유명한 Aquinas의 다섯 가지 이유는 현대적 옷을 입고 지금도 가톨릭과 개신교의 변증학에 모습을 드러낸다. 예수님의 신성이나 부활에 대한 증거도 마찬가지다. 하지만 나는 가장 효과적인 변증은 실증적 증거로 시작하는 게 아니라 반대 의견—그것이 자연주의적이든 포스트모더니즘에서 나오든—에 대한 답변의 형태를 띠는 것이라고 생각한다. 그 가운데 가장 흔한 반대 사항은 악의 문제, 심리학적 혹은 사회학적 요인으로 인해 생기는 하나님에 대한 믿음, 우연과 결정론의 배합으로 설명하는 질서 정연한 우주의 기원, 자연적 요인들로 설명하는 인간의 진화론적 기원, 모든 진리 주장의 상대성에 관한 관념 등이다. 이런 문제들을 적절히 해결한 다음에—혹시 가능하다면 그 전에라도—언제 어디서든 하나님을 증언하는 최고의 증거인 예수님으로 주의를 돌려야 한다. 그리고 예수님의 성품, 가르침, 삶, 죽음, 부활에 초점을 맞출 필요가 있다. 이런 변증적 복음 전도는 예수님이 성육하신 하나님, 곧 존재(Being) 그 자체임을 증거하는 일이다. 그리고 돌파구를 여는 분은 바로 살아 계신 하나님이다. 마지막으로, 인간의 시간대로 볼 때는 앎의 순서(*ordo cognoscend*)가 존재의 순서(*ordo essendi*)에 앞설지 몰라도, 존재의 본질이신 그분이 시간적으로나 존재적으로 우리의 현존보다 이미 앞서 계신다.

해석학이 먼저다

끝으로, 앞 장에서 살펴본 것으로서 데이비드 노글이 기존의 세계관 분석에 추가한 내용으로 되돌아가자. 그는 세계관이란 "설화적 기호들로 이루어진 언어 체계로서 추론과 해석과 인식 같은 기본적 인간 활동에 중요한 영향을 미치는 것"이라고 한다.[35] 21세기 초 포스트모던 세계에 살고 있는 우리로서는 그런 접근이 존재론의 영역으로 끌어올려지길 기대할 수도 있다. 세계관이라는 것이 일차적으로 기호학이나 해석학의 견지에서 정의되기를 바랄 수도 있다. 만일 그런 일이 일어난다면, 존재론은 와르르 무너져서 해석학으로 흡수될 것이다.

"누가 세계를 받치고 있나요?" 하고 아들이 묻는다. 포스트모더니즘을 따르는 아빠라면 "애야, 의미가 세계를 받치고 있단다. 맞아, 바로 의미야. 온통 해석뿐이란다. 이제 함께 해석하는 일을 하자."

그러고는 둘 다 제삼자가 발명한 언어에 사로잡힌 언어의 희생자가 될 것이다. 니체의 말처럼, 진리는 "은유들의 기동 부대"[36]가 될 것이다. 그러면 세계는 언어적 공간 속으로 튀어나가 "태양의 속박에서 벗어난 지구"처럼 되어 "끝없는 무(無)를 떠돌아다닐 것이다."[37] 세계는 더 이상 공중에 매달려 있지 않고 해체된 언어 위에 매달려 있을 것이다.

만일 아버지와 아들이 언어를 자유자재로 갖고 놀 만한 "힘 있는 시인들"이라면, 그들이 사용하는 용법이 실재를 정의하게 될 것이다.[38]

---

35) David Naugle, *Worldview: The History of a Concept*(Grand Rapids, Mich.: Eerdmans, 2002), p. 253.
36) Friedrich Nietzsche, "On Truth and Lie in an Extra-Moral Sense", in *The Portable Nietzsche*, trans. Walter Kaufmann (New York: Viking, 1954), p. 46.
37) Friedrich Nietzsche, *The Gay Science* 125, in *Portable Nietzsche*, p. 95.

그들의 언어가 비언어적 실재에 걸맞는지 여부는 시험할 방도가 없을 것이다. 푸코의 말처럼, "'진리'는 진술의 생산, 규제, 분배, 순환, 작동을 위해 잘 정돈된 절차들의 체계로 이해될 필요가 있다."[39] 그 말투는 순전히 "언어적 권력의 옷을 차려 입고서 궁극적 실재를 해석하는 체하는 가짜에 불과하다."[40]

의미를 우선시하는 입장을 반박하려면, 의미가 있을 수 있으려면 먼저 **무언가가 존재해야 한다**는 상식적인 개념을 내놓으면 된다. 세계관이 "설화적 기호들로 이루어진 언어 체계로 표현될 수 있음"은 분명하다. 그러나 그것은 먼저 그와 다른 그 무엇이어야 한다. 그것은 기호들에 의해 창조되어 그것들로 이해될 수 있는 것이 아니다. 전이론적 범주들은 보편적 성격을 갖고 있는 것 같다. 존재(being, 있음)와 비존재(non-being, 있지 않음)는 아주 근본적 범주로서 진리의 가치를 갖고 있다. 말하자면, 그 범주는 존재하지 않는 어떤 것에다 언어적이라는 딱지를 붙이다는 뜻이다.

여러 해 전에 랍비 한 사람이 소수의 복음주의적 교수들을 대상으로 유대인이 '땅'을 어떻게 이해하고 있는지 설명하던 모습이 생각난다. 그의 말을 쉽게 풀어서 이야기하면 이렇다. "땅은 지도 위에 그어진 지정학적 선으로 규정되지 않는다. 그것은 물질로 된 실체다." 그는 몸을 굽혀서 흙을 한 줌 집는 흉내를 내었다. 그러나 우리는 유대교 회당에 있었기 때문에 그는 아무것도 집을 수 없었다.

---

38) Harold Bloom의 "힘 있는 시인"의 개념에 대한 Richard Rorty의 설명은 다음을 보라. Rorty, Contingency, pp. 23-42.
39) Michel Foucault, "Truth and Power", in *The Foucault Reader*, ed. Paul Rabinow (New York: Pantheon, 1984), p. 74.
40) Naugle, *Worldview*, p. 184.

이 세계는 실체성(Substantiality)을 갖고 있다. 물론, 하나의 기호이기도 하다. 복음주의자는 성례전적 신학을 중세의 잘못된 신학으로 치부해 버렸는데, 그것은 성경적 세계관에 담긴 풍부한 내용을 많이 잃어버리는 결과를 가져왔다. C. S. 루이스 같은 작가들이 글을 통해 그런 풍성한 전통을 상기시켜 주었다. 「천국과 지옥의 이혼」(*The Great Divorce*)을 보면, 천국은 지구보다 더 실체적인 것으로, 지옥은 덜 실체적인 것으로 그려지고 있다.[41] 루이스가 정확하게 보았다고 생각된다.

나는 하나님에 대한 우리의 견해를 일련의 기호로 봄으로써 그분의 실체성을 잃어버리고 싶지 않다. 모세는 하나님께 "당신의 영광을 제게 보여 주십시오" 하고 요청했다. 모세는 그것을 볼 준비가 되어 있지 않았는데, 이 점에서는 우리도 마찬가지다. 그러나 그 로고스가 육신의 몸을 입고 이 땅에 오셨다. 그분은 자기 몸을 하늘에 두고 계신다(이것이 무엇을 의미하든지 간에).

노글은 예수님의 삶과 죽음을 기호의 견지에서 해석하는 예를 이렇게 들고 있다.

예수님을 향한 적대감과 십자가 죽음의 일차적인 이유를 생각해 보면, 그분이 사역을 하시는 동안 직접적, 간접적으로 제2의 성전이 상징하는 유대인의 세계관을 공격했기 때문일 가능성이 높다. 사실, 그분의 사역에 나타난 언어 체계는 지극히 도발적이었고, 하나님 나라의 신비를 선포함으

---

41) C. S. Lewis, *The Great Divorce*(London: Geoffrey Bles, 1946), pp. 27-29. 「천국과 지옥의 이혼」(홍성사 역간).

로써 사실상 유대인의 신학 전통을 완전히 개조했다.[42]

예수님의 행위를 이런 식으로 이해하는 것이 얼마든지 가능하다. 하지만 거기서 문제가 되었던 것은 상징들이 아니다. 문제는 그 상징들이 상징하는 실재였다. 당시에 예배의 대상이 되었던 하나님은 진정한 하나님이 아니었다. 그러므로 그리스도인은 실재의 상징적 성격을 인정하는 동시에, 상징화된 그것의 실체성도 인식한다. 포스트모더니스트라면 "밑바닥까지 모조리 언어야"라고 대답할 수 있다. 그러나 그리스도인은 그럴 수 없다.

결론

이제까지 나는 간단한 결론을 정당화하려고 이리저리 빙빙 돌고 돌아서 왔다. 하지만 말하고자 하는 요점은 무척 중요한 것이다. 세계관의 정립에서 존재론이 인식론을 앞서야 한다는 점이다. 그렇지 않다면 우리의 세계관을 인간의 자아라는 깨지기 쉬운 구조 위에 올려놓는 셈이다. 달리 말해서, 이는 인간 이성의 자율성, 곧 각 개인의 자아 혹은 각 공동체의 의식이 지닌 자율성을 토대로 삼는다는 뜻이다. 이것은 위험천만한 짓이 아닐 수 없다. 우리의 세계관을 정당화하는 것이 자율적 인간 이성이어서는 안 된다. 설사 그것이 기독교 전통이 대변하는 유의 이성이라 할지라도 말이다. 만약 그렇게 되면, 궁극적 존재―하나님―를 우선시하는 성경의 견해가 인식론, 더 정확하게는 해석학으로 대치된다. 그 결과 기독교적 세계관은 근대의 옷만 걸친

---

42) Naugle, *Worldview*, p. 296.

것이 아니라 포스트모더니즘의 옷을 입게 된다.

다시 한 번 반복하건대, 존재론이 인식론과 해석학을 앞선다. 물론 그 밖의 모든 것보다도 우선한다.

4

살과 뼈
이론적 성격과 전이론적 성격

> 사람은 생각하도록 만들어진 존재임이 분명하다. 거기에 그의 존엄성과 장점이 있다.
> 그리고 그의 의무는 자기가 마땅히 생각해야 하는 대로 생각하는 일이다.
> — 파스칼, 「팡세 (*Pensées*)에서

    소년이 아빠에게 무엇이 세계를 받치고 있는지 물을 때, 그는 이미 아주 초보적인 세계관에 입각해서 그렇게 묻는 것이다. 그는 위와 아래의 개념을 알고 있다. 태양계의 모형에서 천체들이 공중에 매달려 있는 모습도 보았다.

    이 소년의 세계관의 틀로 볼 때 그것은 자연스러운 질문이다. 하지만 어떻게 대답하느냐에 따라 그 세계관의 모양이 바뀔 수도 있고 한 차원 높아질 수도 있다. 소년의 질문 뒤에 있는 세계관과 아버지의 대답에 담긴 더 자세한 세계관은 모두 그들이 몸담고 있는 사회와 깊은 연관이 있다. 그들의 대화도 하나의 세계관 공동체에 깊이 뿌리를 내리고 있다.

    한 사람의 세계관이 형성되는 데 사회적 맥락이 하는 역할에 대해서는 논란의 여지가 없다. 어떻게 사회의 영향을 받지 않을 수 있겠는가? 인도의 푸나에 있는 힌두교 가정에서 자란 아이는 그 문화를 섭

취하게 될 것이다. 그것도 무의식적으로 말이다. 수많은 작은 생각과 판단이 그 아이의 친숙한 자산이 될 것이다. 힌두교 바깥에 있는 가정과의 접촉이 거의 없을 경우에 그 사회의 어떤 모습에 대해 반발할 수는 있어도 젊은이로서 선택의 여지는 별로 없을 것이다. 반면에 그 힌두교 가정이 미국의 일리노이 주에 산다면, 아이는 자라면서 다원주의적 분위기에서 서로 상반된 종교들과 불신앙 등 온갖 다양한 대안을 접하게 될 것이다. 다원주의 문화는 많은 세계관을 진열장에 전시해서 보여 주기 때문이다. 그럼에도 세계관의 일부 측면은 보편성을 갖고 있다. 여기서 그 가운데 하나를 다루려고 하는데, 바로 세계관의 이론적 성격과 전(前)이론적이며 전제적인 성격이 그것이다.

세계관의 개념을 기본적 수준에서 분석한 사람들은 세계관이 **이론적**이기보다는 **전이론적(직관적)**이면서/이거나 **전제적** 성격을 갖고 있다는 데 동의한다. 딜타이가 말하듯이, "각 세계관은 하나의 직관이다."[1] 즉, 세계관의 기본 가설들이 우리가 세계의 특징으로 당연시하는 그런 관념이라는 말이다. 그것은 우리가 무슨 생각을 하든 자동적으로 함께 하는 그런 생각이다. 데이비드 노글은 그것을 "정신이 마취 상태에서도 떠올리는, 세계에 대한 근원적 인상", "모든 탐구와 주장을 뒷받침하되 근거도 없고 시험도 되지 않은 '밑바탕'"이라고 부른다.[2] 사회학자 칼 만하임(Karl Mannheim)은 이렇게 말한다. "세계관이란 아무 의도 없이 저절로 생긴 무의식적 현상이다. 그것은 마치

---

1) Wilhelm Dilthey, David Naugle, *Worldview: The History of a Concept*(Grand Rapids, Mich.: Eerdmans, 2002), pp. 82-83에서 인용.
2) Friedrich Wilhelm Joseph von Schelling의 관점에 대한 Naugle의 첫 번째 요약(같은 책, p. 61)과 Wittgenstein의 관점에 대한 그의 요약(p. 160).

깊숙이 뿌리박힌 모양도 없는 싹과 같아서 그것을 품은 자는 아주 당연하게 여기지만, 그 보유자의 생각과 행동을 움직이는 일차적 동인이다."3)

그러면 이 세 가지 용어가 가리키는 의미 사이에 아무런 차이가 없는 것일까? 세계관을 구성하는 모든 요소가 사유의 과정을 통해 나온 것이 아니라는 말인가? 즉, 세계관에 담긴 모든 것이 직관에서만 나왔을까?

앞서 살펴본 것처럼, 우리가 어느 지점에 이르면 자신의 견해를 뒷받침할 근거를 더 이상 내놓을 수 없는 상황이 된다. "무엇이 세계를 받치고 있나요?"라고 묻는 아들의 질문에 고작 "밑바닥까지 모조리 코끼리야" 하고 외칠 수밖에 없는 아버지의 입장이 되는 것이다. 비트겐슈타인이 말하듯이, "정당화의 수단을 몽땅 사용하고 나면, 결국 밑바닥에 도달하게 된다. 그러면 '나는 그냥 그렇게 생각하는 거야' 하고 말하고 싶어진다."4) 궁극적 실재는 결국 우주의 물질적 질서든

---

3) 같은 책에서 인용, p. 225. Lovejoy는 **세계관**이란 단어를 사용하지는 않지만, 그가 지성사학자들이 고려해야 할 관념을 묘사하는 것을 보면 세계관의 구성 요소들과 대단히 비슷하다는 것을 알 수 있다. "먼저, 한 개인이나 한 세대의 생각 가운데 작동하는 암묵적인 혹은 완전히 명시적이지 않은 **가정들**, 혹은 다소 **무의식적인 정신적 습관들**이 있다. 그것은 너무나 당연해서 공식적으로 표명하고 논증하기보다 묵시적으로 전제되는 신념들이고, 너무 자연스럽고 불가피해서 논리적 자의식의 눈으로 꼼꼼하게 살펴보지 않는 사고 방식이며, 종종 철학자의 교리의 특성을 좌우하는 결정적 요소이자, 그보다 더 자주 한 시대의 지배적인 지적 흐름을 좌우하는 것이다" [A. O. Lovejoy, *The Great Chain of Being: The Study of the History of an Idea* (Cambridge: Harvard University Press, 1933), p. 7].
4) Ludwig Wittgenstein, *Philosophical Investigations* (Oxford: Blackwell, 1967), sec. 217, James Olthuis, "On Worldviews", in *Stained Glass: Worldviews and Social Science*, ed. Paul A. Marshall, Sander Griffoen and Richard J. Mouw (Lanham, Md.: University Press of America, 1989), p. 31에서 인용.

가 그것을 넘어서는 그 무엇, 즉 초자연적 존재(인격 혹은 사물)든가 둘 중 하나임을 알게 된다. 우리가 그 중 하나를 선택할 때는 그만한 이유(들)가 있겠지만, 경험으로 보건대 상대방이 의심할 여지가 전혀 없게끔 우리의 세계관을 **증명할** 도리가 없음을 시인해야만 한다. 그리고 우리가 그런 전제들을 의식적으로 보유하고 또 확신에 가까운 자신감을 가지고 있을지 몰라도, 우리가 틀린 견해를 갖고 있을 소지도 배제할 수 없다. 이미 과거에 우리의 생각을 바꾼 적이 있지 않은가? 앞으로도 바꾸지 말란 법이 있는가? 따라서 우리의 결단은 여전히 부분적으로 신앙의 문제라고 할 수 있다. 요컨대, 우리의 세계관은 전제적 성격을 갖고 있다는 것이다.

세계관이 전제적 성격을 갖고 있다면, 동시에 전(前)이론적일 수밖에 없을까? 그것은 직관적으로 우리에게 주어진 것이라서 도무지 달리 생각할 도리가 없을까? 나는 그렇게 생각하지 않는다. 어떤 것을 완전히 전이론적이라고 부를 때는 그것 없이는 생각하는 일 자체가 불가능하다는 말이다. 전제적이라는 말은, 우리가 이유는 내놓을 수 있을지 몰라도 엄밀히 말해 그것을 증명하기란 불가능하다는 뜻이다.[5] 그럼에도 불구하고 그 세계관을 믿는 믿음이 아주 깊어서 거기에 따라 살기로 작정하게 된다. 우리로서는 달리 어떻게 할 도리가 없는데, 인생을 계속 영위하는 데 필요한 의미를 거기서 찾기 때문이

---

[5] **전제적**이란 단어를 다른 방식으로도 정의할 수 있음을 알고 있다. Arthur Holmes는 전제가 "논리적으로 선재하는 명제"로도 정의되어 왔다고 이야기하면서, 이는 Gordon Clark과 Carl Henry 같은 복음주의적 토대주의자의 전제주의 변증론에서 볼 수 있다"고 한다(개인적인 대화에서). 내가 강조하고 싶은 것은 세계관의 이런 측면이 지닌 명료한 지적 내용보다 그것이 직관에 뿌리박고 있고 그 기능은 신념의 성격을 띠고 있다는 점이다.

다.[6] 끝으로, **이론적**이라는 말은 정신의 의식적 활동에서 나오는 것을 가리킨다.

전이론적인 것

먼저 완전히 전이론적인 것을 살펴보자. 우리의 정신적 구조의 밑바닥을 차지하고 있어서 우리가 생각을 시작하면 도무지 사용하지 않을 수 없는 그런 개념은 어떤 것인가? 아리스토텔레스는 열 가지 범주를 들고 있는데, 거기에는 실체, 질, 양, 관계, 장소, 시간 등이 포함되며 모두가 이 기준에 잘 들어맞는 것 같다.[7] 데카르트는 진리의 개념 자체를 전이론적인 것이라고 생각했다. 비록 그것을 "생각이 그 대상에 동조(同調)하는 것"이라고 이론적 정의를 내리긴 했지만 말이다.[8] 이런 범주들을 암묵적으로 사용하지─생각하는 게 아니라 사용

---

6) 정신의학자 Armand Nicholi Jr.는 "인간의 두뇌는 신념을 갖게끔 '배선이 깔려 있음'(유전적으로 프로그램 되어 있음)을 보여 주는 증거가 있다"고 말한다[*The Question of God: C. S. Lewis and Sigmund Freud Debate God, Love, Sex and the Meaning of Life*(New York: Free Press, 2002), p. 46].

7) *The Cambridge Dictionary of Philosophy*(Cambridge: Cambridge University Press, 1995), p. 108에서 '범주'를 보라. Pascal은 공간, 시간, 움직임, 숫자 등을 목록에 포함시킨다(Blaise Pascal, Pensées, trans. A. J. Krailsheimer (Middlesex, U. K.: Penguin, 1966), no. 110, p. 58; Arthur Holmes는 다음 책에서 전이론적 범주들에 대해 논의한다. *Contours of a Christian Worldview*(Grand Rapids, Mich.: Eerdmans, 1983), p. 48; Everett W. Hall은 그 범주들 자체에 함축된 진리치(truth value)를 검토한다[*Philosophical Systems: A Categorical Analysis*(Chicago: University of Chicago Press, 1960), 특히 pp. 1-6, 22-25].

8) "[진리]는 선험적으로 너무나 명석한 개념이어서 누구나 알게끔 되어 있는 것 같다.…그것[진리]을 선천적으로 알지 못하면 진리가 무엇인지를 배울 길이 없다.… 물론 그 용어를 모르는 사람에게 그 단어의 의미를 일러 주는 것은 가능하다. 즉 진리라는 단어는 엄밀한 의미에서 생각이 그 대상에 동조하는 것을 뜻한다고 일러 줄 수 있다.…그러나 우리가 누군가에게 논리의 정의를 일러 준다고 해서 그가 논리의

하지-않고는 생각하는 일 자체를 시작할 수 없을 것이다.

현대의 문화 인류학자 두 사람은 아리스토텔레스의 목록에다 몇 가지를 추가한다. 마이클 커니(Michaell Kearney)는 "자아와 타자, 관계, 분류, 인과율, 공간, 시간"[9] 등의 범주를 덧붙인다. 로버트 레드필드(Robert Redfield)는 자아(주체적 '나'와 객체적 '나'로 구분)와 타자(인간과 인간 이외의 것으로 구분)를 그 목록에 올린다. 또 인간은 젊은이와 늙은이, 남자와 여자, 우리와 그들로 세분화된다. 인간 이외의 것은 하나님과 자연으로 구별된다. 끝으로, 레드필드가 "만인의 세계관"이라 부르는 것에는 공간과 시간, 출생과 죽음이 포함된다.[10] 내가 생각하기로는 여기에 추가될 개념이 이보다 훨씬 더 많을 것 같다. 의미, 의무감, 정체성, 모순 등.

요컨대 전이론적인 것은 이와 같은 개념들과, 그 개념들 간의 관계에 대한 인식으로 이루어져 있다. 전이론적인 것이란 우리의 생각의 대상이 아니라 우리가 생각할 때 함께 하는 그 무엇이다.

소년의 질문-"무엇이 세계를 받치고 있나요?"-을 다시 한 번 보

본질을 발견하게 되는 것은 아니다[Descartes in a letter to Marin Mersene in 1639, Stephen Gaukroger, *Descartes: An Intellectual Biography*(Oxford: Clarendon, 1995), p. 327에서 인용]. Descartes는 '대응의 진리'라고 불리는 것을 언급하고 있다. 스콜라 철학자인 Étienne Gilson은 그 개념을 더 명료하게 설명한다. "참된 것을 말한다는 것은 있는 그대로 말하는 것이고, 각 사물에게 특유의 존재됨을 부여하는 것이다. 그러므로 한 사물의 진리성을 지지해 주는 것은 바로 그 사물의 존재다. 그리고 사유의 진리성을 받쳐 주는 것은 사물의 진리성이다"[*A Gilson Reader: Selected Writings of tienne Gilson*(Garden City, N. Y.: Image, 1957), p. 247]. 진리 대응 이론을 제외한 다른 진리론-정합성(통일성) 이론이든 실용주의적 이론이든-은 전이론적 성격이 없는 것 같다. 따라서 이런 이론들이 대응의 진리론을 제치고 지배적 위치를 차지하게 된다면 부적합성이 노출될 가능성이 많다.

9) Michael Kearney, Naugle, *Worldview*, p. 242에서 인용.
10) Robert Redfield, 같은 책, p. 246에서 인용.

라. 여기에 이미 가정되어 있는 것을 들자면, 소년의 **자아**와 아버지라는 **타자** 사이의 구별, **장소**와 **시간** 안에 있는 세계라는 **실체적** 존재(**비존재**와 상반되는 것으로서의 **존재**) 등이다. 이런 개념들은 결코 의문시되지 않는다. 그들의 구체적 관계를 문제로 삼긴 하지만, 관계라는 개념 자체는 문제시되지 않는다. 소년의 질문이 의미를 갖게 되는 지적인 맥락은 완전히 전이론적인 것에 속한다.

전제적인 것

따라서 세계관은 기본 특성상 전이론적인 것을 포함하고 있다. 그런데 이런 범주에만 넣기 어려운 개념들도 있다. 그 가운데 가장 중요한 것이 하나님의 개념이다. **하나님**은 선천적인 전이론적 개념인가, 아니면 정신적 성찰이나 사회적 혹은 심리적 주입의 결과인가?

프로이트(Gigmund Freud)는 물론 후자의 견해를 취한다. 프로이트에게는 하나님이 존재하지 않는다. 그러므로 그 관념은 선천적인 것, 곧 인간이 하나님의 형상으로 만들어진 결과이거나 하나님에게서 어떤 계시를 받은 결과가 아니다. 하나님의 개념은 적대적인 세상에 있는 인간에게 위로가 필요해서 생긴 것이다. 인간의 창조물이라는 말이다. 사실 모든 종교적 교리는 희망을 성취하고 싶어서 꾸민 일종의 환상이다.[11]

물론 그렇다고 해서 모든 사람이 이론적 과정을 거쳐 하나님의 개념을 얻게 된다는 말은 아니다. 그 관념을 무의식적으로 습득하는 면

---

11) Sigmund Freud, *The Future of an Illusion*, trans. James Strachey (New York: W. W. Norton, 1961), pp. 30-33. 사실은 이 책 전체가 이 문제를 다루고 있다. Nicholi, *Question of God*, pp. 36-56도 보라.

에서는 그것이 전이론적인 것일 수도 있다. 종교적 관념들은 '심적 기원'을 갖고 있다. "교훈으로 주어지는 이런 것들은 경험의 침전물이나 사고의 결과가 아니다. 그것은 인류의 가장 오래되고 강하고 절박한 희망의 성취를 상징하는 환상이다. 그것이 얼마나 강한가는 희망의 강도에 달려 있다."[12]

그런데 공간이나 시간 혹은 존재의 개념과는 달리, 하나님은 우리가 하나님에 관해 생각하기 전에 반드시 가지고 있어야 할 그런 개념이 아니다. 하나님의 관념은 왕의 관념에 더 가깝다. 우리는 왕이 무엇인가에 대한 선입견이 없어도 왕에 대해 배울 수 있다. 하나님에 관해서도 이처럼 사회적 맥락에서 배우게 된다. 프로이트는 이렇게 말한다. "건강한 아이의 빛나는 지성과 평범한 어른의 연약한 지력을 한번 대조시켜 보라. 외부의 영향을 받지 않은 아이라면 오랜 시간이 지난 후에야 다른 세계의 문제로 고민하기 시작할 것이다."[13]

다른 한편, 아퀴나스와 칼빈은 하나님의 관념을 하나님의 존재에 대한 직접적 인식이라고, 즉 사회나 심리적 욕구로 인해 생긴 것이 아니라고 생각한다. 아퀴나스는 "다소 모호하긴 하지만 하나님의 존재에 대한 인식이 선천적으로 우리 내면에 심겨 있다"[14]고 말한다. 칼빈은 여기서 더 나아간다. 그는 모든 사람이 **신 관념**(*sensus divinitatis*)을 가지고 있다고 한다.

---

12) Freud, *Future of an Illusion*, p. 30.
13) 같은 책, p. 47.
14) Thomas Aquinas, "Whether the Existence of God Is Self-Evident: Reply to Objection I", in *Summa Theologica*, 2nd and rev. ed., trans. Fathers of the English Dominican Province (online ed., 2003), <www.newadvent.org/summa/100201.htm>.

인간의 마음에 모종의 신 관념이—타고난 본능에 의해—있다는 것은 논란의 여지가 없는데, 그것은 하나님이 누구도 무지한 체하지 못하도록 모든 사람에게 그분의 신성에 대한 관념을 부여하셨기 때문이며, 그 관념을 계속해서 되살리고 때로는 확대시켜 하나님이 계시다는 것과 그분이 자기의 조물주임을 인식시킴으로써 그들이 그분을 예배하지도 않고 섬기지도 않을 때 자기 양심에 의해 정죄받도록 하기 위함이다.[15]

여기서 하나님은 추상적 존재가 아니라 인간의 지성으로 파악할 수 있는 창조주임을 주목하라. 여기에는 인격성도 포함될 것이다. 무슨 신이든 상관없이 신의 관념 자체가 전이론적인지 아닌지 여부는 사실상 세계관의 문제다. 앨빈 플란팅가(Alvin Plantinga)의 말을 들어 보자. "**신 관념**은 다양한 환경에서 그런 관념을 촉발시키는 조건이나 자극에 반응하여 유신론적 신념을 형성하는 하나 혹은 일련의 성향이다."[16] 그래서 별이 빛나는 밤하늘이나 웅대한 산을 바라볼 때, 또 죄책감을 느끼거나 마음의 자극을 받을 때 모종의 신념이 생기게 된다. "나는 그저 하나님을 믿는 믿음을 갖게 된다"[17]고 플란팅가는 말한다. 이런 의식은 어떤 논증의 결과가 아니라 그냥 마음에 떠오르는 관념 혹은 존재에 대한 직관적 파악이다. 이런 의미에서, 하나님에 대한 신념은 둘 더하기 둘은 넷이라고 믿는 신념과 비슷하다. 우리는 그것이 참이라고 그냥 '안다.'[18]

---

15) John Calvin, *Institutes of the Christian Religion*, trans. Henry Beveridge (London: James Clarke, 1957), p. 43 (1.3.1).
16) Alvin Plantinga, *Warranted Christian Belief* (New York: Oxford University Press, 2000), p. 173.
17) 같은 책.

칼빈주의자를 비롯한 여러 그리스도인에게는 신 관념이 전이론적인 것인 반면, 일관성 있는 자연주의자에게는 그렇지 않고 또 그럴 수도 없다.

그런데 여기서 흥미로운 문제가 제기된다. 만일 칼빈주의자가 옳다면, 자연주의자도 적어도 한 번쯤은 하나님의 존재에 대해 직관적으로 파악한 적이 있을 것이다. 이와 관련하여 칼빈주의자가 의존하는 본문은 로마서 1:18-20이다.

하나님의 진노가 불의로 진리를 막는 사람들의 모든 경건하지 않음과 불의에 대하여 하늘로부터 나타나나니 이는 하나님을 알 만한 것이 그들 속에 보임이라. 하나님께서 이를 그들에게 보이셨느니라. 창세로부터 그의 보이지 아니하는 것들 곧 그의 영원하신 능력과 신성이, 그가 만드신 만물에 분명히 보여 알려졌나니.

가령 프로이트가 하나님의 존재를 더 이상 직관하지 못하거나 주변 세계를 보고도 하나님의 존재를 인정하지 않는다면, 그것은 그가 자신의 사악함으로 진리를 억눌렀기 때문이다. 칼빈주의 세계관에 따

---

18) Calvin의 논리를 따라가면, Descartes가 자신의 하나님 개념이 어쩌다가 그냥 생긴 것이며 따라서 그것이 하나님으로부터 온 것임이 틀림없다고 생각한 이유를 이해하기 쉽다. 물론 Descartes는 그런 선천적 관념이 너무나 명석하고 판명하며 초월적 성격을 띠고 있어서 자기 스스로 만들어 냈을 가능성이 전혀 없다고 생각했다. Calvin은 그 관념의 기원을 이야기하는 것으로 만족하는데, 그로부터 하나님의 존재에 대한 철학적 증명을 전개하지 않은 것은 그럴 필요가 없다고 생각했기 때문일 것이다(당신이 직접 알고 있는 어떤 사람의 존재를 굳이 논리적으로 증명할 필요가 없다). Calvin은 오히려 그런 관념이 인간에게 있기 때문에 하나님의 요구대로 살지 못할 경우 변명의 여지가 없다는 사실에 더 관심이 있다.

르면, 프로이트가 궁극적 실재를 물질 세계로 전제하고 또 그런 전제에 대한 이유를 제시할지 모르지만, 그는 잘못되었을 뿐더러 그 잘못에 대해 책임을 져야 한다. 그는 그보다 더 나은 지식을 가질 수도 있었고 또 가져야 마땅하다.

무엇이 세계를 받치고 있느냐는 질문을 칼빈에게 던졌다면 '하나님'이라고 대답했을 것이다. 그것은 '지성이 없는 존재'가 아니다. 왜냐하면 우리를 둘러싼 이 세계가 존재하고 있다는 직관이 있고 그것을 지지할 만한 이유가 있기 때문이다. 하지만 하나님의 존재에 대한 지식을 신뢰하는 일은 논리적 증명을 넘어선다. 그것은 하나님이 그분의 존재를 직접 감지할 수 있는 능력을 인간에게 주셨기 때문이다. 프로이트가 하나님의 존재를 파악하지 못한 것은 그의 지력 때문이 아니라 도덕적 실패 때문이다. 진리가 그의 눈앞에 엄연히 있을 뿐 아니라(세계의 현상들) 그의 마음속에도(**신 관념**) 존재한다. 파스칼이 너무나 멋지게 표현했듯이, "마음은 이성이 전혀 알지 못하는 이유를 갖고 있다."[19]

이와 달리, 자연주의자인 프로이트는 하나님에 대한 믿음을 심리적 욕구 때문에 생긴 것으로 본다. 프로이트와 같은 지성인은 그런 믿음 없이 사는 법을 배워야 한다고 생각한다. "과학적 활동이 우리 밖의 실재에 관한 지식에 이르는 유일한 길이다."[20] 프로이트는, 칼빈이 하나님을 믿는 이유는 그의 지력을 사용하지 못하고 자기가 부족하다는 느낌에 굴복했기 때문이라고 말할 것이다. 실제로 존재하진 않지

---

19) Blaise Pascal, *Pensées*, trans. A. J. Krailsheimer (Harmondsworth, U. K.: Penguin, 1966), no. 423, p. 154. no. 110, p. 58도 보라.
20) Freud, *Future of an Illusion*, p. 31.

만 내면의 공허감을 채워 줄 어떤 것을 스스로 상상해 냈다는 것이다.

이런 상충된 견해들은 결국 다음 두 가지로 귀결된다. 즉, 인간이 인간과 비슷한 하나님의 형상으로 만들어졌든지(칼빈), 하나님이 인간의 형상으로 만들어졌든지(프로이트), 둘 중 하나라는 말이다. 두 견해를 뒷받침하는 논점은 모두 동일한 정보에 의존하고 있다. 문제는 어느 것이 원초적 기원인가이다. 하나님이 인간의 기원인가, 아니면 인간이 하나님 개념의 기원인가?

문제가 이처럼 간단하다면, 우리 인생의 방향을 좌우하는 열쇠를 동전 던지기 식으로 정하면 될 것 같다. 하나님에 대한 믿음이나 우리 자신을 믿는 믿음 중 하나를 택하면 그만이지 않겠는가? 어느 입장도 다른 입장을 반박하면서 자기 논점을 확실히 주장할 수 없다면, 결국 맹목적인 선택이 맹목적인 신앙을 낳는다는[21] 급진적 신앙론자의 말이 옳다. 그러나 이 지점에서 우리가 급진적 신앙론자에게 판을 넘겨주면 안 된다. 프로이트 같은 자연주의자를 반대하는 입장이 매우 설득력 있는 논리를 가질 수 있고, 하나님의 존재를 긍정하는 입장이 엄밀한 논리로 정당성을 주장하는 것도 얼마든지 가능하다.[22] 어쨌든 이

---

21) 여기서 '급진적 신앙론자'란 자기의 신념을 정당화할 합리적 방법이 없다고 믿는 자들을 일컫는다. 신념이란 원초적인 것이며 분석 불가능한 것이라고들 한다. 덴마크에서 한 학생이 나에게 "신앙이라는 것은 그것이 단언하는 내용에 대해 이유를 제시하지 못할 때 더 신앙답게 되는 것이 아닙니까?" 하고 물었던 것이 기억난다. 그는 이런 생각을 Kierkegaard에게서 얻었다고 했지만, 잘못 읽은 것이 아닌가 생각된다.

22) Nicholi가 이런 식으로 Freud에 대한 반론을 제기한다(*Question of God*, pp. 36-56). 하나님의 존재에 대한 기독교적 논증은 아주 오랜 역사를 갖고 있다. 예를 들어 Étienne Gilson, *God and Philosophy*(New Haven, Conn.: Yale University Press, 1941); E. L. Mascall, *He Who Is: A Study in Traditional Theism*(London: Libra, 1966); J. P. Moreland, *Scaling the Secular City*(Grand Rapids, Mich.:

쟁점은 양자의 논리와 세계관에서 전제가 어떤 역할을 하는지를 잘 보여 주는 좋은 본보기다(이 문제는 제6장에서 다시 다룰 것이다).

하나님의 개념에 담긴 전제적 성격은 다른 식으로도 접근할 수 있다. 「기독교 세계관과 현대사상」에서 '진정으로 참된 최고의 실재는 무엇인가?'라는 질문에 기독교적 세계관에 입각해서 대답하면서 들었던 첫 번째 전제를 상기해 보라. 대답은 물론 하나님이다. 그러면 하나님은 누구인가?

> 하나님은 무한하시고, (삼위의) 인격이시며, 초월적이고 내재적이며, 전지하시고 주권자이시며 선(善)이신 분으로서 우주를 창조하신 분이다.[23]

여기서 첫 단어를 제외하고는 전이론적인 것이 하나도 없다. 이것은 오히려 '진정으로 참된 실재'의 성품을 진술하는 내용이다. 달리 말하면, 존재 그 자체에 대한 진술이다. 하나님이 진정으로 참된 실재다. 하나님이 존재 그 자체다. 그런데 존재란 무엇인가? "하나님은 존재다"라고 말할 때 그 의미는 무엇인가? 이 명제의 전이론적 부분은

Baker, 1987); Richard Swinburne, *The Existence of God*(Oxford: Oxford University Press, 1979; Peter Kreeft and Ron Tacelli, "Twenty Arguments for the Existence of God", in *Handbook of Christian Apologetics*(Downers Grove, Ill.: InterVarsity Press, 1994), pp. 47-88; Steven T. Davis, *God, Reason and Theistic Proofs*(Grand Rapids, Mich.: Eerdmans, 1997); and J. P. Moreland and William Lane Craig, *Philosophical Foundations for a Christian Worldview*(Downers Grove, Ill.: InterVarsity Press, 2003), pp. 463-500를 보라.

23) 이 정의는 「기독교 세계관과 현대사상」(3판)에 나오는 기독교 유신론의 첫 두 명제에 기초하고 있다. James W. Sire, *The Universe Next Door*, 3rd ed. (Downers Grove, Ill: InterVarsity Press, 1997), pp. 23-24.

존재의 개념이다. 즉, 존재하는 것과 존재하지 않는 것을 구별하는 선천적 인식이다. 우리는 존재가 무엇인지를 머리로 생각해서 그 개념을 아는 것이 아니라 전이론적으로 그것을 파악하기 때문에 아는 것이다.[24] 우리는 직관적으로 있는 것과 없는 것의 차이를 안다. 이보다 더 앞서는 개념은 없다. 우리가 '존재'(being)란 '있는 것' 혹은 '있음'(isness)을 의미한다고 대답할 수는 있어도, 이미 그 개념을 파악하고 있지 못하다면 다른 단어로 바꾼다고 그 의미를 알게 되는 것이 아니다.

따라서 어떤 구체적인 존재—우리 자신, 우리를 둘러싼 세계, 하나님 혹은 신들—에 관한 생각은 모두 이미 주어진 전이론적 개념—우리가 가지고 있을 수도 있고 없을 수도 있는—에 기초하고 있다. 그런데 이 개념은 너무나 근본적인 것이어서 정상적인 인간이라면 반드시 가지고 있을 수밖에 없다. 특별히 명석한 사람만 보유하고 있는 것이 아니다. 의미 있는 대화를 나눌 수 있는 이라면 아무리 멍청해도 존재와 비존재의 차이를 파악하고 있다. 그 개념을 명료하게 설명할 수 없을지는 모르지만, 그들이 하는 말은 모두 그런 구별을 함축하고 있다.

요컨대, 정말 전이론적인 것은 하나님의 관념이 아니라 존재의 개념인 것 같다. 하나님의 개념은 전이론적 성격을 가질 만큼 초보적이 아닐지 모른다는 말이다. 그것은 뚜렷한 내용을 가진 개념이 아닐 수도 있다. 인격적일 수도 비인격적일 수도 있고, 창조주일 수도 나머지

---

[24] Martin Heidegger의 방대한 저서 「존재와 시간」은 존재의 개념을 명료하게 설명하려는 시도로서, 그의 말에 따르면 소크라테스 이전의 철학자들 이래 그런 작업을 한 사람이 없다.

실재에서 방출된 것일 수도 있고, 하나일 수도 여럿일 수도 있다.

만일 사도 바울이 이 문제에 끼어든다면, 로마서 1:18-20에 비추어 볼 때 무슨 말을 하겠는가? "영원하신 능력과 신성", 이것이 누구나 알고 있는 하나님의 속성이라고 말할 것이다. 이것은 분명—알라나 브라만이 아니라—기독교의 하나님이요, 칼빈의 말을 빌리면 우리 모두가 **신 관념**에 의해 알고 있는 그 하나님이다.

하지만 사도 바울은 칼빈이 열거하는 특성을 모두 포함시키지는 않을 것이다. 칼빈은 누구나 하나님이 조물주이심을 직관적으로 알고 있다고 주장하는데, 그러면 그런 **신 관념**이 유신론적 하나님의 전통적 특징들[무한하시고, (삼위의) 인격이시며, 초월적이고 내재적이며, 전지하시고, 주권자이시며 선이신]을 모두 알게 한다는 말인가? **선**이라는 속성을 제외하고는 모두 이론적 용어다. 그것들을 하나님의 개념에 적용하면 전제적 성격을 지니게 되는 것은 분명하지만, 동시에 전이론적 성격도 갖게 되는가? '영원한 능력'과 '신성'(신적 본성)은 이론적 내용을 얼마만큼 내포하고 있는가? 바울이 옳다면, 전이론적인 것이 이론적 내용을 일부 포함할 수도 있는가? 솔직히 말해 나는 이런 질문에 어떻게 대답할지 모르겠다. 막연히 추측하기보다는 차라리 한동안이나마 대답하지 않고 두는 편이 낫겠다.[25]

---

25) Thomas Aquinas와 신스콜라주의적 해석가들—특히 Étienne Gilson과 E. L. Mascal—은 자연적 이성의 빛으로도, 하나님이 최고의 존재(진정으로 참된 실재)로서 반드시 존재할 수밖에 없다는 것과 그분이 틀림없이 이론적 내용이 실린 여러 속성을 가지고 계심을 입증할 수 있다고 주장할 것이다. Gilson은 과학으로서는 이 세상에 무(無)가 아니라 어떤 것이 존재하는 이유를 설명할 수 없지만, 스콜라 철학은 설명할 수 있다고 말한다. "최고로 중요한 이 질문에 대해 우리가 생각할 수 있는 유일한 대답은, [이 세상에 존재하는] 모든 에너지와 모든 사물 하나하나가 순전한 존재 행위(Act of existence)에 의존하여 존재하고 있다는 것이다. 이

물론 하나님의 존재는 세계관 분석에 근본적인 문제다. 그러면 세계관의 다른 중요한 문제들은 어떻게 되는가? 우리 심장 박동수를 높이고, 이마에 땀이 흐르게 하며, 신경이 곤두서게 하고, 영이든 영혼이든 자아든 우리 존재의 중심—나를 독특한 '나'로 만드는 그 무엇—을 서늘하게 만드는 그런 문제들이 있다. 그런 문제를 제대로 다루지 않으면, 우리는 공포에 질릴 뿐 아니라 정신병원에 들어갈 수도 있다. 악과 고통의 문제를 생각해 보라. 악과 고통이 왜 그렇게 많은가? 내 친구들이 고통을 당하는 이유는? 그리고 왜 나마저 그래야 하는가? 그 가운데 가장 큰 골칫거리는 죽음이다. 사람이 죽으면 무슨 일이 일어나는가? 나는 영원히 살 것이라고 기대하지 않는다. 분명히 죽을 것이다. 그러면 나에게 무슨 일이 생기겠는가?

죽으면 무슨 일인가 발생하리라고 나는 확신한다. 내가 장차 죽지 않고 지금까지 살아 온 모양으로 계속 살 것처럼 공상의 나래를 펼

최고의 원인자가 모든 실존적 문제에 대한 궁극적 해답이 되려면 그것이 절대적 존재라야 한다. 절대적 존재는 그래서 또한 자족적(self-sufficient)이다. 그것이 무엇인가를 창조한다면, 그런 창조 행위는 자유로울 수밖에 없다. 그것은 존재뿐 아니라 질서도 창조하므로, 우리가 경험적으로 알고 있는 질서의 원리, 곧 사유를 담고 있는 그 무엇임에 틀림없다. 이제 절대적이고 자존하며 인식의 능력이 있는 원인자는 그것(It)이 아니라 그(He)다. 요컨대, 제1의 원인자(내가 진정으로 참된 실재라고 부른 것)는 그 안에서 자연과 역사의 원인이 서로 만나는 존재요, 종교의 하나님이라고도 부를 수 있는 철학적 하나님이다"(*God and Philosophy*, pp. 139-141). Gilson은 이보다 더 나아가기를 거부하면서, 하나님의 개념을 기독교적으로 정립하려면 계시가 필요하기 때문이라고 주장한다. Mascall은 'I AM'이라는 하나님의 개념이 전이론적인 것이라고는 말하지 않겠지만, 이 '출애굽의 형이상학'이 단순한 존재 자체를 넘어서서 여러 특성을 암암리에 내포하고 있다고 확신한다. "그것은 하나님의 다른 모든 속성과 활동을 하나로 묶는다. 단순성, 완전성, 선, 무한성, 불변성, 영원성, 통일성, 제1운동자로서의, 원인자 없는 원인자로서의, 충분한 이유로서의, 완전한 패턴으로서의, 만물의 최종 목적으로서의 성격 등"(*He Who Is*, p. 13).

수도 있지만, 나의 운명이 어떻게 될지는 확실히 알 수 없는 법이다. 설사 이 문제에 대해 나름대로 해답을 발견하고 더 이상 신경을 쓰지 않는다 하더라도, 그 해답이 너무나 확실해서 받아들이지 않을 수 없기에 그런 것은 아닐 것이다. 그렇다고 그 해답이 환생이든, 부활이든, 소멸이든, 다른 상태로의 변형이든, 나에게 어느 정도의 자신감[레슬리 뉴비긴(Lesslie Newbegin)이 "적당한 자신감"이라고 부르는 것]조차 없다는 말은 아니다.[26] 이런 여러 가능성 가운데 어느 것도, 내가 현재와 같은 몸으로 사는 날이 끝날 때가 온다는 사실에 비견할 만큼 확실한 것은 없다는 뜻이다.

그러므로 나는 세계관의 일부 측면이 전제적 성격은 갖고 있으나 전이론적이지는 않다고 주장하는 바다. 이를테면, 기독교 세계관에는 인간이 죽으면 그 존재가 계속되다가 마침내 부활하여 하나님 및 그 백성과 함께 축복의 삶을 누리든가, 하나님 및 모든 좋은 것에서 영원히 분리되어 불행하게 살 것이라는 관념이 포함되어 있다. 그리스도인 가운데는 이런 것을 믿는 의식적인 이유를 설명하지 못하는 경우(어릴 때 가정과 교회에서 믿음을 습득한 신자들 중에)가 있고, 스스로 만족스럽게 여기는 여러 이유를 내놓는 경우도 있으며, 또 아주 논리정연하게 그것을 변호하는 경우도 있다. 어쨌든 죽음 이후의 삶에 대한 기독교적 개념은, 그것이 간단하든 복잡하든 상관없이 어디까지나 **신앙**(faith)의 성격을 가진 **신념**(belief)이다. 그리고 이 점은 인간의 존재가 죽음과 함께 끝난다고 믿는 자연주의자에게도 똑같이 적용된다. 죽을 때 모든 것이 소멸된다고 믿는 자연주의자들 가운데도 이런 세

---

26) Lesslie Newbigin, *Proper Confidence: Faith, Doubt and Certainty in Christian Discipleship*(Grand Rapids, Mich.: Eerdmans, 1995).

부류의 사람—의식적 이유가 없는 자, 조금 있는 자, 많은 자—이 있다.

요컨대, 죽음이란 개념 자체는 전이론적 성격을 갖고 있다. 하지만 죽음이 지닌 구체적 성격은 그렇지 않다. 문화 인류학자 마이클 커니가 제시한 비유를 들자면, 각 세계관은 뼈와 살을 갖고 있다.[27] 나로서는 뼈는 전이론적인 측면을, 살은 전제적 측면을 가리킨다고 제안하고 싶다.

토대 아래 있는 토대들

헤르만 도여베르트는 세계관의 뿌리에 오직 두 종류의 근본적 세계관이 있다고 주장함으로써 세계관의 전제적 성격에다가 특이한 신학적 색채를 덧입힌다. 하나는 하나님에 의해 회심한 사람들의 근본 동인에서 나오고, 다른 하나는 여전히 죄에 묶인 사람들의 근본 동인에서 나온다고 한다.[28] 이것은 내가 밝힌 전이론적 관념들에다가 또 다른 토대를 제공하는 셈이다. 즉 내가 토대라고 부른 것에 하부 구조를 더 세우는 것이다. 그는 인간의 인식 작용이 각 사람의 중심에서 나온다고 본다. 회심한 사람의 세계관은 모든 면에서 회심하지 않은 사람의 세계관과 근본적으로 다를 것이다. 도여베르트는 이렇게 쓰고 있다.

> [세계관은] 우리의 종교적 헌신을 요구한다. 그것은 그 나름대로 사고하는 태도가 있다.…전체를 보는 관점은 **이론적**인 것이 아니라 **전이론적**인 것이

---

27) 이 유추가 Kearney의 것인지 Naugle의 것인지는 분명하지 않다(Naugle, *Worldview*, p. 243).
28) 같은 책, pp. 25-29.

다. 그것은 실재를 생각할 때 추상화된 의미의 양상이 아니라 이론적 분석의 대상이 아닌 전형적인 개체성의 구조로 이해한다.[29]

도여베르트 생각은 이해하기가 쉽지 않다. 내가 파악한 바로는, 구속되고 중생한 신자의 경우 하나님과의 관계가 그 사람의 세계관의 근원이 된다고 말하는 것 같다.[30] 회심한 사람은 기독교적 세계관을 갖고 있는 반면, 회심하지 않은 사람은 그런 세계관의 윤곽조차 파악할 수 없다는 것이다. 기독교적 관점에서 보려면 먼저 그리스도인이 되어야 한다. 이런 사상의 영향을 받아 일부 개혁주의 학자는 기독교 신앙에 대한 합리적 변증 자체를 아예 포기하기에 이르렀다. 회심하지 않은 사람은 기독교를 지지하는 논리가 얼마나 강력한지 납득할 수 없다. 그러므로 우리는 복음을 논리적으로 주장하기보다 선포해야 마땅하다.

여기서 나의 관심사는 도여베르트가 세계관의 근원을 각 사람의 전(前)-전이론적인 영적 중심에서 찾았다는 점이다. 그런데 도여베르트의 입장이 실재를 잘 반영한다고 생각하는 세계관 분석가는 별로 없다.[31] 주된 이유는, 실재에 대한 그리스도인의 관점과 비그리스도인의 관점에 중복되는 부분이 상당히 많아서 두 세계관 사이의 근본

---

29) Herman Dooyeweerd, *A New Critique of Theoretical Thought*, trans. David H. Freeman and William S. Young (n. p.: Presbyterian & Reformed, 1969), 1:128.
30) Jacob Klapwijk, "On Worldviews and Philosophy", in *Stained Glass: Worldviews and Social Science*, ed. Paul A. Marshall, Sander Griffoen and Richard J. Mouw (Lanham, Md.: University Press of America, 1989), pp. 46-48, 50-52를 보라.
31) 그 가운데 한 사람이 Jacob Klapwijk이다(특히 같은 책, p. 45를 보라).

적 대립을 주장하는 도여베르트의 입장이 실재에 걸맞지 않게 보이기 때문이다. 그리스도인과 비그리스도인은 똑같이 버스가 정류장에 도착했다가 떠나는 모습을 본다. 둘 다 선악의 관념을 갖고 있고, 똑같은 판단을 내리는 경우도 많다. 더욱이 신자로 회심하는 과정에서 인간의 이성과 합리적 논증이 중요한 역할을 한 경우도 적지 않다. C. S. 루이스가 좋은 본보기다.[32]

도여베르트가 제시한 근본 동인의 개념과 비슷한 것을 주장한 인물도 있다. 키에르케고르는 초기 저서에서 회심의 체험이 '인생관'을 형성하는 과정을 묘사했다.[33]

> 이제 인생관이 어떻게 형성되는지 묻는다면 이렇게 응답하겠다. 자기 인생이 어이없이 끝나도록 내버려두지 않고 인생사 하나하나를 최대한 꼼꼼히 따져 보는 사람에게는 언젠가 반드시 인생을 비추는 특별한 빛이 임하게 되는데, 그 순간에 이르면 이제 새로운 이해의 열쇠를 가진 만큼 그 세세한 부분에 대해 모두 이해할 필요가 없게 된다. 즉, 그 관념(Idea)을 통하여 인생을 거꾸로 돌아보면서 새롭게 이해하게 되는…순간이 반드시 온다는 말이다.[34]

---

32) C. S. Lewis, *Surprised by Joy: The Shape of My Early Life*(London: Geoffrey Bles, 1955); David C. Downing, *The Most Reluctant Convert: C. S. Lewis's Journey to Faith*(Downers Grove, Ill.: InterVarsity Press, 2002).
33) Kierkegaard는 "세계관(verdensanskuelse)이라는 용어보다 인생관(livsanskuelse)을 선호했는데, 후자가 그의 철학이 지닌 실존주의적 성격을 잘 포착하기 때문이었다. 하지만 이 두 용어를 동의어로 사용하는 경우도 두어 번 있다"(Naugle, *Worldview*, p. 75).
34) Søren Kierkegaard, Naugle, *Worldview*, pp. 76-77에서 인용.

달리 표현하면, 회심의 체험 — "인생의 획기적 순간(*kairos*)"[35] — 이 세계관 형성을 앞서고, 나중에 되돌아보면서 그 점을 깨닫게 된다는 뜻이다. 그런 깨달음은 상상이나 합리적 사고의 산물이 아니라 성찰의 결과다. 후기 저서에서 키에르케고르는 이 개념을 더 확대시켜 종교적 인생관이 미학적이고 윤리적인 양상을 흡수하고 구속(救贖)한다고 본다.[36]

존재론적 관점

위에서 다룬 성찰은 모두 인식론에 초점을 맞추고 있다. 우리가 한 발자국 물러나 존재론이 인식론을 앞선다는 점을 명심하면 어떻게 될까? 어떤 것이 이론적 성격과 전이론적이거나 전제적 성격을 가지려면, 우선 그것을 구성하는 요소가 존재해야 한다. 곧, 이론적, 전이론적, 전제적인 측면이 실재를 다소 정확하게 반영한다면, 그런 실재가 우선 존재해야 한다는 것이다. 실재론적 존재론의 관점에서 보면, 지식의 대상이 그 대상에 대한 인식 방법을 좌우한다고 할 수 있다.

물질적 대상은 우리에게 하나의 물체로 다가오고, 우리가 그것을 안다는 것은 그 본연의 모습대로 아는 것을 의미한다. 도시 버스는 도시 버스로 인식되는데, 그것이 도시 버스이기 때문이다. 내가 번잡한 도심지에 있다면, 그 버스를 본연의 모습대로 알아차리고 싶어할 것이다. 그 버스는 자기를 나에게 알리고 싶은 의도가 없을지도 모르지만, 그것이 하나의 구체적인 물체이기 때문에 본질상 자기를 알릴 수밖에 없다. 하나님도 자신을 우리에게 본연의 모습대로 제시하시지

---

35) Naugle, *Worldview*, p. 77.
36) 같은 책, pp. 73-82.

만, 물체와는 달리 아주 의도적으로 또 그분이 원하시는 방식대로 그렇게 하신다. 즉, 하나님의 경우 피조물이 그분을 알고 그분에 관해 알 수 있도록 하는 면에서 그분이 모든 것을 좌우하신다는 말이다. 그분은 계시하시고, 우리는 그것을 인식한다. 그분은 주시고, 우리는 그것을 받는다.

이런 관점에서 보면, 참으로 중요한 것은 하나님을 이해하는 데 인간 경험이 하는 역할, 하나님을 알고자 하는 우리의 노력, 우리의 추구 방법 등이 아니다. 하나님은 이미 저기에 계신다. 중요한 것은 그분의 내재적 현존에 관한 지식을 우리가 선물로 받는 일이다. 성경에는 하나님의 자기 계시의 본보기가 많이 나와 있다. 히브리서 첫 대목은 그것을 잘 요약해 준다. "옛적에 선지자들을 통하여, 여러 부분과 여러 모양으로 우리 조상들에게 말씀하신 하나님이 이 모든 마지막에는 아들을 통하여 우리에게 말씀하셨으니 이 아들을 만유의 상속자로 세우시고 또 그로 말미암아 모든 세계를 지으셨느니라"(히 1:1-2).

우리의 세계관과 종교적 체험 사이의 관계는 초월성의 신비 속에 가리어 영원히 밝혀지지 않을 가능성이 높다. 우리의 유한한 눈으로는 무한을 알 수 없는 법이다. 그 무한이 인격적 존재라면 스스로를 우리에게 계시할 수 있다. 그 성품을 우리의 힘으로는 도무지 찾을 수 없기 때문이다. 기독교의 견해에 따르면, 전이론적인 것―그것이 우리 사고의 범주(**실체**, **존재**, **자아** 같은)든 하나님에 대한 직관이든―은 언제나 분석을 초월한다. 우리가 성경에서 전이론적인 것에 관해 배운다 하더라도, 그것은 하나님이 그분의 뜻대로 그것을 계시하셨기 때문에 가능할 따름이다. 프로이트의 경우에서 볼 수 있는 것처럼, 억측―우리가 의지하는 유일한 다른 수단―은 우리를 잘못된 길로 이

끌 것이 거의 분명하다.

이제 전이론적, 전제적, 직관적인 것에 관한 성찰을 이렇게 마무리할까 한다. 이 세 가지는 모두 세계관의 특징을 이루는 것으로서, 서로 중첩되기 때문에 언제나 서로 구별될 수 있는 것은 아니며, 이론적 사고의 토대가 되고 실제 행위에 깊은 영향을 미치는 것이다.

5

합리적 체계, 삶의 방식, 으뜸 이야기

> 기독교의 합리성 전통은 어떤 자명한 진리를 출발점으로 삼지 않는다. 그 출발점은 하나님이 특정한 상황에서 남자들과 여자들에게 스스로를 알리신 사건이다. 아브라함과 모세에게, 길게 이어진 예언자들에게, 성육한 하나님의 말씀인 나사렛 예수를 보고 듣고 만진 첫 사도들과 증인들에게 계시하신 사건들 말이다.
> —레슬리 뉴비긴, 「다원주의 사회에서의 복음」에서

이 책은 한 이야기로 시작해서 그와 관련된 질문과 대답이 꼬리에 꼬리를 물고 이어졌다. 이야기 자체는 우리의 시야에서 벗어나고 주로 질문들과 그에 대한 대답에 초점이 맞추어졌다. 달리 말하면, 이제까지의 논의에서 세계관이란 일련의 체계적 질문에 대한 응답의 성격을 지닌 일련의 명제 혹은 신념이란 인상을 준다. 내가 「기독교 세계관과 현대사상」을 쓸 때만 해도 세계관을 그런 개념으로 이해했었다. 세계관의 개념을 그런 식으로 정의해도 무방하다고 여전히 생각하긴 하지만, 다른 한편으로는 그것이 세계관의 체계적 성격을 지나치게 강조하는 반면 다른 중요한 측면을 놓치고 있다는 점을 인식하게 되었다. 그러면 어떤 면이 부적합한가? 그리고 놓치고 있는 것이 무엇인가? 이것이 이 장의 주제다.

첫째, 어느 정도까지 세계관을 체계적인 일련의 명제로 볼 수 있는가? 둘째, 세계관이 일련의 질문에 대한 대답이라면, 그 질문들은 어떤 것인가? 셋째, 그와 다른 측면이 있다면 그것은 무엇인가? 그것은 삶의 방식일까, 아니면 우리의 인생이 그 일부를 이루는 하나의 거대한 이야기일까?

체계적인 일련의 명제들

세계관의 개념을 명확하게 기술한 한 가지 본보기는 프로이트가 내린 정의로서, 세계관을 완전하고 고정되고 체계적이고 거의 확실한 인생 철학과 동일시한 것이다.

> 내 의견으로…**세계관**이란 단 하나의 포괄적 가설에 기초하여 존재에 관한 모든 문제를 획일적으로 해결하는 것으로서, 무슨 의문이든 다 응답해 주고 그 안에서 우리의 관심사가 모두 고정된 자리를 찾게 되는 지적인 구축물이다.[1]

이 정의에 따르면, 정신 분석은 하나의 세계관이 아니고 근대 과학의 세계관에 의존하는 것으로서, "꼼꼼하게 뜯어보는 관찰―다른 말로 연구 조사라고 부르는 것―곧 지적인 작업 외에는 우주에 관한 지식에 도달할 방도가 없으며, 아울러 계시나 직관이나 점술로는 아무런 지식에도 이를 수 없다"[2]고 주장한다. 프로이트는 구체적인 세계

---

1) Sigmund Freud, "The Question of a *Weltanschauung*", in *The Standard Edition of the Complete Psychological Works of Sigmund Freud, trans. James Strachey with Anna Freud,* 24 vols.(London: Hogarth Press, 1953-1974), 22:158.
2) 같은 책, p. 159.

관을 정립하는 데 관심이 없었다. 그는 오늘날 우리가 **과학주의**(scientism)라고 부르는 것으로 만족했다. 그것은 물질주의적(자연주의적) 과학이 대답 가능한 모든 의문에 답할 수 있으며 그런 의문만이 대답할 필요가 있는 의문이라고 생각하는 관념이다.

세계관을 정립하는 작업은 "철학자에게 맡겨져야 하는데, 그들은 모든 주제에 관한 정보를 제공해 주는 여행 안내자 없이는 인생 여정 자체가 불가능하다고 생각하는 사람들이기 때문이다."[3] 프로이트의 말이다. 이처럼 과학주의를 얼른 세계관으로 수용하는 한편 그것을 사려 깊게 검토하는 자들을 조롱하는 그의 태도는 무척 아이러니하다. 만일 그가 지금 살아 있다면, 프로이트의 정신 분석 이론의 정확성에 대한 오늘날의 평가가 얼마나 아이러니한지 직접 볼 수 있었을 것이다. 지성사학자인 피터 왓슨(Peter Watson)은 이렇게 말한다. "프로이트주의가 일치된 경험론적 지지를 받은 적이 한 번도 없었고, 정신을 이드, 에고, 슈퍼에고로 나누는 삼분법이 갈수록 무리한 구분으로 보였다.…[요컨대], 금세기의 가장 지배적인 사조가 대체로 잘못된 것이었다고 할 수 있다."[4] 지금은 과학주의마저 정신 분석학을 비판하고 있는 실정이다.

세계관을 하나의 완전한 체계 혹은 '모든 것에 관한 이론'[5]으로 보

---

3) Freud, "Inhibitions, Symptoms and Anxiety", in *The Standard Edition*, 20:96.
4) Peter Watson, *The Modern Mind: An Intellectual History of the 20th Century* (New York: HarperCollins, 2001), pp. 759-760.
5) 철학자 Theodore Plantinga는 **세계관**이란 용어를 '모든 것에 관한 이론'을 지칭하는 것으로 사용하자고 주장한다. 따라서 세계관에 대한 기독교적 분석을 비판하고 거부하는 그의 입장은, 세계관을 '모든 것에 관한 이론'에 못 미치는 어떤 것으로 규정짓고 그 유용성을 따져 보는 논의에 기여할 바가 별로 없다. 사실 한 사람의 세계관은 모든 문제를 다룰 필요가 없고 그가 처한 개인적 상황에 적실한 것들만 다루

는 사람들이 또 있긴 하지만, 그런 관념을 중심으로 이 책을 쓴 것은 아니다. 세계관은 의식적일 필요도 기본적으로 일관된 것일 필요도 없다. 모든 질문에 대답할 필요도 없고, 각 사람의 삶과 상관 있는 질문에만 답하면 된다. 「기독교 세계관과 현대사상」에서 나는 다소 일관성 있는 세계관들—예를 들어, 기독교 유신론, 자연주의, 범신론 등—을 거론했지만, 그것은 어디까지나 학습의 필요상 이념형을 개관한 것이지, 나 자신을 포함하여 어느 누구도 그와 똑같은 세계관을 가지고 있는 것은 아니다. 각 사람의 세계관은 다른 사람의 것과 약간 다를 수밖에 없으며, 더욱이 세계관은 시간이 흐르면서 은근히 무의식적으로 변할 수 있다. 그럼에도 누구나 세계관을 갖고 있다.

프로이트의 정의가 유효하려면, 많은 세계관 분석가가 이야기하는 개념을 가리키는 다른 용어를 찾아야 할 것이다. 그럼에도 불구하고 프로이트의 개념은 언급할 만한 가치가 있다. 그것은 노글과 이 책이

면 된다. 더 일반적이고 추상적인 세계관은 그저 전반적인 관념을 제공하고 나중에 어떤 문제가 생길 때 그것이 적용될 수 있도록 하면 그만이다. 16세기의 기독교 세계관은 핵 전쟁이나 인간 복제의 문제를 명시적으로 다루지 않았고 그럴 필요도 없었다. 하지만 그런 문제를 다룰 수 있는 기본 토대는 가지고 있었다. 더욱이 세계관은 통일성과 일관성을 갖고 있어야 한다는 그의 암묵적 관념으로 인해, 어떤 사람이 단 하나의 세계관을 갖고 있으나 행동하고 말할 때는 그 단일한 관점에서 하지 않기 때문에 외부인의 눈에는 마치 한 가지 이상의 세계관을 가진 것처럼 비칠 수 있다는 것을 보지 못하게 된다. 이와 비슷하게 Plantinga는 **세계관**에서 **관**의 요소를 너무 중요시하고 그것을 가시적인 것으로 이해하여 그 용어를 사용하는 사람이 실제로 의미하는 바를 충분히 포착하지 못한다. 사람들이 흔히 세계관이란 용어를 모든 것에 관한 완전하고 최종적인 이론이 아니라 다른 의미로 사용하는 현실을 고려하면, '유일한 기독교 세계관'이라는 개념에 반하여 '하나의 기독교 세계관'에 관해 논하는 자들을 반대하는 그의 입장은 논란의 여지가 있다. "David Naugle and the Quest for a Theory of Everything", *Myodicy*, no. 17, December 2002 <www.redeemer.on.ca/~tplanti/m/MCD.HTM>를 보라.

주장하는 중요한 논제를 잘 보여 주고 있다. 즉 세계관의 개념은 세계관에 달려 있다는 것이다. 과학주의적 세계관은 프로이트가 생각하는 세계관의 개념에 잘 들어맞는다.

프로이트의 개념과 이 책이 주장하는 개념 사이에는 약간의 연계성이 있다. 프로이트는 "세계관은 무슨 의문이든 다 응답해 준다"고 말한다. 나는 각 세계관은 몇 개의 아주 기본적인 의문에 대답해 주되 자기 확신에 차서 그렇게 하는 경우가 많고, 때로는 아주 조심스럽게 그렇게 한다고 말하고 싶다. 그러면 무엇이 바른 의문인가? 세계관이 대답하지 않으면 안 되는 질문은 어떤 것인가?

바른 질문들

많은 분석가가 일련의 질문에 대답하는 식으로 세계관을 정의한다. 때로는 그런 질문들이 본보기로 제시된 것에 불과하므로 거기에 덧붙일 질문이 있다고 본다. 「기독교 세계관과 현대사상」에서 나는 중요한 질문을 전부는 아니더라도 대부분 열거해 보려고 시도했다. 그러나 다른 목록들을 접하고 나서 과연 나의 시도가 성공적이었는지, 혹시 잘못 제시한 것은 아닌지 생각하게 되었다.

내가 열거한 질문을 앞에서도 언급했지만 참고로 다시 한 번 열거하겠다.

1. 진정으로 참된 최고의 실재는 무엇인가?
2. 외부의 실재, 즉 우리를 둘러싼 세계의 본질은 무엇인가?
3. 인간은 무엇인가?
4. 인간이 죽으면 어떤 일이 일어나는가?

5. 지식이 가능한 까닭은 무엇인가?
6. 무엇이 옳고 무엇이 그른지 어떻게 알 수 있는가?
7. 인간 역사의 의미는 무엇인가?

처음 네 질문은 존재론적인 것이다. 다섯째 질문은 인식론적인 것이고, 여섯째는 윤리적 질문이며, 일곱째는 다시 존재론으로 돌아간다. 이런 질문은 당시에 내가 생각하기에 가장 폭넓고 포괄적인 것이었다. 하나만 제외하고 그것들은 모두 인간의 사고와 행위의 토대를 이루는 것이다. 나는 미학과 관련된 논문을 쓴 영문학 선생 출신인 만큼 처음부터 세계관적 질문 하나를 생략했다는 것을 알고 있었다. 아름다움(미)이란 무엇인가 하는 질문이다. 내가 그 질문을 제기하지도 대답하지도 않은 이유는 두 가지다. 첫째, 그것은 잘 정립된 세계관이라 할지라도 결정적인 대답은 물론이고 간단하게 혹은 분명하게 대답하기조차 불가능한 질문이기 때문이다. 둘째, 대다수의 사람은 미학을 의식적으로 생각할 실존적 관심사로 여기지 않기 때문이다. 사람들은 자기가 좋아하는 것을 좋아하고 싫어하는 것을 싫어하는데, 사실 이것이 대중적 미학의 전부다. 더욱이 내가 속한 개신교 세계의 문화를 보면, 아주 작은 예술가 공동체와 문화재의 미를 아무리 감상해도 지치지 않는 일부 애호가를 제외하고는 대다수가 이 영역을 무시하고 있는 형편이다.

혹시 이 밖에 또 빠진 질문이 있는가? 질문의 틀을 더 개선할 수는 없을까? 잠깐만 조사해 보아도 한 가지 차원을 빠뜨렸음을 알 수 있다.

딜타이는 이렇게 쓰고 있다.

존재의 수수께끼는,…세계란 무엇인가, 내가 이 세상에서 할 일이 무엇인가, 내가 왜 그 안에 몸담고 있는가, 나의 삶이 어떻게 끝날 것인가 등의 질문과 언제나 유기적으로 묶여 있다. 나는 어디서 왔는가? 나는 왜 존재하는가? 나는 무엇이 될 것인가? 이것이 모든 질문 가운데 가장 일반적인 질문이며 내가 가장 신경 쓰는 질문이기도 하다.[6]

이런 질문들은 여기서 좀더 실존적 어조를 풍기고 있지만, 실은 내가 제기한 셋째, 넷째, 일곱째 질문에 내포되어 있다.

인류학자 로버트 레드필드(1897-1958)는 세계관을 "한 집단이 우주를 내다보는 특유한 방식"이라고 정의한다. 그는 "이처럼 편재된 세계관의 주제들에 기초하여 네 가지 질문을 제기한다. [우리가] 대면하고 있는 것이 무엇인가? 사람이 아닌 것(the not-man)의 본질은 무엇인가? 사람은 무엇을 하도록 부름받았는가? 사물의 질서는 어디에 뿌리를 두고 있는가? 등."[7] 이런 질문들은 내가 제기한 첫째, 둘째, 셋째 질문에 내포되어 있다.

제임스 오르는 세계관의 형성에 두 가지 유형의 원인—사변적인 것과 실제적인(practical) 것—이 관여한다고 말한다. 둘 다 "인간의 본성에 깊이 뿌리내리고 있다." 한편, 우리는 우주와 우리 인생의 '기원, 목적, 운명'에 대해 포괄적 이론에 근거하여 이해하고 싶어한다. 동시에 그런 것을 실제적으로 이해해서 삶에 질서를 부여하고 싶어

---

6) Wilhelm Dilthey, *Gesammelte Schriften*, 8:99, David Naugle, *Worldview: The History of a Concept* (Grand Rapids, Mich.: Eerdmans, 2002), p. 83에서 인용.
7) Robert Redfield, *The Primitive Worldview and Its Transformation*, p. 85, Naugle, *Worldview*, p. 245에서 인용.

한다. 그래서 이런 질문을 던진다.

사물의 구성 요소는 선한 것인가, 악한 것인가? 사람이 자기 인생의 윤곽을 잡고 삶을 정돈할 때 어떤 궁극적 원리에 의거하여 그렇게 해야 하는가? 존재의 참된 목적은 무엇인가? 사물의 본질에 비추어 볼 때, 더 높은 의무감과 종교적 정서를 합리적으로 정당화해 주는 것은 무엇인가? 불가지론자의 주장처럼 그런 관점으로는 기원과 원인과 목적을 절대로 알 수 없다면, 인생의 개념 가운데 남는 것이 무엇인가? 혹은 생명과 정신의 기원 가운데 물질과 힘을 넘어서는 것이 없다고 가정한다면, 오늘날의 사적인 도덕과 사회적 의무 개념을 어떻게 수정할 필요가 있는가?[8]

오르의 질문은 기독교적 세계관을 알고 싶은 마음에서 나올 뿐 아니라 당시의 적대적인 지적 풍토를 배경으로 삼고 있다. 기독교 세계관은 변증의 역할도 수행할 수 있다. 「하나님과 세계에 관한 기독교적 견해」에서 오르는 이 질문들에 자세하게 응답한다.

신학자인 브라이언 왈쉬와 리처드 미들턴은 기독교 세계관의 핵심으로 세 가지 주제를 선택한다. 창조, 인간의 타락, 그리스도의 구속을 통한 변혁의 교리가 그것이다. 이 성경적 주제들은 각 세계관의 중

---

8) James Orr, The Christian View of God and the World (Grand Rapids, Mich.: Eerdmans, 1954), p. 7. Orr는 Thomas H. Huxley, *Man's Place in the Universe*에 나오는 글도 인용한다. "인간이 품고 있는 의문 중의 의문, 다른 모든 의문의 저변에 깔려 있는 문제요 어느 것보다 더 흥미로운 문제는, 사람이 자연에서 차지하고 있는 위치와 사람과 사물의 세계와의 관계를 파악하는 일이다. 인류는 어디서 왔는가? 자연을 지배하는 우리의 힘과 우리를 지배하는 자연의 힘의 한계는 무엇인가? 우리는 무슨 목표를 향해 가고 있는가? 이런 문제들은 늘 새로운 옷을 입고 나타나기에 세상에 태어나는 사람마다 언제나 흥미를 갖게 된다"(p. 7n).

심에 있는 네 가지 기본 질문에 대답을 제공한다.

(1) **나는 누구인가?** 혹은 인간의 본성과 사명과 목적은 무엇인가?
(2) **나는 어디에 있는가?** 혹은 내가 살고 있는 이 세상과 우주의 본질은 무엇인가?
(3) **무엇이 잘못되어 있는가?** 혹은 나의 성취를 막는 근본적인 문제나 장애는 무엇인가? 달리 말하면, 나는 악을 어떻게 이해하고 있는가?
(4) **치료책은 무엇인가?** 혹은 나의 성취를 막는 이 장애를 어떻게 극복할 수 있는가? 달리 말하면, 나는 어떻게 구원을 발견하는가?"

여기에 기술된 질문들은 하나님이나 외적인 실재가 아니라 개인의 자아와 함께 시작된다. 그러나 왈쉬와 미들턴이 나중에 설명하는 것처럼, 그들의 주 관심사가 하나님(혹은 궁극적 실재)이고, 우리가 누구인가를 개인적 차원이 아니라 공동체적으로 응답해야 한다는 그들의 입장은 의문의 여지가 없다. 앞의 세 질문은 내가 제시한 첫째와

---

9) Brian J. Walsh and J. Richard Middleton, *The Transforming Vision: Shaping a Christian World View*(Downers Grove, Ill.: InterVarsity Press, 1984), p. 35. David Dockery가 던지는 질문들도 Walsh와 Middleton의 것과 거의 똑같다. "우리는 어디서 왔는가? 우리는 누구인가? 이 세계는 무엇이 잘못되었는가? 그것을 바로잡는 데 필요한 해결책은 무엇인가?"[David Dockery, "Shaping a Christian Worldview", in *Shaping a Christian Worldview*, ed. David Dockery 9(Nashville: Broadman & Holman, 2002), p. 3]. 이와 마찬가지로 Charles Colson도 Walsh와 Middleton의 목소리를 반향하고 있다. "우리는 어디서 왔고 우리는 누구인가?(**창조**) 이 세계는 무엇이 잘못되었는가?(**타락**) 그것을 바로 잡으려면 어떻게 해야 하는가?(**구속**)"[Charles Colson and Nancy Pearcey, *How Now Shall We Live?* (Wheaton, Ill.: Tyndale House, 1999), p. 14]. 『그리스도인, 이제 어떻게 살 것인가』(요단출판사 역간).

셋째 질문에 포함되어 있다. 하지만 세 번째 질문은 유신론적 세계관이라면 반드시 다루어야 할 복잡한 문제를 가리킨다. 그것은 악의 문제다. 나는 셋째와 일곱째 질문에 대답할 때 이 문제를 부분적으로 다루긴 했지만, 핵심적 문제로 취급하지는 않았다.

이 사상가들 가운데 레드필드가 존재론적 문제로 분명히 시작하는 유일한 분석가다. 첫 두 질문과 넷째 질문이 존재론적인 것이고, 셋째 질문은 윤리적인 것이다. 딜타이와 오르 그리고 어느 정도는 왈쉬와 미들턴도, 실존적인 문제에 초점을 맞추고 있다. 그들의 질문은 모두 우리에 관한 것이다. 물론 대답의 내용에는 하나님과 자연이 포함되어 있지만, 어디까지나 실제적인 측면을 강조하고 있다. 즉 만족스러운 인생을 살고 싶어하는 우리 인간에게 주는 함의가 무엇인가를 묻고 있다. 오르는 나중에 질문 항목을 추가하는데, 그 가운데 인간의 처지를 바꿀 치료책을 제외하고는 모두 다른 사람들이 제기한 문제들을 끌어 온 것이다. 오르가 유일하게 인식론의 문제를 다루기는 하지만, 혹자가 다른 질문들에 대한 자기의 답변이 참된지 혹은 믿을 만한지를 어떻게 알 수 있는지(내가 던진 다섯째 질문)는 묻지 않는다. 오히려 그는 인식론적 질문에 대한 대답에 '합리적 정당성'을 부여할 수 있을 것으로 가정한다.

이런 면에서 내가 제기한 일곱 개의 질문은 상당히 포괄적인 것처럼 보인다. 그것들은 어떤 면에서 다른 이들이 꾸민 질문의 정수를 모두 포함하고 있다. 이것은 놀랄 일이 아닌데, 바로 존재론, 인식론, 윤리학의 문제를 모두 다루고 있기 때문이다. 미학을 제외하고는 빠진 것이 없지 않은가?

나의 질문에 빠진 요소는 어떤 내용이 아니라 실존적 적실성이다.

물론 넷째 질문("인간이 죽으면 어떤 일이 일어나는가?")이 실존적인 것은 사실이지만, 나머지 것은 모두 그렇지 않다. 그러므로 이제 눈을 돌려 세계관을 하나의 삶의 방식으로 보도록 하자. 즉 각자의 인생을 으뜸 이야기, 곧 거대 담론의 일부로 보도록 하자.

삶의 방식으로서의 세계관

세계관을 탐구하고 설명할 때 지적 범주들을 사용하는 경우가 압도적으로 많지만, 세계관이 구체적 체험 및 행위와 떼려야 뗄 수 없을 정도로 묶여 있다는 점도 처음부터 인식되어 왔다. "참된 세계관은 각각 **삶의 한복판에 서는 데서 나오는 직관이다**"(강조는 내가 추가한 것)[10] 사람들은 '안정'을 찾고 있으므로, 그들이 완전히 적대적이지 않은 우주에서 살고 움직이고 몸담고 있도록 해주는 실재의 관념을 창조하고 또 그 안에 머문다고 딜타이는 말한다.[11] 그리고 카이퍼의 경우에는 독일어 단어 Weltanschauung이 영어로는 worldview로 번역되었다는 사실을 알고 있었음에도, 칼빈주의에 관한 영어 강좌를 할 때 맥락에 따라 '삶의 체계'나 '인생과 세계를 보는 관점'이란 용어를 사용한다.[12]

왈쉬와 미들턴도 삶의 현실에 초점을 맞춘다. "우리가 세계관들을 가장 잘 이해할 수 있는 것은, 그것이 구체화된 모습, 즉 실제 생활 방식 속에서 구현된 것을 볼 때다. 세계관은 신학이나 철학 같은 사상의

---

10) Dilthey, Naugle, *Worldview*, pp. 82-83에서 인용.
11) 같은 책, p. 86.
12) Abraham Kuyper, *Lectures on Calvinism* (Grand Rapids, Mich.: Eerdmans, 1931), p. 11.

체계가 아니다. 오히려 세계관은 인식의 틀이다." 이는 두 가지 각도에서 볼 수 있는데, 하나는 진단적 혹은 분석적 시각이고, 다른 하나는 삶을 토대로 한 시각이다. 진단의 각도에서 보면, 우리 자신(혹은 누구라도)이 과연 특정한 세계관을 갖고 있는지 알려면 우리의 행위를 관찰하면 된다. 왈쉬와 미들턴은 세계관을 '보는 방식'이라고 말하면서 이렇게 덧붙인다. "사람들이 무엇을 보는지 혹은 얼마나 잘 보는지 우리가 이해하고 싶다면, 그들이 어떻게 행하는가를 주시할 필요가 있다. 만약 사람들이 어떤 물체에 부딪히거나 걸려서 넘어지면, 눈이 멀어서 그렇다고 가정할 수 있다. 다른 한편, 다른 어떤 물체에 대해서는 그저 눈으로 보는 데 그치지 않고 한동안 시선을 고정할 수도 있다."[13]

왈쉬와 미들턴은 이어서 사회적 계급이 비슷하면서, 서로 다른 문화에 속한 네 가정이 아기를 돌보는 모습을 예로 들어 설명한다. 그들의 행동은 각각 다른 '삶의 형태' 혹은 세계관을 잘 보여 준다. "세계관은 결코 삶에 **대한** 시각(a vision of life)에 불과한 것이 아니다. 그것은 언제나 삶을 **위한** 시각(a vision for life)이다."[14]

삶에 **대한**과 삶을 **위한**은 서로 영향을 주고받는 공생적 관계다. 삶을 보는 방식이 구체적인 삶의 모습에 영향을 미친다. 그것은 우리가 무의식적으로 하는 행동과 미리 생각하고 하는 행동 모두를 좌우한다. 이는 개개인의 세계관이 다소 유동적임을 의미한다. 때로는 어떤

---

13) Walsh and Middleton, *Transforming Vision*, p. 17.
14) 같은 책, p. 31. 세계관의 구체적 실천에 관해 훌륭하게 설명하고 본보기를 제시하는 책으로는 Steve Garber, *The Fabric of Faithfulness: Weaving Together Belief and Behavior During the University Years*(Downers Grove, Ill.: 1996), 특히 pp. 108-124를 보라.

위기나 불시의 통찰 혹은 깨달음으로 인해 우리의 세계관이 급변하기도 하는데, 그런 경우는 **방향 전환**(회심)이란 말로 표현할 수밖에 없다. 반면에 외부 세계와 평범한 상호 작용을 주고받는 평상시에는 세계관이 아주 미미하게 변할 뿐이다.

그런데 우리의 세계관이 한 방향으로 아주 미미하게 또 지속적으로 바뀌는 바람에, 우리도 모르는 사이에 우리의 지향이 바뀌게 된 것을 어느 날 갑자기 깨닫는 경우도 있다. 예를 들면, 나는 교회에서 세대주의 신학을 배우면서 자랐다. 그런데 고등학교를 졸업하고 십 년이 지난 다음, 내가 세대주의 신학을 대부분 버리고 개혁주의자가 되었음을 발견하고 무척 놀랐다. 이런 변화는 물론 기독교의 테두리 안에서 일어난 것이지만, 이보다 훨씬 더 과격한 점진적 변화도 있다. 작고 점진적인 변화가 마침내 회심을 초래하는 경우도 있다.

왈쉬와 미들턴은 두 번째 공저 「포스트모던 시대의 기독교 세계관」(*Truth Is Stranger Than It Used to Be*)에서 문화와 세계관의 관계를 더 깊이 파헤친다. 「그리스도인의 비전」에 나오는 네 가지 질문을 계속 사용하면서 이번에는 근대적 세계관과 포스트모던 세계관의 차이에 관해 검토한다. 첫 두 질문에 대한 그들의 대답에 주목해 보라.

그들은 콜럼버스의 이야기를 근대성을 반영하는 담론으로 택한다. "**우리는 어디에 있는가?** 우리는 새로운 세계, 잃었다가 다시 찾은 에덴 동산에 있다.…우리는 이제 따 먹을 정도로 무르익은 세계요 개발할 줄 아는 자들에게 풍부한 자원을 바칠 그런 세계에 있다. **우리는 누구인가?** 우리는 야만인이 살던 광야를 취하여 길들인…정복자다."[15]

---

15) Richard Middleton and Brian J. Walsh, *Truth Is Stranger Than It Used to Be* (Downers Grove, Ill.: InterVarsity Press, 1995), p. 11. 「포스트모던 시대의 기독

포스트모더니티는 전혀 다른 대답을 내놓는다. "우리는 어디에 있는가? 우리는 우리 손으로 만든 다원주의 세계에 몸담고 있다. 우리는 누구인가? 우리는 군대다(그 속에 많은 귀신이 살고 있던 마가복음 5장에 나오는 미친 사람과 같은)."[16]

이와 관련하여 딜타이와 미들턴과 왈쉬의 판단이 옳았다고 할 수 있다. 세계관은 행동을 좌우한다. 이처럼 삶과 직결된 세계관의 실제적 측면이 「기독교 세계관과 현대사상」(초판에서 삼판까지)에 나오는 정의에 결여되어 있으며, 다음에 개정할 때 포함될 필요가 있다.

으뜸 이야기로서의 세계관

모든 세계관은 시간의 흐름에 관하여 그리고 그것과 인간 및 인간 이외의 실재와의 관계에 관하여 나름대로의 관념을 갖고 있다. 오랜 과거부터 현재에 이르기까지 세계 곳곳에서 전해 내려오는 민간의 전승, 신화, 문학 등은 인간의 현실을 보편적이고 인간적인 의미를 지닌 더 큰 맥락에 두는 이야기들을 들려준다.[17] 그런 이야기들은 방향을 잡아 주는 역할을 한다. 요컨대 세계관으로 혹은 세계관의 일부로 작동한다는 말이다.[18] 불교, 힌두교, 원시 종교 등의 세계관은 이야기

교 세계관」(살림 역간).
16) 같은 책, p. 56.
17) 이야기체와 세계관의 내용 사이의 연관성을 다룬 중요한 책으로는 Erich Auerbach, *Mimesis: The Representation of Reality in Western Literature*(Garden City, N. J.: Doubleday/Anchor, 1953), pp. 1-20가 있다.
18) David Lyle Jeffrey는 "구성적 설화들의 구조는…세계관을 나타낸다"고 말한다["Masterplot and Meaning in Biblical Narrative", in *Houses of Interpretation: Reading Scripture, Reading Culture*(Waco, Tex.: Baylor University Press, 2003), p. 16]. Jeffrey는 이어서 이슬람교, 기독교, 고대 그리스와 로마의 으뜸 이야기들

에 뿌리박고 있으며 이야기로 구체화된다. 종교별로 이런 이야기들이 한데 묶여 하나의 으뜸 이야기(거대 담론)로 수렴되는 경우는 드물지만, 어쨌든 이런 이야기들에 의거하여 그 사회가 우주와 인생을 해석한다.

계몽주의는 그 열매인 근대성과 함께 그런 이야기를 원시적 미신으로 배격하고, 보편적이고 합리적이고 명제적인 지식으로 기꺼이 대치시켰지만, 그러한 시도 자체도 이야기로 가득 차 있다. 자연주의는 우주의 본질, 우리 인간이 어떤 존재인지, 우리가 어떻게 해서 이렇게 되었는지를 설명할 때 진화(우주적, 지질학적, 생물학적, 문화적, 심리학적)에 크게 의존한다. 포스트모더니즘은 우리 자신과 하나님(만일 그런 존재가 있다면)에 관한 우리의 이해가 문화의 성쇠와 사회 변동과 떼려야 뗄 수 없이 묶여 있다고 보는 면에서 역사주의적 성향을 가지고 있다.[19]

그리스도인 세계관 분석가들 대다수—제임스 오르, 제임스 올시우스, 아서 홈즈, 로널드 내쉬 등—의 저서와 내가 쓴 「기독교 세계관과 현대사상」은 모두 세계관을 일차적으로 지적인 견지에서 묘사하고 있다. '신념의 체계', '일련의 전제', '개념적 체계'라는 용어가 그런 것이다. 나는 이제 이것이 과연 정확한 묘사인지를 묻고 싶다. 사람들

을 개관하는데, 실은 그 글 전체(pp. 15-38)가 이 부문에서 다룬 여러 주제에 대한 풍부한 논평이다.

19) 포스트모던 학자들이 거대 담론들을 모조리 거부하려고 애쓰는 것 자체가 실은 거대 담론의 성격을 지닌다. 모든 거대 담론을 의문시하는 관념 자체가 다른 포괄적 이야기들에 관한 하나의 포괄적 '이야기'이기 때문이다. Jean-François Lyotard, *The Postmodern Condition: A Report on Knowledge*, trans. Geoff Bennington and Brian Massumi (Minneapolis: University of Minnesota Press, 1979)를 보라.

이 실제로 생각하고 행동하는 모습을 묘사하는 면에서 한 가지 중요한 요소를 빼놓고 있지 않은가? 우리가 우리 삶의 구성 요소인 어떤 신념과 행동을 결정할 때 하나의 **이야기**가 개입하고 있는 것은 아닌가? 세계관이라는 것을 오히려 삶의 뼈대를 이루는 **이야기**로 여기는 편이 더 낫지 않을까? 노글은 분명히 이 점에 동의할 것이다. "세계관과 연루된 가장 기본적인 이야기들—형이상학적이고 윤리적인 핵심에 가장 가까운 것들—은 다면적인 얼굴을 갖고 있으며, 그 속에 결정적 의미에서 실재에 대한 궁극적 해석을 담고 있다."[20]

과연 그런지를 가장 쉽게 살펴보는 방법은 기독교 세계관을 검토하는 것이다. 나는 기독교 세계관이 존재론으로 시작한다고 주장한 바 있다. 존재론 자체는 추상적 개념이지만 이야기를 통해 그 모습이 금방 드러난다. 고대의 사도신경이 이 점을 잘 보여 준다.

>   전능하사 천지를 만드신
>   하나님 아버지를 내가 믿사오며
>   그 외아들 우리 주 예수 그리스도를 믿사오니.

여기서 '전능하신 하나님 아버지'만 순전히 존재론적인 대목이다. '천지를 만드신 분'이라는 대목은 행위를 표현하고, 그 창조가 시간대 내에서 이루어졌는지 여부에 대해서는 아무런 입장을 취하지 않지만, 하나님이 지구의 기원임을 인정한다. 네 번째 줄이야말로 기독교 세계관의 뿌리를 이야기에 두는 대목이다.

---

20) Naugle, *Worldview*, pp. 302-303.

이는 성령으로 잉태하사

    동정녀 마리아에게 나시고

    본디오 빌라도에게 고난을 받으사

    십자가에 죽으시고

장사한 지 사흘 만에

    죽은 자 가운데서 다시 살아나셔서

더 이상 인용할 필요가 없을 것이다. 나머지 부분도 이야기에 뿌리박고 있기 때문이다. 신경의 어느 대목도 신자가 특정한 교회에 교인으로 가입할 때 동의를 표하는 대다수의 신앙 조목만큼 추상적이지 않고, 내가 「기독교 세계관과 현대사상」에서 제시한 형식보다 덜 추상적인 것이 분명하다.

내가 이 부분을 사도신경에 대한 논의로 시작하는 이유는 그것이 초대교회가 기독교 신앙의 정수를 보호하려고 간명하게 요약한 것이기 때문이다. 그런데 모든 기독교 신학—개신교, 가톨릭, 정교—의 토대가 되는 성경으로 눈을 돌리면 이야기의 요소가 더욱 확연히 드러난다. 성경의 대부분은 이야기이고, 성경 전체가 이야기에 뿌리박고 있다. 즉, 실제로 발생한 사건들로 이루어진 한 이야기(그저 그런 이야기나 그럴듯한 이야기 혹은 신화가 아니라), 하나의 역사에 근거하고 있다는 말이다. 그 이야기들에 담긴 사건은 하나의 고유한 의미를 품고 있는데, 나중에 등장한 예언자나 특별한 종교적 지도자 같은 '성경' 저자들에 의해 그 면모가 더욱 드러나게 되었다. 의미—세계관—는 이런 이야기들에 의해 전달된다.

구약 성경의 설화적 성격을 간명하게 표현한 예로는 제임스 오르를 들 수 있다.

이 구약 성경의 관념의 주요 특징은 무엇인가? 그 뿌리에는 거룩하고 영적이며 자기를 계시하는 하나님, 자유로이 세계를 창조한 창조주, 세계를 계속 지탱하는 보존자의 개념이 있다. 이와 상관된 것이자 거기서 나오는 것이 인간의 개념인데, 그는 하나님의 형상으로 만들어져서 조물주와 도덕적 관계를 맺고 영적 교제를 나눌 수 있는 능력이 있는 동시에 죄를 지음으로써 자기의 창조 목적에 등을 돌리고 구속이 필요한 상태에 빠진 존재다. 역사의 핵심에는 신의 목적이란 관념, 곧 인류의 궁극적 유익과 복을 위하여 특별한 민족을 불러 스스로 그 뜻을 성취해 나가는 관념이 있다. 하나님의 섭리적 통치는 모든 피조물과 사건에 미치고 가깝고 먼 지구상의 모든 민족을 포용한다. 세계 도처로 퍼져 나간 죄와 타락에 비추어 볼 때, 이스라엘을 다루시는 그분의 섭리적 손길은 장차 더 나은 경륜─이미 부분적으로 드러난 그 은혜가 완전히 모습을 드러낼 때─을 도입하기 위한 준비임을 알게 된다. 마지막은 메시아의 통치 아래 하나님 나라가 세워지는 것으로서, 그 때는 국가의 경계선이 모두 제거되고 성령이 물 붓듯이 쏟아져서 여호와가 온 지구의 하나님이 되실 것이다. 하나님은 자기 백성과 새로운 언약을 맺고 자기 영으로 그들의 마음 판에 율법을 새기실 것이다. 이런 행복한 통치 아래 의가 죄를 이기고 최후의 승리를 거둘 것이며, 죽음을 비롯한 모든 악이 폐지될 것이다. 여기에 아주 놀랄 만한 '세계관'이 있으며, 히브리 성경에 그런 세계관이 등장하고 있음은 여간 의미심장한 사실이 아니다. 비교 종교학의 역사에서 그것은 아주 독특한 모습으로 부각되어 있다. 철학의 학교에서는 이 세계와 기원에

관한 억측들이 자랐을지라도, 종교의 운동장에서는 이에 비길 만한 것이 전혀 없다.[21]

이것은 이론적인 면―창조주 하나님, 하나님의 형상으로 창조된 인간―과 이야기를 섞어 놓은 내용이다. 이 둘은 서로 분리될 수 없게 얽혀 있다. 하지만 구약의 세계관에 대한 오르의 묘사는 지적으로 높은 차원의 것이며, 구약 시대에 살던 평범한 유대인의 세계관보다 훨씬 더 지적인 것이 아닐까 생각된다. 그럼에도 이런 세계관의 윤곽이 당시 히브리인 공동체의 마음과 생각 속에 담겨 있지 않았을까 추정된다. 오르는 물론 자기가 처한 역사적 상황에 입각하여 구약의 세계관을 파악하고 있다. 구체적으로 말하면, 그는 19세기 말 기독교 신앙에 도전하던 계몽주의(근대) 사상에 반기를 들었던 개혁주의 신학자였다. 그의 묘사 가운데는 객관적인 내용―실제 현실을 있는 그대로 묘사하는 부분―도 많이 들어 있지만, 변증적인 목적을 반영하고 있다는 면에서는 주관적이라고 볼 수 있다. 구약의 세계관에 대한 오르의 묘사를 미들턴과 왈쉬의 묘사와 비교해 보면 이를 쉽게 알 수 있다.

오르보다 약 백 년 뒤 미들턴과 왈쉬는 문화적으로 전혀 다른 상황에 몸담고 있다. 그들은 계몽주의적 혹은 근대적 세계관이 하향 길에 접어들고 있던 시기에 자랐다. 포스트모더니즘의 시대가 그들의 배경이다. 포스트모더니즘은 계몽주의와 기독교가 모두 '전체성을 도모하는 거대 담론'이라고 비난했다. 즉 그들이 들려주는 이야기들과 그들이 견지하는 실재관은 인간의 자기 이해를 구속할 뿐 아니라 한 계

---

21) Orr, *Christian View*, p. 14.

급을 다른 계급보다 우선시하는 억압적 담론의 역할을 한다는 것이다.

미들턴과 왈쉬는 이에 대항하여 구약의(그리고 나중에는 신약 성경의) 세계관이 자유의 담론임을 보여 준다.

성경은 규범적이고 표준적인 이야기로서 궁극적으로 전체주의화를 **반대하는** 방향으로 움직인다는 것이 우리의 주장이다. 그럴 수 있는 이유는 그 속에 반(反)이데올로기적 측면 혹은 전체성을 반대하는 요인이 두 가지 들어 있기 때문이다.…첫째는 출애굽에서 십자가에 이르는 성경 이야기 전체에 스며 있는 **고난에 대한 철저한 민감성**이다. 둘째는 그것이 그 이야기를 자기 편을 위해 편협하게 사용하는 것을 금하는 **하나님의 포괄적인 창조 의도**에 뿌리박고 있다는 점이다.[22]

히브리 성경에 나오는 이스라엘의 이야기는 히브리인만을 위한 이야기가 아니다. "이스라엘은 온 세계의 치유에 관한 보편적 이야기를 중재하도록 부름받은 역사적으로 한정된 특별 수단이다."[23] 신약은 이스라엘 이야기의 보편적 성격을 더욱 명시적으로 이야기한다. "바울이 분명히 밝히듯이, 예수로 귀결되는 그 이야기는 단지 이스라엘의 이야기에 불과한 것이 아니라, 이스라엘의 이야기를 통해 읽을 수 있는 온 세계의 이야기다."[24]

왈쉬와 미들턴이 다시 들려주는 거대 담론은 구약과 신약의 이야기를 합친 것으로서, 20세기 말에 성경의 지평과 세계의 지평을 모두

---

22) Middleton and Walsh, *Truth Is Stranger*, p. 87.
23) 같은 책, p. 101.
24) 같은 책, p. 106.

배경으로 삼고 있는 이야기다. 그들은 네 가지 질문(나는 누구인가? 나는 어디에 있는가? 무엇이 잘못되어 있는가? 치료책은 무엇인가?)에 답하면서 오늘날 사려 깊은 사람들에게 적절한 기독교적 세계관을 제시하고 있다. 그것은 삶에 대한 시각인 동시에 삶을 위한 시각이다.

나도 물론 「기독교 세계관과 현대사상」(초판에서 삼판까지)에서 창조, 타락, 구속, 영화라는 표준적인 순서에 따라 성경의 이야기를 다시 진술했다. 사실 오르 그리고 미들턴과 왈쉬의 경우처럼 대다수가 그런 식으로 성경 이야기를 다시 들려준다. 그러나 차이점도 있다. 나의 경우에는 그 이야기를 '먼 곳에서 오는 소식'처럼 상당한 거리를 두고 들려주었는데, 이는 그 속에 몸담고 있는 참여자의 입장에서 들려주는 것과 다르다. 그런데 사실 나를 포함하여 모든 인간은 참여자의 위치에 있다.

이처럼 세계관을 이야기로 간주함으로써 그 실존적 적실성을 가장 잘 전달해 주는 인물은, 마이클 폴라니(Michael Polanyi)의 통찰을 빌려서 논의를 전개하는 레슬리 뉴비긴이 아닐까 생각된다. 그의 설명은 오랜 기간 내가 기독교 신앙을 잘 이해하도록 큰 도움을 주었는데, 내용보다도 거기에 담긴 실존적 측면이 그러했다. "우리가 믿음으로 수용하게끔 주어진 그 도그마는 시간을 초월한 일련의 명제가 아니라, 하나의 이야기다."[25] 그 이야기는 성경을 통해 우리에게 온다. 성경이 우리 앞에 내놓는 것은,

세계의 창조에서 최종적 성취에 이르는 우주의 역사, 인류라는 한 가족을

---

25) Lesslie Newbigin, *The Gospel in a Pluralist Society* (Grand Rapids, Mich.: Eerdmans, 1989), p. 12.

구성하는 나라들, 그리고—물론—만인을 위해 역사의 의미를 나르는 역할을 하도록 선택된 한 나라 그리고 그 나라를 위해 그 의미를 나르도록 부름받은 한 사람 등을 보게 하는 시각이다. 성경은 곧 보편적인 역사다.[26]

우리가 이 이야기를 하나님의 의향대로 받아들이려면 그저 지적인 동의만 표시하는 것으로 그쳐서는 안 된다. 즉 상당한 거리를 둔 채 믿는 것으로 그치면 안 된다. 우리는 마치 그것이 우리의 이야기인 것처럼 생각하고 **그 속에 몸을 담아야** 한다. 아니, 사실이 그렇기 때문이다. "기독교 공동체는 그 이야기 속에 **내주하도록**(indwell) 초대 받았는데, 우리는 그 이야기가 우리의 이해 방식에 영향을 미치는 것을 **암묵적으로** 인식하는 한편 우리가 살고 있는 세계에 주목함으로써 그것[세계]을 갈수록 더 잘 이해하게 되고 그에 대처하는 능력이 커지게 된다."[27]

어떤 이야기에 내주한다는 것은 그 틀이 너무나 몸에 배어서 그 이야기 자체를 의식하기보다 그 이야기로 인해 우리가 보게 되는 것에 신경을 쓰는 것이다.[28] 내주한다는 것은 망원경을 사용하는 일과 같다. 우리는 망원경을 통해 맨 눈으로는 볼 수 없는 사물을 보게 되지만 망원경 자체를 '보는' 것은 아니다. 우리가 그 도구에 **내주하는** 목적은 그것 없이는 볼 수 없는 것을 보기 위해서다. 과학자의 탐구가 '저기에 있는 것'을 드러내는 것처럼, 성경의 이야기도 이야기의 저편에 있는 것을 드러낸다. 그것은 곧 하나님 나라가 이 세상 나라와 싸

---
26) 같은 책, p. 89.
27) 같은 책, p. 38.
28) 같은 책, pp. 27-38, 46, 97-98를 보라.

우는 모습이다. "성경의 사용과 관련하여 중요한 점은 텍스트를 이해하는 일이 아니라 그 텍스트를 **통하여** 세계를 이해하는 것이다."[29] 우리가 우리의 연장(延長)인 손과 눈과 오감을 통해 세상과 접촉하고 있듯이, 성경의 이야기도 우리로 하여금 하나님과 세상과 우리의 진정한 모습을 접하게 한다.

내가 이 책에서 줄곧 주장한 것처럼, 사물의 **본연의** 모습을 이해하는 일이 가장 중요하다. 존재론이 인식론을 앞선다. 존재론이 윤리학을 앞선다. 저기에 누가 있고 무엇이 있는가에 의거하여 우리는 그것에 대해 어떻게 처신할지 판단하게 된다.

"우리는 우리의 언어, 우리의 개념들, 우리의 타당성 구조(우리의 실질적 세계관)에 **내주하고 있다**"고 뉴비긴이 말한다. 다른 비유를 들자면, 우리의 세계관은 우리의 '독서용 안경', '망원경', 실재를 조망하는 '자리', 우리 세계의 중추, 우리 자신의 중심이 되는 것이다. 노글의 말처럼, "문제의 핵심은 세계관이 마음의 문제라는 것이다."[30]

결론

이제 내가 할 일이 분명해졌다. 내가 제1장에서 제시한 **세계관**의 정의에 상당한 손질을 가하지 않으면 안 되겠다. 우선 그 개념을 더 넓힐 필요가 있는데, 새로운 질문을 더하기보다는 실제적 측면을 포용하도록 그 맥락을 넓히는 것이 필요하다. 세계관은 자연주의자인 딜타이가 말하는 요소—**"삶의 한복판에 서서"**—를 포함해야 하는데, 결국 세계관이란 "인간의 심리적 측면에서 나오는 것으로서, 지적으

---

29) 같은 책, p. 98.
30) Naugle, *Worldview*, p. 269.

로는 실재의 인식으로, 정서적으로는 삶의 평가로, 의지적으로는 능동적인 뜻의 이행으로 표현되기" 때문이다.[31] 카이퍼는 **세계관**이란 단어 사용을 거부하고 '삶의 체계' 혹은 '인생과 세계를 보는 관점'이란 말을 선호했다.[32] 이 점에 대해 우리도 깊이 숙고할 필요가 있다.

세계관을 다시 정의하는 것이 제7장에서 할 일이다. 그에 앞서 개인의 세계관과, 한 사회나 문화의 세계관 사이의 관계를 먼저 살펴보아야겠다.

---

31) 같은 책, pp. 88에서 인용.
32) Kuyper, *Lectures on Calvinism*, p. 11.

6

세계관
공적 측면과 사적 측면

> 위도가 3도만 달라도 사법 체계 전체가 거꾸로 뒤집히고, 자오선이 무엇이
> 참인지를 좌우한다.…그것은 강을 경계로 달라지는 좀 웃기는 정의(正義)로서,
> 피레네 산맥 이쪽에서 참인 것이 저쪽에 가면 거짓이 된다.
> ― 파스칼,「팡세」에서

이제까지 세계관이 사적인 차원과 공적인 차원을 모두 가지고 있다고 가정하고 논의를 진행해 왔다. 말하자면, 세계관이란 개개인이 내리는 구체적인 결단인 동시에 특정한 공동체, 역사적 시기 혹은 문화 전체를 특징짓는 일련의 가정이기도 하다. 하지만 그 둘의 관계에 대해서는 아직 다루지 않았다. 이와 밀접한 또 하나의 질문은 세계관이 객관적 실재의 반영물인가, 아니면 무엇을 인식할지 또 그것을 어떻게 이해할지를 좌우하는 주관적 틀의 표출인가 하는 것이다. 이런 문제들을 이 장에서 다룰 것이다.

공적인 동시에 사적인 것

누구나 세계관을 갖고 있다. 우리가 알든 모르든, 모두가 세계에 대한 일련의 가정에 의거하여 활동하고 있으며 그런 가정은 대체로 무의식적 영역에 숨겨져 있다. 이런 세계관은 사적인 것이다.

나는 아침에 눈을 뜰 때, 내가 누구인지 혹은 내가 어디에 있는지 묻지 않는다. 나는 즉시 나의 정신이 온갖 인식 작용을 통하여 지시하는 대로 지금이 아침이라는 것을 인지한다. 나는 집에 있고, 침대에서 기어 나오고 있다는 것을 안다. 이처럼 즉각적으로 인식하는 순간 **참으로 실재적인 것이 무엇인지, 내가 집에 있다는 것을 어떻게 아는지, 옳고 그른 것의 차이를 어떻게 말할 수 있는지**를 의식적으로 묻거나 대답하지 않는다. 그 대신, 나의 무의식적 정신은 일련의 가정을 사용하여 의식적인 정신에게 현재 일어나고 있는 일을 해석해 준다. 어떤 면에서는 내가 행동으로 기본적인 세계관 질문들에 응답하고 있다고 볼 수 있다.

내가 공적으로 그럴듯하게 하루 일과를 수행한 다음에, 한두 가지 질문에 대해 의식적으로 생각할지도 모르는데, 특히 성경을 읽고 기도할 때 그런 현상이 일어난다. 참으로 실재적인 존재에 대한 관념이 의식의 차원으로 떠오른다. 심지어 그런 실재의 현존을 느낄 수도 있다. 나중에 업무를 수행할 때는 그런 세계관적 질문에 대한 나의 대답이 거듭해서 작동하게 된다. 즉 내가 편집인으로서 다양한 결정을 내릴 때―어떤 원고를 출판하라고 추천할지, 어느 단어와 문장과 관념을 집어 내어 다듬거나 저자에게 지적할지, 디자이너의 표지 디자인에 대해 어떻게 반응할지, 더 나은 컴퓨터를 사 달라는 부하 직원의 요청에 어떻게 대답할지 등―실질적인 효과를 발휘한다는 말이다. 낮과 밤을 통틀어서, 심지어는 꿈 속에서도, 나의 세계관은 언제나 내 정체성의 일부를 이루고 있을 것이다. 그것은 '나'라는 유일무이한 존재의 일부이므로, 이 세상에 나의 세계관과 완전히 똑같은 다른 세계관은 없을 것이다. 한 사람의 세계관은 마음의 문제다. 루이 14세가 거만한 말투로 "짐이 곧 국가다"라고 외칠 수 있었다면, 나도 사팔뜨

기처럼 눈을 뜨고 더 겸손한 자세로 "나는 나의 세계관이다"라고 말할 수 있을 것이다.

세계관이 그처럼 사적이고 독특한 것이라면, 어떻게 그것을 공적인 것이라고 말할 수 있을까? 세계관이 어떻게 한 공동체나 문화를 특징지을 수 있을까? 그리 어렵지 않게 알 수 있는 이유가 하나 있다. 우리는 개인인 동시에 인류 가족의 일원이다. 우리의 세계관 가운데 어떤 요소는 우리의 가정, 공동체, 국가 혹은 금세기에 국한되지 않고 시간과 장소를 막론하고 전 인류에 공통적인 것이다. 거기에는 제3장에서 언급한 존재, 시간, 관계, 양 같은 범주가 포함된다. 그리고 서구 문화에서 공통적으로 가지고 있는 전제들이 있다. 예를 들어, 사회적 계급에 상관없이 각 개인이 동등한 가치를 갖고 있다든가, 우리의 감각이 우리의 시공간적 위치를 상당히 정확하게 알려 준다든가 하는 것이다. 같은 종교를 가지고 있는 사람이 공유하는 전제들도 있다. 그리스도인의 경우, 사람은 모두 하나님의 형상을 가지고 있다고 믿는다. 한 나라, 공동체, 가정이 공유하고 있는 전제도 있다. 우리 이웃은 믿을 만한 인간들이 아니라는 생각 같은 것이 하나의 본보기다. 사회적 단위가 작아질수록 공통된 전제는 더 구체적이고 세부적일 것이고, 그것을 공유하는 사람의 숫자는 그만큼 줄어들 것이다. 끝으로, 한 개인의 세계관은 유일무이한 요소들도 갖고 있을 것이다.

너무 뻔한 이야기를 늘어놓은 것 같다. 그런데 그처럼 뻔하지 않은 문제는, 한 개인의 독특한 세계관이 한 공동체의 세계관과 어떻게 영향을 주고받는가 하는 것이다. 이 복잡한 현상을 잘 들여다보려면 지식 사회학으로 눈을 돌려 거기서 통찰력을 얻을 필요가 있다. 특히 피터 버거(Peter Berger)와 토머스 룩크만(Thomas Luckmann)이 나에게 가장 큰 도움을 주었다. "일상 생활은 하나의 실재로 그 모습을 드러내고, 사람들은 그것을 주관적으로 의미 있는 정합된 세계로 해석한다"[1]고 그들이 말한다. 이처럼 사람들에 의해 해석된 세계에 관심을 갖는 것이 지식 사회학이다.

사실 버거와 룩크만에 따르면, 그들의 연구 대상은 인간이 서로서로 그리고 자연 세계와 공생적 관계를 맺으면서 건설하는 세계다. 즉, "실재의 사회적 구성"에 관심이 있다는 뜻이고, 그렇게 구성된 것을 그들은 **세계**라고 부른다. 이 개념은 이제까지 내가 **세계관**이라고 부른 것과 거의 동일한 것 같은데도, 그들은 세계관이란 용어가 너무 철학적 냄새를 풍긴다며 사용하기를 기피한다. 더욱이 그들은 실재를 있는 그대로 연구하는 게 아니라 사람들이 이해하는 실재, 곧 사회적으로 구성된 실재를 연구한다는 것을 분명히 밝힌다. 예를 들어, 인간 본성의 개념에 대한 그들의 이해를 살펴보자.

인간이 되는 경로와 인간됨은 문화의 수만큼 다양하다는 것이 인종학적 상식이다. 인간다움은 사회 문화적 변수에 의존한다. 달리 말하면, 사회 문화적 인간 형성의 차원보다 더 근본적이고, 생물학적으로 고정된 토대에 해당하는 그런 인간 본성은 존재하지 않는다. 다만 인류학적 상수에 해당하는 인간 본성이 있을 뿐이며…그것은 사람의 사회 문화적 형성에 한계를 그어 주고 그것을 허용하는 역할을 한다.[2]

---

1) Peter L. Berger and Thomas Luckmann, *The Social Construction of Reality*(New York: Anchor, 1967), p. 19.
2) 같은 책, p. 49.

이를 세계관적 견지에서 다시 진술하면, 인간됨에 대한 문화적 혹은 사회적 이해는 소수의 공통된 특징―전이론적으로 주어진 것―에 달려 있고, 대체로 해당 사회의 물질적 맥락에 의해 형성된다.[3] "사람이 어떤 본성을 갖고 있다고 말하는 것이 가능하지만, 사람이 자신의 본성을 구성한다고, 아니 더 단순하게, 사람이 스스로를 생산한다고 말하는 것이 더 의미심장하다."[4]

버거와 룩크만은 이어서 인간의 자의식과 지식이 자연 및 사회적 세계와 관계를 맺는 복잡한 현상을 아주 자세히 설명한다. 그리고 이렇게 간단하게 결론짓는다.

사람은 타인과 더불어 세계를 구축하고 거기서 살도록 생물학적으로 예정되어 있다. 이 세계는 그에게 확정적이고 주된 실재가 된다. 그 한계는 자연에 의해 그어진다. 자연과 사회적으로 구성된 세계 사이의 변증법 안에서 인간 유기체가 변형된다. 이와 똑같은 변증법 안에서 사람은 실재를 생산하고 그로 인해 스스로를 생산한다.[5]

이처럼 사회적으로 구성된 실재가 실재 본연의 모습과 얼마나 잘 조화되는지에 대해서는 전혀 언급하지 않는다. 그들은 한 사회에서

---

3) Berger와 Luckmann은 학문적 사회학의 일반적 테두리 내에서 학술 활동을 한다. 따라서 방법론적 자연주의를 전제로 삼고 있으며, 영적 실재가 존재할 가능성을 아예 배제한다. 인간 세계, 곧 실재의 사회적 구성을 빚어 내는 원인들은 자연적인 것에 국한시킨다. 만일 사람들이 하나님, 신들, 여신이나 영으로 세계를 구성한다면, 그것은 어떤 사회적 맥락에서 일어나는 인간 행위의 산물이다. 객관적 현상으로서의 계시는 요인으로 고려되지 않는다.
4) Berger and Luckmann, *Social Construction*, p. 49.
5) 같은 책, p. 183.

지식으로 통하는 것에 관해 사회학적 연구를 하고 있을 따름이다. 철학적 연구나 세계관적 분석을 하고 있는 것이 아니라는 말이다. 따라서 우리는 그들이 참으로 실재적인 것이 무엇인지 혹은 외부의 실재가 무엇인지에 대해 어떤 철학적 입장을 취하고 있는 것으로 성급하게 결론을 내려서는 안 된다. 그들이 지적하는 바는, 참된 실재에 대한 관념이 각 개인의 마음과 주변의 사회 및 문화 속에 어떻게 구현되고 있는가 하는 것이다. 한마디로 공적 측면과 사적 측면은 서로 공생적 관계를 맺고 있다고 한다. "사람은 **다함께** 사회 문화적 측면과 심리적 측면을 가진 인간의 환경을 만든다.… '호모 사피엔스'는 언제나 그리고 그와 마찬가지로 '호모 소시우스'(*homo socius*)다."[6]

이상형으로서의 세계관

세계관이 공적 성격을 갖고 있다는 것을 다른 방식으로도 설명할 수 있다. 우리가 전형적인 기독교 세계관—혹은 자연주의, 이신론, 범신론 등—을 언급할 때는, 사회 전체나 역사적 시기를 특징짓는 다소 일관되고 정합성 있는 체계가 존재한다는 것을 인정하는 셈이다.[7] 이런 체계는 일련의 명제나 이야기의 형태로 표현될 수 있다. 또 그것은 그 사회의 대다수 사람을 특징짓는 것이지, 거기에 속한 어떤 개인이

---

6) 같은 책, p. 51.
7) Peter Levine은 Jürgen Habermas의 표현을 인용하면서 이렇게 쓰고 있다. "한 시대나 문화에 속한 모든 개개인이 공유하는 것은 공통된 의식 구조, 개념적 체계, 인식론적 토대, '삶의 형태', '삶의 세계', '관행', '언어를 매개로 하는 상호 작용', '언어 게임', '관습', '문화적 배경', '전통', '실질적 역사' 등이다…"[*Nietzsche and the Modern Crisis of the Humanities*(Albany: State University of New York Press, 1995), p. 45].

갖고 있는 세계관을 정확하게 묘사하는 것은 아니다.

또한 어떤 학문 분야나 전문 영역과 관련하여 그 분야나 이론의 밑바탕에 깔린 세계관에 관해서도 얼마든지 이야기할 수 있다. 예를 들어, 심리학 분야를 보면 행동 심리학과 인지 심리학이 과거부터 현재까지 줄곧 존재해 왔다. 둘 다 자연주의를 바탕으로 삼고 있지만, 아주 기본적인 차원에서 서로 다르기 때문에 거의 세계관의 수준에서 양자를 구별하는 것이 가능하다. 스키너(Skinner)의 행동주의는 '내적인 인격'이나 '영혼' 혹은 '정신' 같은 것이 아예 없고, '행태적 특징들만 한 꾸러미' 있을 뿐이라고 가정한다. 인지 심리학은 그런 견해를 거부하면서 정신이나 영혼 혹은 내적인 인격의 존재를 가정하고, 그것이 하나의 작인으로서 기계적 인과 관계 밖에서 행동할 수 있다고 믿는다. 이처럼 자연주의 세계관 내에서도 상반된 두 관념이 있을 수 있는 것이다. 기독교 유신론 내에도 예정과 자유 의지에 관한 다양한 입장을 볼 수 있다. 칼빈주의자와 알미니안주의자는 모두 기독교 세계관을 바탕으로 삼고 있다.

세계관적 사고를 비판하는 사람 가운데는 이와 같은 세계관 내의 다원성을 문제시하면서 세계관의 개념 자체가 쓸모없다는 듯이 공격하는 이들도 있다. 세계관의 개념 내에서 참된 것과 거짓된 것을 구별할 수 없다면, 그리스도인이란 진리를 추구하는 자인만큼 아예 세계관적 사고를 몽땅 버려야 하지 않겠느냐고 지적한다. 그런데 세계관적 사고가 진리를 추구하는 도구로서 쓸모없다거나 진정한 그리스도인이 쓰기에 부적합하다는 생각 자체도 세계관에 의존하는 관념이다.[8] 세계관에 관한 선언은 모두 어떤 세계관에 기초하고 있다는 말이다.[9] 한마디로, 세계관을 피할 도리가 없다.

타당성 구조

더 중요한 사안은 공적인 얼굴을 가진 세계관이 각 개인의 독특하고 사적인 세계관을 지지하거나 손상하는 문제일 것이다. 이런 역할의 중요성을 가리키기 위해 지식 사회학자들은 특별한 용어를 만들었다. 그들은 철학사에 뿌리를 둔 용어를 사용하길 꺼리기 때문에 **타당성 구조**(plausibility structure)란 새로운 표현을 창안했다. 타당성 구조란, 사회의 대다수 사람의 마음과 생각 속에 깊이 뿌리박힌 것으로서 그들이 무의식적으로 혹은 아주 확고하게 품고 있어서 그것이 참인지를 물어 보지도 않는 신념들의 망이다. 요컨대, 타당성 구조는 한 사회의 세계관이요 그 사회의 중심이라 볼 수 있다. 사회의 규모는 아주 다양할 수 있다. 작은 아미쉬 공동체, 인류학 같은 학문 분야, 한 나라 혹은 국가들의 집단 등.

타당성 구조의 중요한 한 가지 기능은 신념들의 배경을 제공함으로써 어떤 논점을 수용하기 쉽거나 어렵게 만드는 것이다. 당신이 나에게 홍대역에서 중계동까지 가는 길을 알려 달라고 하면, 나는 "내

---

8) 철학자 Gregory A. Clark이 "The Nature of Conversion: How the Rhetoric of Worldview Philosophy Can Betray Evangelicals", in *The Nature of Confession: Evangelicals and Liberals in Conversation*, ed. Timothy R. Phillips and Dennis Okholm (Downers Grove, Ill.: InterVarsity Press, 1996), pp. 201-218에서 이런 취지로 주장하고 있다.

9) David Naugle은 Carl F. H. Henry의 다음 글을 인용한다[*Worldview: The History of a Concept*(Grand Rapids, Mich.: Eerdmans, 2002), p. 335]. "그런데 기독교적 세계관의 개념을 개탄하는 학자들이 입술로는 기독교에서 소위 비기독교적 신념을 제거해야 한다고 말하면서도 실제로는 다른[비기독교적] 세계관을 은근히 두둔하거나 선전하는 잘못을 범할 가능성을 배제할 수 없다. Barth가 모든 세계관을 지적인 야만주의로 치부하지만, 그 역시 일관성은 없을지 몰라도 자기 나름의 세계관을 갖고 있다"[Carl F. H. Henry, "Fortunes of the Christian World View", *Trinity Journal*, n.s., 19(1998): pp. 163-176를 보라].

부순환도로를 타고 가다가 북부간선도로를 타고, 다시 동부간선도로를 타시오" 하고 대답할 것이다. 당신이 나에게 어떻게 그것을 아느냐고 물으면, 나는 다양하게 대답할 수 있다.

- "나는 중계동에서 이십 년이나 살았어요."
- "나는 그걸 지도에서 찾아보았어요."
- "나는 성경에서 그걸 읽었어요."
- "나는 어젯밤에 그것에 대해 꿈을 꾸었어요."

이 가운데 현대인의 타당성 구조에 맞는 것은 처음 두 가지뿐이다. 성경을 믿는 사람이라도 세 번째 이유를 받아들이지는 않을 것이다. 성경이 그런 질문에 해답을 준다고 믿지 않기 때문이다. 뉴에이지를 신봉하는 사람이라도 네 번째 대답을 이상하게 생각할 것이다.

이제 당신이 내게 어떻게 하면 천국에 갈 수 있는지를 물어 본다고 하자. 내가 "예수를 믿어야 합니다" 하고 대답하면, "당신이 그걸 어떻게 알지요?" 하고 되물을 수 있다. 이 경우에는 위에 나온 응답 가운데 세 번째만 받아들여질 가능성이 있다. 비록 기독교적 세계관을 가진 사람들만 수용하겠지만 말이다. 일반 대학의 종교학 과목에서 그런 대답을 하면 별종으로 취급될 소지가 많은데, 그것은 성경을 권위 있는 책으로 여기는 것이 대학교에서 타당성 구조의 일부가 아니기 때문이다.

지식 사회학의 관점(버거와 룩크만의 견해)에서 보면, 우리 인간이 (종교적 실재를 포함한) 실재의 진정한 본질로 여기는 것이 "경험적으로 접근 가능한 사회적 과정을 통해 구성되고 유지된다. 특정한 종교적 세계가 하나의 실재로서 의식화되는 것은 그에 적합한 타당성 구조가 계속 존속하는 한 가능할 뿐이다."[10] 예를 들어, 어떤 공동체가 주로 가톨릭 신자로 이루어져 있다면, 가톨릭의 견해가 '당연시 될' 것이다. 만일 그 공동체가 종교적 다원주의를 받아들이게 되면, 즉 '기존의 타당성 구조가 약화되면', 가톨릭 사상의 진리를 의심하는 일이 더 쉬워질 것이다. "이전에는 자명한 실재로 당연시되었던 것이 이제는 일부러 '신앙'의 결단을 내려야만 도달할 수 있다. 즉 그 배경에 도사리고 있는 의심들을 극복하지 않으면 안 된다."[11]

언젠가 「눈먼 시계공」(*The Blind Watchmaker*)을 쓴 영국인 생물학자 리처드 도킨즈(Richard Dawkins)가 인디애나 주의 더포 대학(DePauw University)에서 과학의 본질에 관해 강연할 때 거기에 참석한 적이 있다. 그는 과학 공동체에서 대체로 수용하는 과학의 개념과 영국의 신문과 점성학에 나오는 과학의 개념을 서로 비교했다. 질의 응답 시간에 나는 왜 '정상적인' 과학과 생물학자 마이클 베히(Michael Behe)가 「다윈의 블랙 박스」(*Darwin's Black Box*, 풀빛 역간)에서 묘사하는 '설계 과학'의 개념을 서로 비교하지 않느냐고 물었다. 그의 응답은 시사하는 바가 많았다.

"글쎄요, 마이클 베히는 하나님을 믿습니다" 하고 그가 말했다. 청중이 오십 명 가량이었고 대부분이 교수였는데, 그는 더 이상 말할 필요를 느끼지 않았다. 「눈먼 시계공」에서 도킨즈는 과학이 순전히 자연주의적 가정들에 근거하고 있음을 분명히 밝혔다.[12] 진화론적 과학

---

10) Peter Berger, *The Sacred Canopy: Elements of a Sociological Theory of Religion*(New York: Doubleday/Anchor, 1967), p. 150.
11) 같은 책.

은 오늘 우리가 목격하는 여러 복잡한 생물학적 현상(인간을 비롯한)을 불러온 생물권의 변화를 설명하는 데 하나님을 들먹일 필요가 없음을 보여 준다. 뿐만 아니라 과학은 어디까지나 과학이지 종교가 아니다. 과학은 우리가 자연에서 관찰하는 모든 것을 설명할 때 비(非)자연적 요인이 끼어들도록 허용해서는 절대로 안 된다. 도킨즈가 친히 쓰고 있듯이, 진화론적 과학은 실로 그를 '완전한 무신론자'로 만드는 데 성공했다.

강연장에 있던 사람 가운데 누구도 대놓고 이야기하지는 않겠지만, 그 교수들 대다수가 과학의 분야에서 하나님의 역할은 전혀 없다고 생각했을 것이다. 도킨즈는 베히가 하나님을 믿는다고 나무라고는 더 이상 말할 필요를 느끼지 않았다. 그것으로 충분했기 때문이다. 대학교의 타당성 구조가 설계 과학을 거부하는 도킨즈의 입장을 완전히 정당화해 주었던 것이다.

그는 잠시 숨을 돌리면서 청중이 설계 과학 따위는 고려할 가치도 없다(반면에 점성학과 대중 신문은 그럴 만한 가치가 있다)는 자신의 지혜로운 판단에 정신적으로 동의해 줄 것을 기다린 다음 이렇게 말했다. "아울러, 마이클 베히는 게으른 사람입니다. 그는 복잡한 생물학적 구조를 초래한 원인을 비자연적 요인에서 찾을 것이 아니라 자연적 요인에서 찾으려고 땀을 흘려야 마땅합니다."

내가 그의 응답에 대해 흔히 사용하는 영어 문구인 '우물에 독을 넣는 식'이라든가 '욕설'이라는 표현 대신 '사람에의 논증'(*argumentum ad hominem*, 인신공격적 논증)이라고 지적하자, 그는 약간 주

---

12) Richard Dawkins, *The Blind Watchmaker*(New York: W. W. Norton, 1986). 「눈먼 시계공」(사이언스북스 역간).

저하다가 "맞는 말씀입니다만" 하더니 베히라는 과학자가 얼마나 게으른지에 대해 다시 언급했다. 나의 질문은 과연 자연적 원인들이 복잡한 생물학적 구조들을 실제로 설명할 수 있는지 여부에 대한 것이었다. 그러나 이 문제는 그가 전혀 다루지 않았다.

그 때 또 한 사람이 일어나더니 이렇게 말했다. "미국에서 과학을 가르치는 것이 얼마나 어려운 일인지를 아시는지 모르겠습니다. 사람들은 우리에게 **창조론**을 가르치라고 계속 요구하고 있습니다." 그래서 엉뚱한 질문 덕분에 토론이 곁길로 빠졌다. 이 질문은 사실 내가 제기한 질문과 아무 상관이 없었기 때문이다. 하지만 도킨즈는 나와 주고받은 대화에서 자기 정체를 분명히 밝혔다고 할 수 있다.

세계관은 한 사회 혹은 사회의 한 부문(여기서는 학문 공동체)이 그것을 채택할 때 타당성 구조가 된다. 한 개인의 세계관이 사회의 세계관과 동일할 경우에는 자기 세계관이 참된 것임을 굳이 증명할 필요가 없다.

일부 공동체—대학교의 과학 공동체와 같은—의 경우에는 타당성 구조가 비교적 정밀하고, 단 하나뿐이거나 어느 하나가 지배적 위치에 있다. 그러나 유럽과 북미 같은 다원적 사회에서는 타당성 구조가 얄팍한 판자 정도에 불과하다. 그것은 크고작은 여러 종교적, 세속적 공동체로 구성되어 있어서 구속력이 지극히 약하다. 이웃집 세계관과의 차이가 과거에 마르코 폴로와 징기스칸 혹은 콜럼버스와 미국 원주민의 차이만큼이나 크다.

예를 들어, 미국의 다원주의는 더 이상 침례교인과 감리교인의 차이 혹은 개신교인과 가톨릭 교인의 차이 정도를 의미하지 않는다. 이제는 우리의 오른편 이웃이 에티오피아 황제를 신으로 신봉하는 사람이고 왼편은 종교가 전혀 없는 세속적인 사람일 정도다. 길을 조금 내려가면 힌두교 사원을 짓는 모습이 보이고, 도심지 저쪽에는 이슬람 사원이 보인다. 우리 동네 미용사는 아침마다 20분씩 얼핏 보기에 무의미한 주문을 읊조리는 사람일 수 있다. 식품가게 아줌마는 매일 저녁 30분 간 요가 자세로 앉아 있고, 직장 상사는 뉴에이지 단체가 주관하는 경영자 훈련 과정을 밟고 있을 수 있다. 다른 한편, 교회에 나가는 친구들이 환생에 대해 궁금하다고 하고, 그들 중 일부가 일종의 대안적 의술을 추구하면서 우리 각자가 자기 건강을 완전히 책임져야 한다고 그리고 우리에게는 스스로를 병들게 할 수도 건강하게 만들 수도 있는 능력이 있다고 주장한다. 가는 곳마다 우리와 아주 다른 견해를 가진 사람을 만나게 된다. 자기는 얼마든지 그런 견해를 가질 자유가 있고 또 우리가 무엇을 믿든 상관하지 않는다고 말하는 사람들이다. "뉴 리퍼블릭"(*New Republic*)의 문예 담당 편집자 레온 위셀티어(Leon Wieseltier)는 이렇게 말한다.

> 다원주의의 전제는 차이점의 존재뿐 아니라 그런 차이점이 가까이 존재한다는 데 있다. 다른 방식으로 산다는 것이 미국인의 뇌리에서 떠날 수 없는데, 그것은 그런 모습이 언제나 시야에서 떠나지 않기 때문이다. 길거리에는 공통 분모라고는 도무지 찾을 수 없는 견해들로 가득 차 있다. 당신의 세계관은 당신이 함께 살고 일하고 노는 사람들의 눈에 말도 안 되는 것으로 보이거나 그보다 더 못한 것으로 비친다.[13]

---

13) Leon Wieseltier, "The Trouble with Multiculturalism", review of *Dictatorship of Virtue: Multiculturalism and the Battle for America's Future*, by Richard Bernstein, *New York Times Book Review*, October 23, 1994, p. 11.

세계관의 다원화 현상이 지난 40년에 걸쳐 더욱 심화되면서, 이전에는 어떤 세계관이든 쉽게 믿을 수 있게 해주었던 타당성 구조를 황폐하게 만들어 버렸다. 이제 유일하게 남은 공통점은 누가 무엇을 믿든 상관없다는 생각이다. 이것이든 저것이든 진리라고 주장하는 소리가 모두 타당해졌다. 흔히 하는 말로, 당신에게 참이라고 해서 나에게도 참이란 법이 없다. 진리라는 것 자체가 여럿이고 모순을 안고 있든지 아예 존재하지 않는 것처럼 보인다. 오늘날 세계관의 공적 성격이 특정한 세계관의 사적 성격을 많이 침해한 나머지, 사적인 세계관이 더 이상 개인의 삶에 의미와 목적을 제공하지 못한다. "우리가 다원주의 세계에 산다"는 말이 "우리가 상대주의 세계에 산다"는 말이 되고 만다.

객관성과 주관성

논의가 이제 세계관의 공적 성격과 사적 성격 간의 관계에서 객관적 성격과 주관적 성격 사이의 갈등으로 이동했다. 세계관의 사적 성격을 감안하면 과연 객관성을 지니는 것이 가능할까? 오히려 언제나 주관적이어서, 즉 **나의** 견해나 **너의** 견해 혹은 사회학이 말하듯이 **우리의** 견해(타당성 구조)라서 도무지 믿을 수 없는 것은 아닐까? 우리가 생각을 하고 의사소통을 할 때 사용하는 언어 체계 자체가 그것이 가리키는 실재에서 영구히 분리되어 있지 않은가? 이 후자가 우리가 살펴본 것처럼 포스트모더니즘의 주요 주제다.

이 문제를 이리저리 생각하다 보면 골치가 아플 수도 있지만, 대답은 아주 분명한 것 같다. 칼 바르트가 한때 자연 신학을 거부할 때 썼던 말처럼 "아니다!"라고 외칠 뿐이다. 아니, 우리가 실재의 진면목에 대해 무언가 알 수 있다는 생각을 버릴 필요가 없다는 것이다.

만일 우리가 지적 탐구를 시작할 때 데카르트가 구했던 그런 확실성을 요구한다면, 우리가 해결할 첫 문제가 어떻게 지식이 가능한가라는 질문이라고 가정한다면, 우리는 결국 허무주의나 극단적 상대주의(이것도 일종의 허무주의다)에 빠질 수밖에 없다고 생각한다.[14]

아울러 버거와 룩크만이 말하는 지식 사회학에서 아무런 도움도 받을 수 없을 것이다. 그런 사회학은 인식론적 질문에 답하기에 부적합하다. 인식의 대상이 아니라 인식의 현상을 관찰하는 것은 경험론적 과학이다. 그런 과학의 '인식의 대상'은 바로 인식 그 자체다. 버거는 「거룩한 지붕」(*The Sacred Canopy*)의 부록에서 이 점을 분명히 밝힌다.

> 그 논증의 어느 지점에서도 신학적 혹은 그 문제와 관련하여 반(反)신학적 함의를 찾아서는 안 된다.…경험론적 학문의 틀 안에서 제기된 질문은…비경험론적이고 규범적인 학문의 틀에서 나오는 답의 영향을 받아서는 안 되는데, 이를 거꾸로 뒤집어도 마찬가지다.[15]

버거가 옳다면, 버거가 '세계'라고 부르고 내가 '세계관'이라고 부르는 것에 관해 배우는 데는 한계가 있다. 어떤 세계관이든 저기 있는 실재에 관한 진실을 과연 반영하고 있는지 여부에 대해 아무런 결론

---

14) Helmut Thielicke라면 그것을 "암호로 된 허무주의"라 부를 것이다. 그의 *Nibilism*, trans. John W. Doberstein (London: Routledge & Kegan Paul, 1961), pp. 30-40, 63-65를 보라.
15) Berger, *Sacred Canopy*, p. 179.

도 내릴 수 없다. 존재론적 질문을 대답할 길이 없다. 인식론적 질문도 마찬가지다.

> 사회학 이론은…언제나 종교를 시간의 상하(相下)에서(*sub specie temporis*) 보기 때문에, 어떻게 하면 그것을 영원의 상하(相下)에서(*sub specie aeternatatis*, 스피노자의 말이다)도 볼 수 있을지 그리고 과연 그럴 수 있는지 묻는 질문에 대해 열려 있을 수밖에 없다. 그래서 사회학 이론은 자체의 논리상 종교를 인간의 투사체로 보아야 마땅하고, 그와 똑같은 논리로 이 투사체가 투사한 존재와는 다른 그 무엇을 언급할지 모른다는 가능성에 대해 전혀 할 말이 없다.[16]

우리가 배울 수 있는 것은 세계관이 공적 측면과 사적 측면에서 사회적 맥락과 주고받는 상호 관계가 전부다. 이것이 우리가 알고 싶은 전부는 아니지만, 그렇다고 전혀 무의미한 것도 아니다. 그것은 세계관의 주관적이고 사회적인 측면을 들여다보는 데 필요한 통찰력을 제공해 준다.[17]

객관적 지식의 가능성을 타진할 수 있는 다른 방도도 있다. 우리는 지적인 여정을 출발할 때 어떻게 지식이 가능한가라는 질문으로 시작할 필요가 없다. 그 대신 우리가 저기에 있는 그 무엇으로 시작하면, 우리의 세계관이 주관적 측면과 객관적 측면을 모두 갖고 있다고

---

16) 같은 책, p. 180.
17) Berger(같은 책, pp. 163, 182)는 "사회-역사적 상대성을 지닌 세계"에서 "종교적 문제에 관해 인지적으로 타당한 진술을 하는 데 필요한 '아르키메데스의 점'"에 어떻게 도달할 수 있을지 보여 주려고 흥미로운 시도를 한다. 그는 특히 Karl Barth와 Dietrich Bonhoeffer의 한 시도에 많은 관심을 표명한다.

주장할 수 있는 여지가 있다. 만일 참으로 실재적인 것이 성경의 하나님이라면, 우리가 알고 있다고 생각하는 것 가운데 일부라도 정말 객관적으로 참된 것일 가능성이 있다. 이에 관해서는 「기독교 세계관과 현대사상」의 제2장에서 설명한 바 있다. 그 논리를 간단하게 말하면 이렇다. 만일 하나님이 모든 것을 아시는 전지자(全知者)로서 우리를 자기 형상으로 만드셨다면, 우리도 때때로 어떤 사물들에 대해 아는 인식자가 될 수 있다. 우리가 비록 창조주로부터 소외되어 있지만, 그분은 우리에게 인식의 역량을 어느 정도 남겨 두셨으며, 은혜롭게도 우리를 구속하시고 변화시키셔서 이제는 비록 "거울로 보는 것처럼 희미할지라도" 언젠가 얼굴과 얼굴을 맞대고 그분을 볼 날이 오게 될 것이다.[18]

물론 그런 일련의 명제가 참인 것이 자명하다고 할 수는 없지만, 만일 그것들이 참이라면 객관적 지식이 가능한 셈이다. 하나님의 본성(그리고 그분의 형상으로 만들어진 인간의 본성)에 초점을 둔 존재론이 인식론을 앞선다면, 그런 존재론을 지적으로 정당화하는 것도 가능하다.[19] 예를 들어, 플란팅가는 하나님에 대한 믿음이 어떻게 "세

---

[18] 그리스도인에게 기독교 세계관의 객관적 진리성을 믿을 만한 정당한 근거가 있음을 다음 책에서 자세히 설명했다. *The Discipleship of the Mind*(Downers Grove, Ill.: InterVarsity Press, 1990), pp. 77-113. 「지성의 제자도」(한국 IVP 역간); *Why Should Anyone Believe Anything at All?*(Downers Grove, Ill.: InterVarsity Press, 1994).

[19] Gregory A. Clark은 기독교 세계관 사상가들이 이제 기독교적 세계관이 참되다 — '세계관과 실재 사이의 대응 관계'가 있다는 의미에서 — 고 더 이상 주장할 수 없다는 점을 인식하고 있다고 주장한다. "이런 이유로, 그들은 진리에 대한 다른 정의로 몸을 피한다. 진리란 이제 '정합성'(coherence)을 의미한다"("The Nature of Conversion", p. 208). 나로서는 이 주장이 타당한 근거를 가지고 있는지 모르겠다. 하지만 이 책이나 「기독교 세계관과 현대사상」이 이런 입장을 취하고 있지 않

종류의 긍정적인 인식론적 지위"를 가질 수 있는지 설명한다. 정당성, 합리성, 보증성(warrant)이 그것이다. 만일 모든 인간에게 신 관념이 있어서 하나님의 존재를 직접 감지할 수 있다면, 그들의 믿음을 정당화할 다른 근거가 필요 없다. 플란팅가가 말하듯이, 하나님에 대한 믿음은 아주 초보적인 것이다. 하나님의 존재의 사실성(존재론)과 신 관념의 사실성(존재론)이 유신론적 하나님에 대한 객관적 지식(인식론)을 앞서고 그 저변에 깔려 있다. 이 하나님을 프란시스 쉐퍼는 "저기 계시는 하나님"이라고 부른다.[20] 이어서 플란팅가는 그런 인식론적 지위가 성경적 세계관 전반에 어떻게 적용되는지 설명한다.[21]

전통적 그리스도인은 객관적 진리의 관념을 포기할 생각이 없다. 내가 간절히 추구하는 세계관은 그저 나의 이야기, 나 나름의 일련의 명제, 삶에 대한 나름의 해석이 아니라 보편적이고 객관적으로 참된 세계관, 참으로 실재적인 것을 저기 계시는 하나님으로 믿는 세계관, 인간은 하나님의 형상으로 창조되어 '사물의 진면목'을 어느 정도라도 알 수 있는 능력이 있는 존재라고 여기는 세계관인데, 이는 나만의 염원이 아닐 것이다. 성경은 이런 유의 지식이 가능하다고 가정하며, 사실 그것이 세계에 관해서 알 뿐 아니라 저기 계시는 그 하나님에 대해 진정으로 알 수 있는 통로라고 간주한다.

"모든 사람은 선천적으로 알고자 하는 욕구를 갖고 있다"고 아리스토텔레스는 말한다. 그렇다. 동시에 포스트모던 세계에 살고 있는

다는 점은 확실히 알고 있다. 세계관의 정합성이 진리성을 가늠하는 중요한 척도이긴 하지만, 그것이 곧 진리의 의미는 아니다.
20) Alvin Plantinga, *Warranted Christian Belief* (New York: Oxford University Press, 2000), pp. 167-198.
21) 같은 책, pp. 241-289.

우리는 "우리 모두가 우리 스스로―개개인으로서, 공동체로서, 인류로서―만든 이야기가 아니라 참 진리를 알고자 하는 욕구를 갖고 있다"고 덧붙여야겠다. 그리고 그것이 어떻게 가능한지를 보여 주는 세계관이 하나 있는데, 이는 우리 모두를 아우를 정도로 보편적인 동시에 우리 개개인을 품을 정도로 친밀한 성격을 갖고 있다. 이 세계관은 우리가 완전히 이해하기 어려울 정도로 성경에 아주 자세하게 묘사되어 있다. 이는 공적인 동시에 사적이고, 주관적인 동시에 객관적인, 그야말로 아주 만족스러운 세계관이다.

7

세계관의 새로운 정의

> 우리가 일련의 전제를 수용하고 그것을 해석의 틀로 삼을 때,
> 우리는 마치 우리 몸 속에 거하는 것처럼 그것들 속에 거한다고 할 수 있다.
> —마이클 폴라니, 「개인적 지식 (Personal Knowledge)」에서

지금까지의 논의를 종합하여 최종적으로 세계관을 정의할 때가 되었다. 그렇다고 이제까지 내려진 모든 정의를 아우르는 그런 정의를 내리겠다는 말은 아니다. 세계관의 개념 자체가 세계관 의존적이기 때문에 그것은 불가능하다. 현대의 낙관적 자연주의자들, 그 가운데서도 특히 과학자들은 세계관을 물질적 실재에 관한 거의 확실한 지식으로 이끄는 자명한 가정으로 생각한다. 칸트 이후의 관념론자들은 세계관을 우리가 삶의 현상을 정돈하고 이해하는 통로로 삼는 내면의 정신적 구조로 생각한다. 포스트모더니스트들은 우리가 세계를 구성하고 그것을 통제하는 수단으로 삼는 언어 구조로 보는 경향이 있다. 한편, 기독교적 정의는 이해 가능한 우주를 창조하신 무한하고 인격적이신 하나님의 객관적 실재를 믿는 선제적 신념에 의존하게 될 것이다.

이처럼 세계관이 관점에 따라 달라질 수 있다고 해서 그리스도인

이 상대주의에 빠지는 것은 아니다. 다원주의―다소 상반된 세계관들이 함께 공존하는 것―는 상대주의가 아니다. 그리스인뿐 아니라 히브리인이 이해한 진리, 현대인뿐 아니라 고대인이 이해한 진리는 결코 상대적인 것이 아니다. **사물의 진면목**(a way things are)으로서 혹은 **사물의 진면목**을 언어로 정확하게 표현한 것으로서의 진리는 상대주의를 배제한다. 문제는 과연 사물의 진면목이라는 것이 **존재하는가** 하는 점이 아니다. 그런 통찰은 전이론적인 것이다. 문제는 데카르트가 진리를 여러 범주의 하나라고 생각했는데 그것이 무슨 의미인가 하는 것이다. 진리란 "생각이 그 대상과 동조하는 것으로서 선험적으로 너무 분명한 개념이어서 아무도 그것을 모를 수 없다"[1]고 그는 말했다. 플란팅가는 이렇게 말한다. "토머스 리드(Thomas Reid)를 비롯한 여러 사람은, 진리(참)의 개념이란 신념과 세계 간의 관계로서 우리의 타고난 지적 장비의 일부라고 지적한다."[2]

그러므로 나의 정의는 우리가 우리의 세계관을 사물에 관한 진리로 간주한다는 것을 가정으로 삼을 수밖에 없다. 만일 우리의 정의가 참이라면, 그것과 상반되는 다른 모든 정의는 당연히 거짓일 것이다. 물론 우리가 전적으로 혹은 부분적으로 잘못될 소지도 있다. 하지만 우리 세계는 완전히 무질서에 빠져 사물이 "어지럽게 흩어져 있는" 상태가 아니라 질서가 있는 그런 세계이기 때문에, 사실 **사물의 진면목**이라는 것이 존재한다.

---

1) René Descartes, 1639 letter to Marin Mersene. Stephen Gaukroger, *Descartes: An Intellectual Biography*(Oxford: Clarendon, 1995), p. 327에서 인용.
2) Alvin Plantinga, *Warranted Christian Belief*(New York: Oxford University Press, 2000), p. 216.

그럼에도 세계관의 역사는 세계관들의 특성에 대해 많은 것을 가르쳐 준다. 곧 알게 되겠지만, 내가 새로 다듬은 세계관의 정의도 그런 역사에 빚진 바가 많다.

세계관의 재정의 I

새로 다듬은 정의는 두 부분으로 되어 있다. 하나는 존재론적 정의고, 다른 하나는 특정한 세계관을 특징짓는 전제들로 이어지는 일련의 질문이다.

세계관이란 이야기의 형태로 혹은 실재의 근본적 구성에 대해 우리가 (의식적으로든 무의식적으로든, 일관적이든 비일관적이든) 보유하고 있는 일련의 전제(부분적으로 옳거나 완전히 잘못된)로 표현되는 것으로서, 우리가 살고 움직이고 몸담을 수 있는 토대를 제공해 주는 하나의 결단이요 근본적인 마음의 지향이다.

이제 이 함축적인 정의를 풀어 볼 필요가 있다. 위의 문구들은 각각 구체적인 특징을 갖고 있어서 자세히 설명할 필요가 있기 때문이다.

결단으로서의 세계관. 이 문구—"세계관은 하나의 결단(commitment)이다"—를 선택하는 일이 나로서는 가장 힘든 부분이었다. 이를 택한 일차적 이유는 그것이 존재론적 주장을 담고 있기 때문이다. 말하자면, 세계관이 무엇인지를 정확하게 파악하려는 시도라는 뜻이다. 세계관을 결단으로 본다는 것이 어떤 의미를 담고 있는지 알려면 그 이면을 보면 된다.

첫째, 세계관은 기본적으로 일련의 명제나 신념의 그물망이 아니다. 달리 말하면, 일차적으로 지성의 문제가 아니라는 것이다. 또한 기본적으로 언어의 문제이거나 설화적 기호로 된 기호 체계도 아니다. 물론 지성과 관련이 있고 언어가 지성의 도구로 사용되는 게 사실이지만, 세계관의 본질은 인간 자아의 내면 깊숙이 자리잡고 있다. 그것은 영혼의 문제이고, 단지 지적인 문제가 아니라 오히려 영적 지향성 혹은 영적 성향이라고 보는 것이 더 정확할 것이다.

나의 영혼이 잠잠히 하나님만 바람이여,
　나의 구원이 그에게서 나오는도다.
오직 그만이 나의 반석이시요
　나의 구원이시요 나의 요새이시니,
　내가 크게 흔들리지 아니하리로다(시 62:1-2).

이와 같은 반석과 구원의 역할을 하는 것은 성경의 하나님에 국한되지 않는다. 윌리엄 헨리(William Henry, 1849-1903)에게는 자신의 자율적 자아가 그런 역할을 했다. 학생들에게 자립심을 길러 주기 위해 지은 시 "인빅터스"(*Invictus*)에서 헨리는 이렇게 선언한다.

내 운명의 주인은 나다
내 영혼의 선장도 나다

이런 유의 단언은 인격의 중심에 자리잡은 속 깊은 성향이나 결단을 표명하는 것이다.

둘째, 세계관은 하나의 결단이긴 하지만 반드시 의식적인 결정의 산물은 아니다. 우리가 어떤 행동을 할 때 동기나 목표를 의식하지 않은 채 일정한 목적을 향해 움직이는 것도 어떤 의미에서 결단이라고 볼 수 있다. 세계관은 마음의 문제이기 때문이다.

근본적인 마음의 지향으로서의 세계관. 오늘날 우리가 마음이란 단어를 성경에서만큼 비중 있게 사용하기만 해도 이 말의 뜻을 쉽게 이해할 수 있을 것이다. 사실 데이비드 노글이 잘 지적하듯이, 성경에서 말하는 마음은 우리가 흔히 사용하는 것보다 훨씬 더 풍부한 의미를 담고 있다. 우리는 보통 마음을 감정의 처소(특히 부드럽고 동정적인 정서)라고 생각하고, 어떤 경우에는 거기에 의지를 덧붙이기도 한다. 그러나 지성을 포함하는 경우는 드물다. 그런데 성경적 개념은 지혜(잠 2:10), 감정(출 4:14; 요 14:1), 욕구와 의지(대상 29:18), 영성(행 8:21), 지성(롬 1:21) 등을 모두 포함하고 있다.[3] 요컨대 성경적 견지에서, 마음이란 "인간을 규정짓는 핵심적 요소"[4]다. 즉, 세계관은 각 사람의 조종실에 해당하는 자아 속에 자리잡고 있다고 할 수 있다. 바로 이 마음으로부터 모든 생각과 행위가 나온다.

'근본적인 지향'이란 말도 설명이 필요하다. 세계관의 뿌리는 전이론적인 것으로서 의식적 정신 아래 위치하고 있다. 보통은 의식적 정신이 가까이하지 않는 영역에 있으면서 정신을 지도하는 역할을 한다. 의식적 정신이 세계관과 그 전이론적 성격에 관해 생각할 수 없다

---

3) Naugle이 마음에 대한 성경적 개념을 자세하게 설명한 것은 *Worldview: The History of a Concept*(Grand Rapids, Mich.: Eerdmans, 2002), pp. 267-274에 나와 있다. NRSV는 *kardia*를 mind로, NIV는 heart로 번역하고 있다

4) 같은 책, p. 266. John H. Kok은 그것을 "당신의 알짜배기, 당신의 내장, 당신 존재의 가장 깊숙한 중심, 당신의 생각, 정서, 행위의 근원"이라고 부른다[*Patterns of the Western Mind*, 2nd ed.(Sioux Center, Iowa: Dordt College Press, 1998), p. 190].

는 것이 아니다. 사실 우리가 지금 그렇게 하고 있지 않은가? 그것은 보통 그렇게 하지 않는다는 말이다. 우리는 우리의 세계관과 **더불어** 그리고 그 세계관 **때문에** 생각을 하는 것이지, 우리의 세계관에 **관해** 생각하지 않는다. 자기 신념이나 철학 사상이 위기에 봉착한 사람들이 자신의 세계관에 대해 깊이 생각하게 될 것이다. 다른 이들은 자기 세계관을 곰곰이 숙고하기는커녕 자각하는 일조차 없을 것이다.

이런 특징을 가장 잘 포착한 세계관 분석가는 도여베르트로서, 그가 제안한 종교적 '근본 동인'의 개념이 그것이다. 제2장에서 살펴보았듯이, 도여베르트는 두 가지 근본 동인을 밝힌다. "하나는 영 혹은 거룩함에서 난 것이고, 다른 하나는 배교의 영에서 난 것이다."[5] 근본 동인은 곧 영적 지향성을 의미하고, 성경의 살아 계신 하나님 혹은 그 대적 가운데 한 편을 정한 결과 생기는 것이다. 도여베르트는 이런 근본 동인을 세계관보다 앞서는 것으로 본다.[6] 나의 입장은 근본 동인이라는 그의 개념을 나의 세계관 정의에 포함시키는 것이다. 내가 생각하기에, 누구든 이 세상에 살고 있는 이상 종교적 결단을 내리고 있고 또 그에 의거하여 살아가고 있다. 그런 결단에 따라 인생의 특징과 방향이 좌우된다. 이것은 보통 잠재 의식의 수준에서 일어나지만, 자기 성찰을 통해 의식의 수준으로 올라올 수 있다. 이런 면에서 우리는 세계관의 분석 과정을 통하여 우리가 내린 결단의 성격을 과거와 현재와 미래에 비추어 더욱 의식할 수 있다.[7]

---

5) Herman Dooyeweerd, Naugle, *Worldview*, p. 28에서 인용.
6) Herman Dooyeweerd, *A New Critique of Theoretical Thought*, trans. David H. Freeman and William S. Young (n. p.: Presbyterian & Reformed, 1969), 1:128.
7) 내가 위에서 결단(신념)과 마음에 관해 쓴 의도는 Gregory A. Clark의 견해, 즉 세계관적 수사학이 그리스도인으로 하여금 회심을 올바로 이해하지 못하게 하거나

자신의 세계관에 관해 그리고 그것이 자기의 이론화 작업에 어떤 토대를 마련해 주는지를 잘 인식하는 철학자가 있는데, 바로 존 서얼(John Searle)이라는 인물이다. 그는 의식에 관한 명석한 연구에서 초월적 존재의 개념을 배격하는 자기 입장이 의미심장한 것임을 잘 인식한다.

> 우리가 세계에 관해 세세하게 알고 있는 것을 감안할 때…(예를 들어 화학, 물리학, 생물학의 문제), 이 세계관[자연주의]은 선택의 여지가 없는 것이다. 그것은 그와 상충되는 많은 세계관과 나란히 있어서 골라잡기만 하면 되는 것이 아니다. 우리의 문제는 우리가 하나님의 존재를 증명하는 데 실패했다거나 내세의 가설이 여전히 심각하게 의문시되고 있다는 데 있지 않고, 우리가 최대한 깊이 성찰해 보니 그런 대안을 진지하게 수용할 수 없다는 데 있다. 우리가 그런 것을 믿는 사람을 만나면, 그런 신념에서 위안과 안정을 찾는다는 소리를 듣고 부러워할 수도 있으나, 우리의 마음 깊은 곳에서는 그들이 새로운 소식을 듣지 못했거나 신앙의 속박에 사로잡혀 있기 때문이라는 확신이 든다.…그리고 일단 당신이 우리의 세계관을 수용하면, 의식을 유기체의 생물학적 특징으로 보지 못하게 막는 유일한 걸림돌은, 의식의 '정신적' 성격으로 인해 '물리적' 성질을 가질

예수님이 '진리'라는 의미를 참으로 파악하지 못하게 함으로써 그들을 '기만한다'는 비판에 대응하기 위한 것이 아니었다. 그럼에도 불구하고 그런 역할을 하리라고 생각하는데, 그 이유는 Clark의 비판에 동의하지 않는 내용을 담고 있어서가 아니라 세계관의 핵심 개념을 명제들로 된 추상적 체계에서 근본적인 마음의 지향으로 바꾸었기 때문이다. Clark, "The Nature of Conversion: How the Rhetoric of Worldview Philosophy Can Betray Evangelicals", in *The Nature of Confession: Evangelicals & Liberals in Conversation*, ed. Timothy Phillips and Dennis Okholm (Downers Grove, Ill.: InterVarsity Press, 1996), 특히 pp. 211-218를 보라.

수 없다고 보는 케케묵은 이원론적/유물론적 가정이다.[8]

서얼이 이해하지 못하고 있는 점은, 첫째, 신이나 초월자가 없다는 그의 확신은 신이 있다는 유신론자의 확신만큼이나 신앙의 문제라는 것이고, 둘째, 그리스도인도 자기 신념에 대하여 그가 갖고 있는 증거만큼이나 타당하고 설득력 있는 증거를 가지고 있을 수 있다는 것이다. 앞서 살펴본 리처드 도킨즈처럼, 존 서얼도 자칫 편향된 논증으로 빠질 수 있는 것을 타당성 구조에 힘입어 모면하고 있다.[9] 사실 이런 경우가 비일비재하다.

이야기의 형태로 혹은 일련의 전제로 표현되는 것. 세계관이 하나의 이야기거나 일련의 전제라는 말이 아니고, 그런 식으로 표현될 수 있다는 뜻이다. 나와 인류 전체가 어디서 왔는지 혹은 나의 인생이나 인류가 어디로 향하고 있는지에 대해 성찰할 때, 나의 세계관은 이야기의 형태로 표현된다. 자연주의는 빅뱅의 패턴, 우주의 진화, 은하의 형성, 태양과 유성들, 지구에서의 생명의 출현, 우주의 쇠퇴에 따른 생명의 소멸 등을 줄거리로 삼는 하나의 으뜸 이야기다. 그리고 그 가운데 일부는 명제적 의미를 갖고 있다. 가령 내가 실재에 대해 무슨 가정을 품고 있는지 스스로 자문할 경우, 내가 가진 관념들을 명제적 형태로 표현할 수 있다.

---

8) John Searle, *The Rediscovery of the Mind*(Cambridge, Mass.: MIT Press, 1992), pp. 90-91. Seale은 인도에서 강연했을 때 사람들이 보인 반응을 되새긴다. 청중은 그의 유물론적 접근에 대해 "자기는 각기 전생(前生)에 개구리나 코끼리 등으로 존재했었다"고 하면서 반대했다고 한다. "이 세계가 어떻게 작동하고 있는지 내가 알고 있는 이상, 그들의 견해를 강력한 진리의 후보로 간주할 수 없었다"(p. 91).
9) 이 책 제6장, pp. 158-159를 보라.

이 책의 첫머리에 나온 이야기를 예로 들어 보면, 이야기로 대답할 수 없는 질문일지라도 이야기를 거쳐 명제로 귀결되며 이야기의 형태를 잃어버리지 않고 그럴 수 있음을 볼 수 있다. 만일 그 아들이 아버지에게 왜 세계가 공중으로 튀어나가거나 망각의 상태로 떨어져 버리지 않는지 설명해 달라고 요구하면 어떻게 될지 생각해 보라. 아버지는 고등학교나 대학교에서 지구 과학이나 천문학 과목을 배운 이래 그런 문제에 대해 한 번도 생각해 본 적이 없을지 모른다. 그래도 배운 게 조금이나마 남아 있어서 약간의 답변을 할 수 있다. 아들에게 중력의 법칙에 대해 이야기해 줄 수 있다. 우주가 질서정연하다는 이야기도 할 수 있을 것이다. 그런데 참으로 난처한 질문은, 무엇이 우주를 질서 있게 만들어 주는가 하는 것이다. 그러면 머리를 긁적이면서 "글쎄, 음…그건…그 밑으로는 밑바닥까지 모조리 물질과 에너지야" 하고 대답하든가 "하나님이 그렇게 만드셨으니까 그 밑으로는 모조리 하나님이지" 하고 응답할 수 있다. 현대 서구 세계에 사는 아버지라면 이런 식으로 대답할 가능성이 높다. 전자는 자연주의의 제1의 존재론적 명제이고, 후자는 유신론이나 이신론의 명제다.

물론 아버지가 아들의 질문에 이와 다른 식으로 대답할 수도 있다. 아버지가 선(禪)불교에 심취한 사람이라고 가정하자. 하지만 아직 깨달음에 도달하지 못한 상태다. 그러나 아들을 바른 방향으로 인도하고 싶은 마음은 간절하다. 그러면 누가 세계를 받치고 있느냐는 질문에 어떻게 응답하겠는가?

"애야, 그건 무슨 질문을 해야 할지 모르는 사람이 묻는 어리석은 질문이란다. 네 선생님이나 네 속에 있는 어떤 것이 애초에 잘못된 방향으로 생각하도록 만든 거야."

"왜 그렇죠, 아빠? 그게 무슨 말씀이죠?"

"왜라구? 내가 무슨 말을 하느냐구? 그런 질문도 실로 쓸데없는 것이란다. 이리 와서 내 곁에 앉거라. 그리고 내가 취하는 자세를 따라 하거라."

"알았어요, 아빠. 이게 바른 자세인가요?"

"바르다? 틀리다? 그런 건 묻지 말거라. 어떻게 하든 상관이 없다. 이제 함께 침묵하도록 하자."

아버지는 아들에게 자연 속에 있는 한 대상물에 주의를 집중하라고 말할 것이다. 그것은 달이나 별 혹은 가지 위에 앉은 새일 수도 있다. 그리고 아들에게 만트라 주문 — '오옴 마네 파드메 훔'(On Mane Padme Hum) — 을 가르치거나 그냥 '옴'이란 말을 천천히 반복하라고 할 것이다. 그렇지만 그의 질문에는 대답하지 않으려 할 것이다. 질문에는 답이 없다. 적어도 깨어 있는 논리적 의식(意識)에게 합리적으로 보이는 그런 답은 없다. 소년은 한참 명상을 하고 나면 그런 질문에 더 이상 관심을 가지지 않을 것이다. 이제는 공(空), 우주의 텅 빈 충만함을 향한 여정에 사로잡힐 소지가 많다.

선불교의 제1의 원리는 그런 원리가 존재하지 않는다는 것이다. 혹은 선불교의 제1의 원리는 부정(否定)이라고 할 수 있다. 의식을 가진 서구적 존재 가운데, 함께 주문을 읊조리는 아버지와 아들이 **사물의 진면목**과 희미하게라도 접하고 있다고 생각하는 자는 아무도 없다. 우리의 전제가 근본적으로 다르기 때문에 선불교를 믿는 아버지가 아들에게 보여 주고 싶은 것이 무엇인지 도무지 알 수 없다. 무언가 보아야 할 것이 저기에 존재하는가? 만일 그런 것이 존재한다면, 존재를 한정적인(determinate) 것으로 보는 서구적 관념 — 존재란 구체적인 어떤 것이지 그와 다른 어떤 것이 아니다—은 잘못된 것이다. 선불교를 믿는 아버지와 서구의 아버지—그리스도인이든 자연주의자든—가 공유하는 논리(합리성)란 아예 존재하지 않는다.

이 지점에서 도여베르트의 근본 동인 개념이 유용한 것 같다. 각 사람의 마음을 특징짓는 의식의 수준 아래에 어떤 결단이나 성향이 존재한다. 바로 이 결단으로부터 삶의 태도가 나온다. 거기서 첫 번째 세계관 질문—무엇이 최고의 실재인가?—에 대한 대답이 형성된다. 그리고 그것이 세계관의 나머지 부분을 좌우한다. 제임스 오르도 이 점을 통찰했다. "어디서나 인간의 정신은 우주가 하나라는 관념에 열려 있다. 즉 일련의 법칙이 그것을 통째로 붙들고 있고, 하나의 질서가 모든 것을 다스린다. 따라서 어디서나 단 하나의 보편적 관점을 추구하는 모습을 보게 되는데, 사물들을 통일체로 묶고 이해하려는 노력이 그것이다."[10] 이 점에서는 아브라함 카이퍼도 마찬가지다. 그는 "모든 사상은 다 하나의 원리, '고정된 출발점'에서 나올 수밖에 없다"[11]고 했다.

오르와 카이퍼는 물론 자기 성찰적이고 자신의 세계관에 대해 의식적으로 인식하는 사람들의 세계관에 관해 이야기하고 있다. 설사 본인은 그것이 세계관의 문제임을 모르고 있다 하더라도 말이다. 그러면 자기가 어떤 실재관을 갖고 있는지 별로 의식하지 않고 살아가

---

10) James Orr, *The Christian View of God and the World*(Grand Rapids, Mich.: Eerdmans, 1954), p. 8.
11) Abraham Kuyper, Peter S. Heslam, *Creating a Christian Worldview: Abraham Kuyper's Lectures on Calvinism*(Grand Rapids, Mich.: Eerdmans, 1998), p. 92에서 인용. Heslam은 Orr도 "단 하나의 핵심적 신념이나 원리에서 나오는 독자적이고 통일된 정합성 있는 세계관을 갖고 있었다"고 지적한다(p. 93).

는 평범한 사람은 어떤가? 그런 사람들의 세계관도 단 하나의 존재론적 관념에서 나오는 것일까? 나는 잠정적으로 "그렇다"고 대답하는 바이며, 본인이 생각하는 것보다 더욱 그렇다고 생각한다.

예를 들어, 자기 인생의 방향을 좌우하는 것이 무엇인지 깊이 생각하지 않는 사람들이 가정하고 있는 것이 무엇일까? 그런 주제에 대해 어떻게 생각하든 아무런 상관이 없다. 실질적인 인생살이에 아무 영향도 미치지 않는다는 것이다. 달리 말하면, 그들의 잠재의식 속에는 우주(실재)를 기본적으로 호의적인 것으로 생각하는 관념이 있다. 혹시라도 하나님이 존재한다면(그럴 가능성이 많다), 하나님은 그들이 하나님을 어떻게 생각하든 상관하지 않을 것이다. 따라서 하나님이 존재하더라도 거의 무시해도 좋은데, 단 본인이 죽음을 직면할 때까지 그렇다. 만일 하나님이 존재하지 않는다면(누가 아는가? 존재하지 않을 수도 있지), 그가 존재하지 않는다고 우려할 필요가 없다. 다시 말하건대, 우주(실재)는 사람들의 세계관에 대해 관심이 없다는 것이다. 그런 문제에 신경을 쓸 필요가 없다. 그럼에도 불구하고 그들의 인생을 지배하는 것은 바로 본인의 존재론이다. 즉 우주 혹은 하나님이 정말 어떤 존재라고 생각하는가에 따라 인생이 달라진다는 뜻이다.

그 '고정된 출발점'이라는 것이 그리스도인에게는 곧 유일하고 참된 하나님임은 말할 필요도 없다. 달라스 윌라드(Dallas Willard)가 말하듯이, "우리가 품고 있는 최고로 중요한 생각은 하나님에 대한 관념과 그와 연관된 이미지들이다." 이어서 그는 토저(A. W. Tozer)의 말을 인용한다. "우리가 가진 하나님 개념이 하나님의 진정한 모습과 최대한 부합하는 것이 우리에게 굉장히 중요한 문제다."[12] 무슨 하나님을 믿든지 상관없는 것이 아니라는 말이다.

옳을 수도 있는 가정들. 한 사람의 결단을 표현하는 전제들이 부분적으로 옳거나 완전히 잘못된 것일 수 있다. **사물의 진면목**이라는 것이 존재하는 이상, 그것에 관해 내리는 가정들이 다소간 정확할 수 있다는 것이다. 우리의 타락한 본성을 감안하면, 우리가 가진 전제들이 완전무결하게 참될 수는 없을 것이다.

혹자는 이렇게 이의를 제기할지 모르겠다. "그런데 하나님을 믿는 우리의 믿음은 어떤가? 그것은 완전무결하게 참된 것임이 분명하다." 아주 그럴듯한 반론이다. 만일 하나님이 존재하고 우리가 하나님을 믿는다면, 우리의 믿음은 참된 믿음이다. 문제는 우리가 하나님의 개념에 내용물을 넣기 시작할 때 발생한다. 우리가 하나님을 전지하다거나 초월적이라고 생각할 때, 그런 성품에 대해 완전무결한 개념을 갖고 있는 것인가? 사실 그런 개념들은 우리의 정신적 한계를 넘어선다. 철학자인 로이 클라우저(Roy Clouser)가 말하듯이, "어떤 사물의 개념은 그것과 관련된 모든 참된 내용을 포괄한다(그렇기 때문에 우리는 어떤 개체에 대해서든 실로 완벽한 개념을 갖는 것이 불가능하다)."[13] 따라서 우리는 우리가 알 수 있는 대다수의 사물에 대해 부분적으로 참된 개념을 가질 수 있을 뿐이라고 생각된다.

성경에는 정확한 전제를 갖고 있으면서도 진리를 보유하지 못하는 경우를 보여 주는 흥미로운 본보기가 있다. 요한복음 7-8장에는 예수님이 종교 지도자들과 논쟁을 하시는 장면이 나온다. 그들은 하나님

---

12) Dallas Willard, *Renovation of the Heart* (Colorado Springs: NavPress, 2002), p. 100.
13) Roy Clouser, "Is There a Christian View of Everything from Soup to Nuts?" *Pro Rege*, June 2003, p. 6.

이 한 분임을 믿고 있다. 토라는 "이스라엘은 들으십시오. 주님은 우리의 하나님이시요, 주님은 오직 한 분뿐이십니다"라고 말하고 있지 않은가? 그렇다. 하나님은 한 분뿐이다. 이것만은 분명한 사실이다. 그런데 예수님은 방금 스스로를 하나님으로 생각한다는 것을 강력하게 시사하셨다. 그건 얼토당토않은 소리다. 예수님은 사람이다. 그는 하나님일 수 없다. 그를 하나님이라고 하면 그건 신성모독이다. 그러나 예수님은 그들에게 자기들도 모르는 소리를 하고 있다고 또 그들이야말로 기만당하고 있다고 지적하신다. 그들이 정말 하나님을 안다면 예수님을 하나님의 아들로 알아볼 것이다. 그래서 예수님은 그들이 하나님을 모른다고 비판하시는 것이다.

그러면 하나님에 관한 그들의 지식에 무슨 문제가 있는가? 문제는 이런 것이다. 그들은 스스로 하나님이 어떤 존재인지를 모두 알고 있다고 생각했다. 그들이 몰랐던 것은 하나님의 하나됨—절대적 유일성—이 적어도 둘로 이루어진 하나의 복합체라는 사실이었다(요한복음의 후반에 예수님이 성령에 관해 말씀하시는 내용이 나오는데, 이는 결국 하나님은 셋으로 된 하나의 복합체임을 계시하는 대목이다). 당시 종교 지도자들의 하나님 개념은 부분적으로는 옳았으나, 이로부터 그들은 옳지 않은 [미지의] 사실을 추정했던 것이다. 그럼에도 그들은 그것을 옳게 여긴 나머지 하나님이 아들을 통하여 지금 그들 앞에 서서 그들과 이야기하신다는 너무나 생생한 진리를 놓치고 말았다. 그 결과 하나님을 한 분으로 아는 그들의 지식이 거짓으로 판명되었다.

우리가 가진 모든 전제—우리가 그것들을 보유하고 이해하는 면에서—는 정확도에서 한계가 있음을 인정하는 것이 최선이다.

우리가 의식적으로 혹은 무의식적으로 보유하고 있는 전제들. 이에 대해서는 자주 언급했으므로 더 이상 설명할 필요가 없을 것이다. 우리가 생각하는 존재요 행동하는 존재로서 일상 생활을 영위할 때 작동하는 우리의 세계관은 상당 부분이 무의식적인 것이라고 말하는 것으로 충분하다. 우리는 그런 세계관을 품고 생각하지 그것에 관해 생각하는 것이 아니다.

일관적인 혹은 비일관적인 전제들. 이것은 틀림없는 사실이지만, 뚜렷한 증거를 들기는 쉽지 않다. 왜냐하면 일단 우리의 전제들이 서로 충돌을 일으키면, 거슬리는 전제를 버리든가 우리의 생각을 바꾸든가 체계 자체를 변형시켜서 모순점이 해소되게 하거나 변장시키기 때문이다. 나의 정신적 발달 과정에서 스스로 모순점을 발견한 경험을 예로 들어 보겠다.

대학원 초기 시절에 나는 급진적 신비평(新批評)을 수용했는데, 그 핵심은 시인의 의도가 시의 의미와 무관하다는 것이었다. 이런 관점으로 소논문들을 썼다. 이와 동시에 나는 성경의 시편을 공부하고 있었는데, 내가 이해하려고 애썼던 것은 바로 그 시들의 배후에 있는 의도였다. 이 두 가지 견해를 함께 가지고 있었지만 나는 한동안 아무런 모순도 느끼지 않았다. 성경을 읽으면서도 인간 저자가, 아니 더 중요하게는 신적인 영감자가 염두에 두고 있었던 것에 관심이 없다면 말이 되지 않을 것이다. 어느 날 마침내 그런 모순점이 머리에 떠올라 나의 마음을 바꾸어 버렸다. 나는 나의 기독교 신앙—그것을 유지하려면 성경 저자들의(그리고 그들에게 영감을 준 하나님의) 의도를 일부 아는 지식이 필요하다—이 최근에 내가 수용한 문학 이론보다 훨씬 더 확고하게 뿌리를 내리고 있다고 믿고 신비평의 관점을 버리고 말았다. 별 고통 없이 그렇게 할 수 있었다.

그보다 훨씬 더 고통스러운 것은 우리가 가진 핵심적인 신념들 속에서 모순적인 요소를 발견하는 일이다. 어떤 이는 하나님이 선하시다는 것과 이 세상의 악이 서로 조화될 수 없다고 믿는다. 대학원에서 문학을 전공하는 프랭크는 교회에서 남녀의 역할에 대한 자기의 견해가 대체로 옳다고 생각하는 한편, 문학 연구의 배경으로 읽고 있는 사회 과학도 기본적으로 건실하다고 믿고 있다. 그러다가 어느 날 갑자기, 만일 후자가 사물의 진면목에 대한 참된 해석이라면, 전자는 여성을 억압하는 이데올로기임이 분명하다고 깨닫는다. 이는 일종의 인지적 부조화로서 세계관의 차원에서 해결되어야 할 문제다.

이보다 단순한 차원을 예로 들어 보자. 메리는 제프와 사랑에 빠져서 이제 참된 낭만을 알게 되었다고 생각한다. 그런데 심리학 강의를 듣고서(자신의 내적 자아에 관해 알고 싶어서 택한 것이다) 이른바 낭만적 사랑이라는 것이 실은 분비선 두어 개의 작용이라고 배운다. 메리로서는 머릿속에서 이 둘을 다른 방에 가두어 놓을 때까지만 양자를 모두 믿는 것이 가능하다.

주위에서 흔히 볼 수 있는 모순도 있다. 자칭 그리스도인이라는 사람이 환생을 믿는 경우다. 이런 모순을 안고 있는 사람은 기독교의 가르침을 제대로 이해하지 못했음이 분명하다. 각 사람이 하나님의 형상으로 만들어졌다는 것이 사실이라면, 우리는 각각 독특한 존재다. 인간 역사가 끝날 때 몸이 부활할 것이라는 교리는 각 사람이 유일무이한 바로 그 사람으로 부활한다고 가르친다. 반면에 환생은 각 개인이 죽을 때 다른 몸을 가진 다른 개체로 되돌아올 수 있다는 것이다. 그것도 한 번이 아니라 여러 번 반복해서 그런 일이 일어난다는 것이다. 죽음의 시점에 발생하는 일에 대한 이 두 가지 개념—부활과 여러 번에 걸친 영구적인 환생—이 둘 다 옳을 수는 없는 법이다. 서로 상반되기 때문이다.

우리가 기독교적 세계관을 가지려면 우리의 세계관에 담긴 모순적인 요소들을 제거해야 할 것이다. 오르의 말처럼, 우리는 "사물들을 통일체로 묶고 이해하려는 노력, 곧 단 하나의 보편적 관점을 추구해야" 한다.[14] 바로 그렇게 해야 마땅하다. 그런데 우리의 실상은 어떤가? 글쎄, 그렇지 못한 경우가 많다.

실재의 근본적 구성. 앞서 여러 차례 말한 것처럼, 세계관은 **사물의 진면목**과 관련된 것이다. 이는 무엇보다도 존재론적 결단의 문제다. 그것은 "누가 세계를 받치고 있느냐?"는 질문에 대한 최종 답변이다. 모든 질문—인식론이나 윤리학이나 최종적인 의미에 초점을 둔 것들—은 존재론을 바탕에 깔고 있다.

존재론과 인식론이 밀접한 관계에 있다는 것은 쉽게 알 수 있다. 실제로 **존재하는** 것만 **알 수** 있는 법이다. 존재론과 윤리학도 그 정도로 밀접한 관련이 있다. 윤리는 선에 대해 다룬다. 그런데 먼저 선이라는 것이 있어야 다룰 수 있는 법이다. 그러면 선이란 무엇인가? 선이란 한 사람 혹은 그 이상의 사람들이 선이라고 부르는 것인가? 외적인 실재가 고유하게 갖고 있는 어떤 특징인가? 그것은 하나님의 본질인가? 그분이 선이라고 말하는 것인가? 그것이 무엇이든, 존재하고 있는 것만은 분명하다.

나는 세계관의 견지에서 선의 개념이란 보편적이고 전이론적 가설

---

14) Orr, *Christian View*, p. 8.

이고, 인간이면 누구나 갖고 있는 선천적 개념이라고 주장하는 바다. 사회 철학자 제임스 윌슨(James Q. Wilson)의 말처럼, 누구나 도덕 의식을 갖고 있다. "사실상 누구든지 아주 어릴 때부터 도덕적 판단을 내리는데, 그 판단의 성격은 복잡성과 정교성과 지혜의 면에서 대단히 다양하지만 어떤 것은 옳고 또 어떤 것은 그르다는 것을 기초로 행위를 구별하는 능력이다."[15]

여기서 두 개의 의문이 생긴다. 첫째, 어떻게 해서 옳고 그름을 판단하는 이런 보편적 의식이 생겼는가? 둘째, 옳고 그름을 판단하는 사람들의 관념이 왜 그토록 다양한가? 윌슨은 적자생존이라는 순전히 자연적인 긴 진화 과정을 통하여 그것이 생겼을 것이라고 설명한다. 이런 대답이 그런 의식의 발달 과정을 설명할 수 있을지는 몰라도 그 의식의 배후에 있는 실재를 설명하지는 못한다. 도덕적 의식이 요구하는 것은 옳고 그름의 차이를 감지하는 의식이 인간에게 있다는 사실뿐 아니라, 옳고 그름의 차이가 실제로 존재한다는 사실이다.

차이라는 것이 실재적으로 존재하려면, **현재의** 상태와 **마땅히 되어야 할** 상태 사이에 차이가 있어야 한다. 자연주의—지금 존재하는 모든 것은 움직이는 물질에 불과하다는 관념—의 경우에는 현재의 상태만 있을 뿐이다. 움직이는 물질은 도덕적 범주가 아니다. 도덕과 무관한 것(완전히 자연적인 상태)에서 도덕(**당위**)을 끌어낼 수는 없는 법이다.[16] 도덕적 의식이 보편적이라는 사실은 피터 버거가 "초월성

---

15) James Q. Wilson, *The Moral Sense*(New York: Free Press, 1993), p. 25.
16) 자연주의적 오류는 철학에서 충분히 인식되고 있다. C. S. Lewis는 다음 책에서 특히 명쾌하게 설명한다. *The Abolition of Man*(New York: Collier, 1962), pp. 43-49.

의 신호"라고 부르는 것, 곧 이 세계가 움직이는 물질 이상의 존재임을 가리키는 신호다.[17]

물론 자연주의자도 그리스도인과 다른 종교인 만큼이나 도덕 의식을 갖고 있는 것이 사실이다. 그들에게 왜 이런 의식이 있는지 스스로 철저하게 분석할 경우, 인지적 부조화 상태에 도달하여 결국 생각을 바꾸게 될지도 모른다. 앞서 언급했듯이, 우리가 실제로 보유하고 있는 세계관 속에 내적 모순이 있을 가능성은 언제나 존재한다.

우리가 몸담을 수 있는 토대를 마련해 준다. 세계관 분석가들이 세계관과 인간 행위의 관계에 대해서는 주목하지만, 실천적인 측면을 정의(定義)에 포함시키는 경우는 아주 드물다. 내가 쓴 「기독교 세계관과 현대사상」의 구판이 분명히 그랬다. 그래서 세계관을 재정의하면서 그런 결점을 바로잡으려고 애썼다.

중요한 점은 우리의 세계관이 우리가 입술로 말하는 것과 정확하게 일치하지 않는다는 것이다. 우리의 행동으로 구체화되는 것이 바로 우리의 세계관이다. 우리는 세계관을 삶으로 드러내게 마련인데, 그렇지 않다면 그것은 우리의 세계관이 아니다. 이를테면, 우리가 근본적 실재의 본질에 대해 실제로 갖고 있는 관념과 우리가 입술로 말하는 것이 서로 다를 수 있다는 말이다.

간단한 테스트를 한번 해 보자. 종이 한 장을 펴서 한 면에는 당신이 기도에 관해 믿는 바를 적어 보라. 그리고 종이를 뒤집어서 얼마나 많이 또 자주 당신이 기도하는지 적어 보라. 혹은 그것을 약간 변형해 보라. 한 면에다가 당신이 기도에 관해 믿는 것을 뒷받침하는 하나님

---

17) Lewis는 이런 논증을 다음 책에서 전개하고 있다. *Mere Christianity*(New York: Macmillan, 1943). 「순전한 기독교」(홍성사 역간).

에 관한 믿음을 적어 보라. 뒷면에는 당신의 실제 기도 생활을 볼 때 당신이 하나님에 관해 정말 믿는 것이 무엇인지를 알게 되는지 적어 보라. 그리스도인을 관찰해 보면 자기가 입술로 말하는 세계관에 걸맞게 영적 생활을 영위하지 못하는 경우를 종종 볼 수 있다.

학문 세계를 예로 들어 보자. 철학과 1년생은 자기에게 도덕적 의무가 있다는 말을 들으면 코방귀를 뀌기 일쑤다. "당신에게 참이라고 나에게도 참이란 법은 없소" 하고 말한다. "진리란 내 마음에 달린 것이고, 특히 윤리는 더 그렇소." "나는 괜찮소. 당신도 괜찮소. 다 괜찮은 거요. 그러면 되지 않소?" 그러다가 시험과 리포트에서 좋은 성적을 받는데도 교수가 학기말에 낙제점을 주면, 화를 내면서 "이건 공평하지 않아요!" 하고 항의한다. 상대주의자는 자기의 세계관이 허용하는 것보다 언제나 더 윤리적이다. 철두철미한 상대주의자는 존재하지 않는다.

세계관의 재정의 II

질문들. 세계관을 재정의하면서 다룰 두 번째 부분은 어떤 세계관의 전제들을 끌어낼 때 사용하는 일련의 질문이다. 나로서는 제5장에서 시사했듯이, 「기독교 세계관과 현대사상」에 나오는 일곱 가지 질문이 충분히 포괄적이라고 생각하는 면에서 변함이 없다. 그 질문에는 존재론, 인식론, 윤리학의 기본적인 문제가 모두 들어 있다. 미학은 우리의 현실 생활과 좀 동떨어져 있다는 이유로 그 목록에서 제외한다는 입장도 변함이 없다. 이로 인해 나의 친한 친구들이 껄끄러워할 것을 알지만(친구여, 그대가 누군지를 내가 아노라!), 나는 "다 내 잘못이요"라고 기꺼이 고백하면서 죄 짓기를 계속할 터이다. 어쨌든 일곱 가지 질문은 그대로 두고 싶다.

그렇지만 그 질문들을 확대해서 그리스도인과 비그리스도인 사상가들이 제시한 다양한 시각을 얼마든지 수용할 수 있다. 그렇게 해서 다음과 같이 정리했다.

1. 진정으로 참된 최고의 실재는 무엇인가?

또 다시 반복하건대, 이것은 모든 질문 가운데 가장 우선적인 질문이다. 이에 대한 주된 대답은 하나님과 물질(물질과 에너지가 복잡하면서도 확정적인 관계를 맺고 있다는 것)이다. 하나님이 해답일 경우에는 다른 질문들이 이어진다. 하나님의 기본 속성은 무엇인가? 인격적인가, 비인격적인가(인격적이라면, 하나이인가 다수인가), 전능한가, 능력이 제한된 존재인가, 무지한가, 인식 가능한 존재인가(후자라면 전지한가, 지식이 제한된 존재인가), 선한가, 무관심한가?

2. 외부의 실재, 즉 우리를 둘러싼 세계의 본질은 무엇인가?

로버트 레드필드의 경우: [우리가] 대면하고 있는 것이 무엇인가? 사람이 아닌 것(the not-man)의 본질은 무엇인가? 사물의 질서는 어디에 뿌리를 두고 있는가? 왈쉬와 미들턴의 경우: 나는 어디에 있는가?

3. 인간은 무엇인가?

이 문제로부터 세계관이 답변해야 할 다양한 질문이 파생된다. 딜타이의 경우: 나는 어디서 왔는가? 나는 왜 존재하는가? 왈쉬와 미들턴의 경우: '나는 누구인가?'

4. 인간이 죽으면 어떤 일이 일어나는가?

딜타이: 나는 무엇이 될 것인가? (딜타이는 "이것이 모든 질문 가운

데 가장 일반적인 질문이며 내가 가장 신경 쓰는 질문이기도 하다"[18]고 말한다. 나는 이 문장의 둘째 부분에는 동의하지만 첫째 부분에는 동의하지 않는다.)

5. 지식이 가능한 까닭은 무엇인가?

다른 세계관 분석가 가운데 이런 질문을 던지는 사람은 아직 만나지 못했지만 무척 중요한 문제라고 생각한다. 이에 대한 대답에 따라 인식론이 존재론으로 이어지게 된다.

6. 무엇이 옳고 무엇이 그른지 어떻게 알 수 있는가?

오르의 경우: 사물의 구성 요소는 선한가, 악한가? 사람이 자기 인생의 윤곽을 잡고 삶을 정돈할 때 어떤 궁극적 원리에 의거하여 그렇게 해야 하는가? 사물의 본질에 비추어 볼 때, 더 높은 의무감과 종교적 정서를 합리적으로 정당화하는 것은 무엇인가? (타인과 나와 우주와 관련하여) 무엇이 잘못되었는가? 레드필드의 경우: 사람은 무엇을 하도록 부름받았는가?

7. 인간 역사의 의미는 무엇인가?

오르의 경우: 존재의 참된 목적은 무엇인가? 왈쉬와 미들턴의 경우: 잘못된 것에 대한 치료책은 무엇인가? 어떤 으뜸 이야기 속에 나의 인생 이야기와 살아 있는 것과 죽은 것을 모두 총괄하는 이야기가 담겨 있는가? 무슨 이야기가 한 사람의 세계관에 담긴 모든 요소를 하나로 묶어 주는가?

---

18) Wilhelm Dilthey, Naugle, *Worldview*, p. 83에서 인용.

세계관을 재정의한 결과는?

이처럼 세계관을 재정의한 결과는 무엇인가? 큰 변화를 하나 들자면, 초점을 명제와 이야기에서, 그런 것을 포착하고 이해하는 마음으로 옮겼다는 점이다. 그러므로 우리가 다른 사람을 대할 때 그들의 세계관이 마음속 깊이 뿌리박혀 있다는 점을 고려하면서 더욱 신중하게 대하게 된다. 따라서 단순한 논증—어쩌면 가장 정교한 논증일지라도—을 통하여 다른 사람의 마음속에서 작동하는 어떤 전제를 쉽게 몰아낼 수 있다고 섣불리 생각하지 않게 된다. 어떤 사람의 세계관이 바뀌는 현상을 볼 때, 그것을 단순한 생각의 전환으로 여기기보다 전반적인 **방향 전환**(회심)으로 이해하게 될 것이다. 세계관에 어떤 문제가 있을 경우에는 많은 기도와 간구가 있어야만 그것이 분명히 드러나고 제거될 수 있다. 이는 우리가 다른 사람의 세계관을 바꾸려고 애쓸 때에도 적용되지만 우리 자신의 세계관에 잘못이 있을 경우에도 똑같이 적용된다.

둘째, 누구든 세계관의 명시적 전제들은 잘 바뀌지 않을지 몰라도, 그 전제들의 실천적 성격을 강조할 필요가 있다. 우리는 자신의 세계관이나 타인의 세계관 혹은 한 사회, 시대, 문화의 세계관 등을 고찰할 때, 언제나 행위적 차원에 주목해야 할 것이다. 어떤 사회나 종교 혹은 공동체가 자기네는 평화를 추구하고 남자나 여자, 종이나 자유자를 막론하고 모두 똑같이 존중한다고 선언할 수 있다. 어떤 교회가 자기네는 하나님을 경외하고 그분의 나라를 먼저 구하고 있다고 말할 수 있다. 어떤 나라가 자기네 시민을 모두 공평하게 대우한다고 떠들 수 있다. 어떤 개인이 자기는 샬롬—정의와 평화—의 하나님을 믿는다고 주장할 수도 있다. 그러나 우리로서는 그 각각이 실제로 어떻게 행동하는지를 유심히 관찰하게 될 것이다.

셋째, 세계관의 대들보가 존재론—근본적 실재에 대한 특정한 관념—에 있다고 보기 때문에, 우리는 상대방이 하나님이나 자연 혹은 자신에 대해 어떤 개념을 갖고 있는가를 가장 중요하게 여길 것이다. 어떤 윤리적 원칙—이를테면, 낙태 찬성론이나 낙태 반대론—에 대한 본인의 입장은 궁극적 실재에 대한 관념보다 덜 근본적인 것이다. 그리스도인이 어느 편을 지지하든지 그런 견해는 일차적으로 하나님에 대한 이해에서 나온다. 각 진영은 다소 다른 관념을 갖고 있을 터인데, 그 차이가 작을 수도 있고 아주 클 수도 있다. 이 문제에 대한 입장의 변화는 곧 깊은 차원에서 세계관이 변화된 것을 시사한다.

마지막 장에서는 세계관의 분석이 어떻게 우리 자신의 세계관을 더욱 향상시키고 다원주의 세계에서 사는 우리의 삶에 어떤 통찰력을 주는지를 살펴볼 생각이다. 우리가 몸담고 있는 이 세상은 실로 무식한 군대들이 밤에 서로 충돌하는 곳일 뿐 아니라 유식한 사람들이 낮에 서로 부딪히는 곳이기도 하다.

8

낮에 서로 부딪히는 유식한 사람들

분석 도구로서의 세계관

> 꿈 속에 그리던 땅처럼 우리 앞에 놓인
> 너무나 다양하고 너무나 아름답고 너무나 참신한 모습을 한
> 이 세계는 실로
> 기쁨도 사랑도 빛도 없는 곳이요,
> 우리는 여기
> 온통 전투와 피신의 경보 소리에 휩쓸리고
> 무식한 군대들이 야밤에 충돌하는
> 어두운 광야 같은 곳에 있노라.
> ─매튜 아놀드(Matthew Arnold), "도버 해변"에서

우리는 다원주의 세계에 살고 있다. 세계를 둘러보면 우리 나라가 고귀하게 여기는 것을 대다수 국민이 부정하는 그런 나라들이 즐비하다. 인도나 아시아 혹은 아프리카에는 우리의 종교를 지극히 반대하는 종교들이 존재한다. 그리고 우리 같은 사람들에게 폭력을 가하려고 훈련받는 열렬한 혁명가와 테러리스트들의 은신처가 있다. 여기서 **우리**는 그리스도인뿐 아니라 힌두교인이나 이슬람교도, 마르크스주의자나 세속적 인문주의자 모두를 포함한다. 그리스도인과 다른 모든 사람이란 식으로 쉽게 나누기도 어렵다. 다른 모든 사람도 무척 다양하기 때문이다. 그들도 다원주의 세계에서 살고 있다. 아울러 다원주

의 세계는 무식한 군대들이 밤에 서로 충돌하는 곳일 뿐 아니라 유식한 사람들이 낮에 서로 부딪히는 곳이기도 하다.

세계관 분석이 다원주의의 문제들, 곧 우리를 갈라놓을 뿐 아니라 우리를 파괴하려고 위협하는 문제들을 해결해 주지는 못할 것이다. 우리를 하나로 묶을 수 없다는 말이다. 하지만 우리가 그토록 비슷한 동시에 왜 그토록 다른지를 이해하도록 도울 수 있을 것이다. 이런 지식이 없으면 마치 낙지의 다리에 걸린 잠수부 같은 신세가 될 것이다. 우리를 휘감고 있는 다리 하나를 자르면 또 다른 다리가 우리를 움켜잡고 있는 것을 발견한다. 우리가 가진 문제의 핵심을 도무지 이해할 수 없게 된다. 세계관 분석은 큰 그림을 뚜렷이 볼 수 있도록 도와준다. 문제의 핵심을 비추어 주는 역할을 한다. 아울러 서로 간에 왜 그런 문제가 발생하는지 그 원인을 발견하게끔 돕는다.

이제 세계관이 다음 네 가지 면에서 분석의 도구 역할을 하는 것을 살펴보도록 하자. 네 가지란 자기 분석, 다른 사람의 분석, 문화 분석, 학문적 분석을 가리킨다.

당신의 코끼리에 이름 붙이기

세계관 분석이 가장 유용한 분야 중 하나는 자기 분석이다. 실재의 기본적 본질에 대한 당신의 이해를 의식하는 일, 하나님, 우주, 당신 자신, 주변 세계 등에 대해 자기가 무엇을 믿는지를 스스로 인식하는 일, 이보다 더 중요한 게 있을까? 당신은 그야말로 검토된 삶을 살 수 있게 될 것이다. 당신의 코끼리에 이름을 붙인다고 당신이 옳다는 것이 보장되지는 않겠지만, 당신이 어디에 서 있는지는 분명히 알 수 있을 것이다.

나는 공식적으로 세계관 강의를 할 때 학생들에게 자기 분석을 해 보라고 시키곤 했다. 나를 포함해서 많은 학생이 그것을 비교적 쉬운 과제물로 여긴다. 그러나 일부 학생은 무척 골치 아프고 충격적인 것으로 받아들이기도 한다. 그 이유는 이 과제를 잘 해내려면, 당신이 머릿속으로 궁극적 실재에 대해 어떻게 믿는지를 물어보는 데 그치지 않고 당신의 실제 생활이 보여 주는 당신의 세계관이 어떤 것인지 정직하게 물어보아야 하기 때문이다. 더욱이 이런 자기 분석에는 당신의 지적이고 정서적인 변화와 발달을 파악하는 일도 포함된다.

나의 경우를 보면, 폭넓은 의미에서 세계관이 아주 풍성하게 발달했다고 할 수 있으나 방향의 변화는 거의 없었다. 나는 기독교 집안에서 자랐다. 부모님과 조부모님이 네브라스카 주의 평원에 있는 작은 집에서 같이 사셨다. 종교적 가르침이라고는 일요일마다 어머니가 가르쳐 준 성경 공부와 여름날 10킬로미터 떨어진 조그마한 시골 학교에서 가헐적으로 열리던 교회 예배가 전부였다. 나의 세계는 열두어 개 되는 주변의 목장, 고등학교 출신의 젊은 선생 한 명과 교실이 하나뿐인 학교, "황야의 무법자"라는 노래를 들려주던 라디오, 제2차 세계대전 소식, 주간 잡지들, 한 움큼밖에 되지 않는 책들(그 가운데 몇 권은 아주 양질이었다) 등이 전부였다.

목장 생활, 아니 농촌 생활이라는 것이 원래 흙을 가까이 하게 마련이다. 비가 적당히 오면 곡식이 잘 되고 가축도 잘 자라고 목장이 생존하게 된다. 너무 적게 오면, 가축이 배를 곯고 목장은 큰 위기에 빠진다. 너무 많이 오면, 최종 결과는 마찬가지다. 그것은 참 어려운 생활인데, 힘겹다는 의미에서뿐 아니라 실질적으로 피부에 와 닿는다는 의미에서 그렇다. 진짜 흙을 밟으며 살고, 진짜 나무를 도끼로 패고, 불을 때서 요리를 하고 겨울에 집 안을 데운다. 나는 언제나 책과 아이디어와 상상력에 흥미가 많았다. 하지만 자라면서 일찌감치 우리가 대단히 힘든 세계에 살고 있다는 것을 배웠다. 그러면 내가 이런 식으로 자랐기 때문에 존재론을 다른 무엇보다 앞세우는 것일까? 그럴지도 모른다. 그러나 그렇다고 그 가치가 줄어드는 것은 아니다. 오히려 그것을 정당화할 뿐이다.

몇 안 되는 나의 종교적 경험도 모두 기독교적 관념에 비추어 해석되었다. 이를테면, 한번은 골짜기에 있는 우리 집 위쪽의 평원에서 서쪽 지평선으로부터 세 줄기의 소나기 구름이 솟아오르는 장면을 보고는 성부, 성자, 성령이 나를 좇고 있다고 생각했다. 열 살인가 열한 살 때 어디서 그런 관념을 얻었는지는 모르지만 하나님을 삼위일체로 이해하게 되었다. 물론 거기에 담긴 깊은 의미는 모르는 상태였다. 가령 전통적인 신조에 대해 배운 기억은 전혀 없다. 하여튼 내가 7학년에 들어가기 전 여름에 어머니와 아버지는 나와 두 여동생을 데리고 자그마한 소도시로 이사했다. 우리는 복음주의 교회에 정규적으로 참석하기 시작했고, 나는 여름이 다 가기 전에 목사님의 초대에 응하여 내 인생을 그리스도께 드렸다.

곧이어 하나님에 대한 나의 믿음이 더 인격적인 색채를 띠게 되었다. 나는 성경을 읽고 기도하고 주일 학교와 교회와 YFC(Youth For Christ) 모임에 깊은 관심을 갖기 시작했다. 얼마 지나지 않아 나는 30년이 지난 후 「기독교 세계관과 현대사상」의 초판(1976)에서 묘사한 세계관과 동일한 세계관을 갖게 되었다. 그것이 오늘까지 계속되고 있다. 그 동안 바뀐 것은 셀 수 없을 정도로 많은 세부적 요소인데, 그 가운데 일부는 하찮은 것이고 또 어떤 것들은 상당히 중요한 것이지만, 모두가 전통적 기독교 사상의 테두리 안에 속한다.

나의 세계관이 자라고 발전한 과정을 보면, 성경과 기독교 신학에 노출된 정도가 양과 질과 강도 면에서 증대되면서 많은 도움을 받은 게 사실이지만 그런 가르침을 받은 환경적 맥락도 큰 몫을 했다. 즉 엄청나게 다양하면서도 때로 적대적 세계관들이 도전하는 대학교 세계가 그런 역할을 한 것이다. 예를 들어, 인류학을 가르치던 교수가 나에게 "사이어, 너는 책을 많이 읽지만 모두 엉뚱한 부류뿐이야" 하고 말했던 것이 기억난다. 그의 말이 아주 틀린 것은 아니라는 점을 나중에 알게 되었지만, 그로서는 내가 개인적으로 옳다고 여기던 것에서 등을 돌리게 만들 수는 없었다. 성경이 믿을 만한 책이라는 것, 하나님이 그리스도 안에서 세상을 자기와 화목하게 만드신다는 것 등 나의 세계관은 내가 공부를 계속하는 내내 기독교적 성격을 탄탄하게 지니고 있었다.

어떤 이들은—요즈음은 대다수가 그럴지 모르겠는데—자기의 세계관을 분석해 보면 근본적 전환이 일어난 것을 알 수 있을 것이다. 다수의 그리스도인이 자신의 회심에 관한 글을 썼는데, 그 과정에서 모호한 영적 경험을 넘어서는 변화가 일어난 것을 볼 수 있다. 그 가운데 세 명만 예를 들어 보자. 찰스 콜슨(Charles Colson)은 워터게이트 사건을 공모했던 인물로서 「백악관에서 감옥까지」(*Born Again*)란 책에서 자기 중심적이며 권력에 굶주린 물질주의에서 기독교 신앙으로 세계관이 전환된 이야기를 들려주고 있다. 그는 영국 문학자 C. S. 루이스의 영향을 크게 받았는데, 루이스는 「예기치 않은 기쁨」(*Surprised by Joy*)에서 자기가 어린 시절 기독교에 노출되었다가 무신론을 거쳐 훗날 그리스도께 헌신한 경험을 이야기하고 있다. 타탸냐 고리체바

(Tatiana Coricheva)는 마르크스주의가 팽배한 세계에 태어나서, 공산주의 이데올로기에 환멸을 느끼고 허무주의에 빠졌다가 실존주의 그리고 나중에는 철학적 요가에서 탈출구를 찾으려고 발버둥친 이야기를 들려준다. 「하나님에 대해서 말하는 것은 위험하다」(*Talking About God Is Dangerous*)에는 그녀가 주기도문을 읊조리다가 어느 순간 자기가 읊조리는 내용이 그저 무의미한 주문이 아니라 진리 그 자체임을 깨닫게 되는 극적인 경험이 담겨 있다.[1]

내가 선생으로서 누린 특권은 과거에 마르크스주의자나 모택동주의자 혹은 일반적인 무신론자였던 학생들과 힌두교와 불교와 뉴에이지 출신의 친구들을 만난 것이었다. 그들의 세계관 이야기는 나의 경우와 전혀 다르다. 그 가운데 하나를 여기에 소개할까 한다.[2]

또 다른 하늘이 있다

식시아 루

선한 것은 모두 사라지지 않으리.
아름다움과 진실은 영원하기 때문일세.

---

1) Charles Colson, *Born Again*(Old Tappan, N. J.: Spire, 1977). 「백악관에서 감옥까지」(홍성사 역간); C. S. Lewis, *Surprised by Joy*(London: Geoffrey Bles, 1955). 「예기치 않은 기쁨」(크리스찬다이제스트 역간); 그리고 Tatiana Goricheva, *Talking About God Is Dangerous*, trans. John Bowden (New York: Crossroad, 1986)를 보라. 「하나님에 대해서 말하는 것은 위험하다」(가톨릭출판사 역간). 나는 Colson과 Goricheva의 이야기를 다음 책에서 요약했다. *Why Should Anyone Believe Anything at All?*(Downers Grove, Ill: InterVarsityPress, 1994), pp. 192-195, 198-202.
2) Sixia Lu는 영어가 외국어라서 그녀의 허락을 받고 내가 그 글을 손질했다. 그녀가 언급한 중국인의 이름은 음역 그대로 두었다.

그것이 비록 가슴속에 맺힌 얼음일지라도

봄날의 꽃 마냥 활짝 필 날이 도래하리.

언젠가, 그분이 지나갈 때—

   태초에는 우리가 하늘을 섬겼다고 한다. 우리 중국의 선조들이 양을 제물로 드리고, 기도를 하늘과 땅을 창조한 분과 소통하는 길로 삼았다는 기록이 남아 있다. 그 후 빛이 하늘에서 구름을 가로질러 비쳤고, 하늘은 일곱 가지 밝은 색을 입은 일곱 개의 큰 돌처럼 보였다. 천둥이 축복의 비를 타고 내렸고, 추수의 계절이 이어졌다.

   이 땅은 당시에 중국이라 불렸고, 오늘날도 여전히 그렇게 불린다. 중국, 하나님의 땅.

   믿거나 말거나, 니체는 미친 사람이 아니었다. 하나님의 땅에서 하나님이 죽은 것이다. 세계 인구의 3분의 1이 자기 마음속에서 그분을 살해했다.

   믿거나 말거나, 중국이 오늘 그 마음을 연다면 새로운 하늘을 찾게 되리라.

하나님이 없는 하나님의 땅

"그러므로 진위라 불리는 새가 매일 부리로 돌과 가지를 날라 바다 속에 넣었다. 그래서 마침내 바다가 땅이 되었단다." 어머니는 이야기를 끝내고서 이렇게 덧붙였다. "물론 이것이 동화에 불과하다는 것을 우리 모두 알고 있지. 세계는 물질일 뿐이야. 네가 보고 만지고 느낄 수 있는 것만 진짜야. 동화, 이야기, 신화 등은 모두 인간의 지혜가 담긴 보배들이지. 내가 그 이야기를 들려준 것은 네가 열심히 일하고 믿음과 인내로써 진짜

기적을 창조하라고 격려하기 위함이야. 지식이 힘이란다. 지식을 가진 자가 누구든지 그가 바로 세계를 소유한 자란다."

이것이 내가 어머니로부터 받은 최초의 세계관 교육이었다. 당시 나는 여섯 살이었다. 그 후에 받은 교육은 모두 이것을 절대 진리로 굳히고 확증해 주었다. 최고의 실재는 물질(Matter)이고, 세계는 자율적이며, 진화를 통해 스스로를 형성했다는 것. 우리는 죽을 때 공중으로 사라져 버릴 것이다. 우리의 의무는 다음 세대를 위해 우주를 더 아름답게 가꾸는 일이다.

그러면 나에게 가장 실재적인 것은 무엇이었나? 과학, 어제 일어난 일들, 역사, 물질 등, 이런 것만이 나에게 실재적으로 다가왔다.

인간이 자기 손으로 열심히 일해서 기적을 창조할 수 있다면, 하나님이 필요할까? 우리에게는 하나님이 필요 없다. 만일 하나님이 계시다면, 우리 자신이 곧 하나님이리라. 인간은 지식을 늘릴 능력도 있다. 인간의 노력으로 안 되는 일이 없다. 뿐만 아니라 중국에는 이미 많은 신이 있다. 예수를 수입할 필요가 없다. 예수도 역사상 살았던 '선한 사람들' 가운데 하나에 불과했다.

정말 실재적인 것은 역사다. 과거가 있었다. 그리고 역사의 수레는 누구를 위해서도 멈추는 일이 없을 것이다. 앞을 향해 영구히 움직일 터이고 그것을 막을 자가 없다. 우리는 자비를 맛보지 못한 채 살다가 죽을 것이다.

좋은 성품은 우리 사회에 필요하다. 서로에게 공손하고, 친절하고, 따스하게 대하는 것, 어린이와 노인을 돕는 것 말이다. "우리는 전통적인 선한 성품을 유지해야 하지만, 타락한 옛 문화의 경계들은 마땅히 제거해야 한다." 이것이 내가 받은 교육이었다. 사회주의의 도덕적 표준은 옛 것과 새 것에서 최상의 요소를 골라내어 서로 합친다. 이것을 우리 모두가 좇아야 한다. 우리 나라의 지도자는 우리의 영웅이요 최상의 모범이다. 그 지도자와 사회주의의 도덕적 표준이 우리의 신이 된 줄을 나는 미처 몰랐다.

1970년대 말과 1980년대 초의 사회주의적 이상은 누구나 동일한 권리를 갖는 것이었다. 누구나 형제나 자매로 대우받는 것이었다. 공산주의에 따르면, 모두가 하나의 큰 가족을 이루고 있으며, 결국에는 우리가 우리의 이상을 실현할 수 있다. 사회적 평등, 전쟁도 싸움도 없는 상태, 풍부한 식품, 충분한 공급, 온전한 조화, 끝없고 완전한 행복 등.

이런 그림은 모든 사람을 감동시켜 선해지도록 만들었다. 사유 재산과 과도한 부는 모두 부끄럽고 이기적인 것이었다. 실제적으로 말하자면, 이런 특별한 문화적 분위기가 나를 포함한 많은 이에게 일종의 행복감을 주었다. 나는 지금도 그것을 그리워한다. 아무도 집 문을 잠그지 않지만 도둑이 물건을 들고 나갈 수 없었던 그 시절이 기억난다. 내가 좀더 자란 후에야 '부의 평준화' 정책에 따르면, 모든 사람이 너무 가난해서 아무도 훔칠 것이 없었다는 사실을 알게 되었다.

진주들이 끈으로 묶여 목걸이가 되듯이, 나의 기본 세계관의 모든 측면도 이런 비전으로 형성되어 있었다.

겉모습이나 개성에서는 그 때나 지금이나 마찬가지지만 나의 세계관은 변화를 겪었다. 그리고 그런 변화가 일어나면서 나의 삶 구석구석이 조금씩 변하기 시작했다. 나는 여전히 사람들을 친절하게 대하기를 좋아한다. 여전히 웃고, 울고, 열심히 일하고, 헷갈릴 때가 많지만, 이제는 진리와 아름다움과 사랑이 어디서 오는지를 강하게 인식하고 있다. 나에게는 선하게 되고 싶은 제한된 내적 욕망이 더 이상 없다. 나는 내 인생의 길을 제공하는 근원이 있음을 알고 있다. 삶의 목적도 변했다. 물건을 더 축적하고 싶은 마음도 더 이상 없다. 나는 더 고상한 것을 바라본다. 곧 무한하고 선하신 하나님처럼 되고 싶은 심정이다. 나의 신앙과 그분의 영생의 약속을 서로 맞바꾸는 게 아니다. 나에게는 그분이 지금 나의 삶의 절대 진리가 되는 것이 필요할 뿐이다.

하나님이 없는 세계는 차가운 겨울이다. 그분이 계시면 겨울에도 따스함이 깃든다는 것을 우리가 알고 있다.

물고기의 행복

기원전 380년경, 유명한 중국 철학자인 장자와 맹자가 함께 여행을 하고 있었다. 그들 앞에 강이 가로막자, 장자가 강물에서 노는 물고기를 보고 "저 물고기들은 얼마나 행복할까!" 하고 말했다.

맹자는 그에 동의하지 않았다. 그가 "당신은 물고기가 아니잖소. 그런데 어떻게 물고기의 행복을 아시오?" 하고 되물었다.

이에 대한 장자의 답변은 유명한 진술로서 중국인이 인간에 대해서 그리고 인간과 자연의 관계에 대해서 생각하는 방식에 아직까지 영향을 미치고 있다. "당신은 내가 아니잖소. 그런데 어떻게 내가 물고기의 행복을 모른다는 것을 아시오?"

맹자는 공자의 제자이고, 장자는 도교의 창시자인 노자의 학생이다. 흔히들 유교와 도교는 중국인의 영혼의 양면 거울과 같다고 말한다. 유교 사상을 통하여 사람들은 통치자, 경영인, 지식인이 되는 것을 배운다. 그것은 "왕은 하나님의 아들이고, 백성은 그의 통치에 복종하고 그것을 지지해야 한다"고 가르친다. 더 나아가 고매한 덕을 갖추고, 온갖 종류의 규율에 순종하고, 생명을 존중하도록 요구한다. 이 세계관은 하나님을 천국의 보좌에서 끌어내리고 국가의 지도자나 영웅을 그 자리에 앉힌다. 전심으로 나는 이 유교/도교적 실재관을 수용하게 되었다.

그러나 장자의 도교는 '자아'와 자연과 '자아'의 하나됨에 초점을 맞추고 있다. 그는 무질서와 자연의 배후에 무언가 있다는 것은 감지했으나 그 거대한 힘을 이해하지는 못했다. 자기 스승인 노자를 좇아 만물을 창조하는 자를 도(道)라고 부른다. 그래서 도교라는 말이 생겼다. 만일 그 현인이 자기가 이름을 붙일 수 없었던 도가 바로 하나님임을 알게 된다면 어떤 표정을 지을지 자못 궁금하다.

중국에는 공산주의나 마르크스주의 세계관만 있는 것이 아니다. 물론 그것이 학교에서 가르치는 세계관이고 현재 지배 이데올로기로 군림하고 있지만, 유교와 도교가 아직도 그림자를 그 땅에 드리우고 있다. 나만 해도 주님을 만나기 전에 단순한 공산주의자가 아니었다. 나는 장자를 좋아했다.

나는 장자의 세계관을 파악하기 전부터 그의 가르침에 흥미를 느끼고 있었다. 그는 낭만적이고도 현명한 생각의 명인이다. 인생에 대한 태도는 부드럽고 폭신하다. 나는 똑똑하고 이지적이고 탁월한 지성인이 되어야 한다는 압박감을 강하게 느끼곤 한다. 그러나 그 면에서 성공하지 못한 적도 꽤 있었다. 내가 실패할 때는 사람들의 냉담한 태도를 접하게 되고, 그래서 차분한 자기 절제의 세계에 진절머리가 날 때는 바람소리와 물소리에 귀 기울이고 자연과 함께하는 장자의 세계로 달음질쳤다. 그와 함께 있다면 죽음도 끔찍하지 않을 것이라고 생각했다. 우리가 이 땅에서 완전히 자취를 감추게 될 테니까 말이다. 그의 세계관에 따르면, 나의 영은 도(道)로 돌아갈 터인데 도라는 것은 모든 영을 하나로 묶는 하나됨을 지칭한다.

그 후 나의 세계관이 중국적 실존주의와 도교 사이를 왔다갔다 한 시절이 있었다. 나는 '학교에서 열심히 공부해야겠다'고 생각했다. '그러나 방과 후에는 자전거를 타고 강가에 가서 장자의 말씀을 묵상하고 쉬겠다'고 생각하기도 했다. 절대적 실존주의는 나를 기계처럼 만들었으나, 나는 어디까지나 인간 존재(human being)이지 인간 행동(human doing)이 아니다. 나에게는 영적 공간이 필요하다. 그것이 나에게는 물고기의 행복에 해당하는 것이었다.

잃어버린 땅과 또 다른 하늘

사물을 볼 때 언제나 비판적 사고를 하라. 절대적 해답이란 없다. 세계는 상대적 답변에 기초하고 있기 때문이다. 서로 다른 사람들이 동일한 물체를 다르게 본다. 당신에게 진리인 것이 남에게는 진리가 아닐 수도 있다. 네 자신이 되라. 네가 하고 싶은 일이면 무엇이든 하라.

중국에서 과거에 꿈꾸던 이상, 곧 "우리 다함께 부자가 되든지 다함께 가난하게 되자"는 꿈은 멀리 사라져 버렸다. 문호가 개방되면서 갑자기 경제적 팽창기로 접어들었다. 교실에서는 여전히 공산주의를 가르쳤다. 그러나 마르크스주의가 실생활에 적용되어야 했는데 사실은 그렇지 못했다. 그것을 믿는 사람이 갈수록 줄어들었다. 나의 대학 친구 가운데 그것을 믿는 자가 아무도 없었고, 선생들도 마찬가지였다. 우리가 공부를 하면 할수록 더 많은 의문이 생겼다. 이론—공산주의의 이상적 그림—은 완벽하다고들 말해 왔다. 그런데 우리 나라는 왜 그 목표를 향해 움직이지 않는 것일까? 우리 사회의 문제가 갈수록 더 많아지는 이유는 무엇일까?

어느 날 내가 속한 스터디 그룹에서 모두가 동일한 결론에 도달했다. 공산주의는 한갓 꿈에 불과하다고. 공산주의가 실제로 작동하려면 완전한 인간이 있어야 한다는 것을 깨달았다. 우리는 놀라서 서로를 쳐다보았다. 입을 떼는 자가 아무도 없었다. 우리 가운데 완전한 자가 아무도 없다는 것을 알았다. 우리가 지금까지 배운 것은 잘못된 꿈이나 거짓에 바탕을 두고 있었던 것이다.

우리는 사상적으로 갈 곳을 찾지 못했다. 우리가 믿을 수 있는 실재는 무엇인가? 사람이 완전하지 않은 만큼 과학조차 우리를 속일 수 있다. 가장 명석한 사람도 실수할 수 있다. 역사는 사람들의 손으로 쓰인다. 그것도 잘못될 수 있는 것이다. 더 이상 나갈 용기도 없었다. 믿거나 말거나, 우리 그룹에 속한 삼십 명은 진땀을 뻘뻘 흘리고 있었다.

"아예 생각하지를 말자"고 한 리더가 말했다. "우리의 삶을 더 낫게 만들 수 있는 일이면 무엇이든 해 보자. 최선을 다해서 우리 자신을 향상시키고, 최대한 돈을 벌고, 오늘 인생을 즐기자. 무엇이 옳고 무엇이 그른지는 중요하지 않다. 그냥 모든 것에 마음을 열자. 자유를 열심히 찾자." 아무도 그것을 반대하지 않았다. 우리의 마음에 새로운 페이지가 열렸다. 그때부터 지적인 포스트모던 세계가 뿌리를 내리고 자라기 시작했다.

"이상적 삶은 삶의 질을 높이는 일이다" 하고 나의 동시대인 가운데 한 천재가 말했다. 나의 사고 방식을 휩쓸고 갈 또 하나의 파도가 들이닥친 것이다. 우리에게는 독립—경제적 독립과 정서적 독립!—이 필요하다는 소리와 함께.

가라! 장사를 하자! 대학에서 마지막 학년을 다닐 때, 한 교수는 나에게 "이 반의 3분의 2는 어디에 가고 없느냐?"고 거듭해서 물었다. 대답은 간단했다. 졸업하기 전에 좋은 직업을 찾으러 떠났거나 자기가 자라났던 시골로 되돌아간 것이다.

인생은 짧다. 신나게 즐기자! 그리고 서로를 잘 이용하자! 이제 파티만 좇아다니는 신종이 등장했다. 캠퍼스에도 새로운 광경이 눈에 띄었다.

고급 승용차가 젊고 아리따운 여대생을 태우는 장면이다. 그러지 말라는 법이 있는가? 얼마나 그럴듯한가? 젊은 여성은 부유한 남자를 선택할 권리가 있다. 여성은 자유롭다!

선한 것의 표준은 무엇인가? 상대주의 원리로 보면, 완전히 옳거나 완전히 잘못된 것은 없다. 무슨 일이든 나름의 이유가 있다. 살인자조차 살인의 이유를 갖고 있다. 어쨌든 인간은 기본적으로 선한 존재가 아닌가?

우리는 잘못된 꿈으로 인해 잠시 조화를 맛보는 듯했으나 곧 세계관들의 경쟁에 휘말려 혼란스런 상태에 빠지고 말았다. 나는 모든 것이 헷갈리면서 길을 잃어버렸다. 선한 삶을 그리는 그림들 가운데 내 마음에 드는 것이 하나도 없었다. 순수한 정신은 어디에 있는가? 명료한 사고는 어디에? 성인(聖人)들은 전설적 존재에 불과한가? 무언가 잘못된 것이 틀림없으나, 그것이 무엇인 줄 몰랐다.

그 후 어느 날 누군가 나에게 로마서 8장을 읽어 주었다. 여기에 그리스도인의 삶의 원리, 곧 사랑과 진리의 정의가 있었다. 내가 그것을 처음 듣는 순간, 이것이야말로 내가 찾고 있던 옳고 그름에 관한 진리임을 즉시 알았다. 용서의 부드러운 손길과 은혜가 나의 가슴을 말끔하게 씻어 주었다. 그것이 나에게 필요했던 전부였다.

로마서는 인간의 본성이 얼마나 죄스러운지, 무한하고 선한 하나님이 어떻게 존재하는지를 이야기한다. 나는 제한된 존재로서 그분의 무한한 능력을 보았다. 역사? 지식? 과학? 이런 것은 하나님의 퍼즐을 구성하는 조각들에 불과하다. 인생은 일하는 것, 에너지를 소비하는 것, 물건을 사는 것 이상의 의미를 갖고 있다. 사람들의 입술과 가슴에서 진실과 사랑을 보게 될 때, 인생은 더 큰 의미를 지니게 된다.

나에게 선한 것이 많이 되돌아왔다. 자유로이 사랑하고 싶은 욕망, 섬기고 싶은 열정, 진리를 찾는 기쁨 등. 하나님을 알게 되면 그분과 개인적 관계를 맺고 안정감을 누리며 새로운 힘을 얻게 된다. 어려움이 닥치더라도 그것이 오히려 나의 역량을 키우고 내가 성장하는 계기가 되었다. 그런 것을 모두 말로 표현하는 것이 불가능하다. 그래도 내 눈에 보이는 것을 이렇게 표현할까 한다.

또 다른 하늘이 있다,
언제나 청명하고 맑은 하늘
그리고 또 다른 햇빛도 있다,
거기 어두움이 있을지라도
사라진 숲으로 인해 염려하지 말라,
잠잠한 들판으로 인해 염려하지 말라.
여기에 더 밝은 동산이 있나니
서리가 한 번도 내린 적이 없는 정원이.
시들지 않는 꽃 속에 날아다니는
밝은 벌의 날개소리 내 귀에 들린다.
오라, 그분의 동산으로!

이 에세이는 학생이 과제물로 제출한 것으로서 세계관 분석의 여러 요소를 잘 보여 주고 있다. 루 양은 스스로가 이해하는 자기 세계관의 개인적 측면과 정서적 어조를 잘 포착한다. 그녀는 여러 대안에 비추어 그 세계관을 보았고, 그것이 다원주의 세계에 사는 본인의 삶에 어떤 의미가 있는지를 인식했다. 우리도 모두 그녀처럼 되었으면 좋겠다!

타인의 세계관 분석

세계관의 분석은 다른 사람의 사상을 이해하는 데도 도움이 된다. 사실 루의 말에 귀를 기울이면서 이미 그렇게 하기 시작한 셈이다. 진도를 더 나가고 싶으면, 그녀가 쓴 다른 글을 읽거나 그녀가 시간을 어떻게 쓰고 있는지를 알아보는 등 그녀를 더 잘 알 수 있는 길이 있을 것이다. 그녀와 직접 대화를 할 수 있다면, 지금도 이 에세이에 담긴 견해를 품고 있는지 물어 볼 수 있을 것이다. 어떤 면에서 변했는지? 더욱 확신하게 된 요소가 있다면? 가장 난감한 부분은?

오늘날 우리 문화에서 진행 중인 움직임—과거와 현재에 걸쳐—에 대해 이해하고 싶으면, 우리에게 영향을 미쳐 왔고 또 현재 미치고 있는 사람들의 저서를 읽는 것이 가장 좋다. 물론 그런 저자들에 관해 논평한 다른 사람의 분석에 의존할 수도 있다. 그렇게 하면 누구의 글이 직접 읽을 만한 가치가 있는지 알게 된다.「지식인의 두 얼굴」(*Intelletuals*)의 저자 폴 존슨(Paul Johnson)이나「사상가들」(*Men of Ideas*)과「한 철학자의 고백」(*Confessions of a Philosopher*)을 쓴 브라이언 매기(Bryan Magee), 혹은「새벽에서 황혼까지」(*From Dawn to Decadence*)의 필자 자크 바전(Jacques Barzun)과 같은 비평가들이 우리를 바른 방향으로 안내한다.[3]「기독교 세계관과 현대사상」의 각

---

3) Paul Johnson, *Intellectuals*(New York: Harper & Row, 1988).「지식인의 두 얼굴」(을유문화사 역간); Bryan Magee, *Men of Ideas: Some Creators of Contemporary Philosophy*(Oxford: Oxford University Press, 1978) and *Confessions of a Philosopher: A Journey Through Western Philosophy*(London: Phoenix, 1998); and Jacques Barzun, From Dawn to Decadence: *Five Hundred Years of Western Cultural Life*(New York: HarperCollins, 2000)를 보라.「새벽에서 황혼까지 1500-2000」(민음사 역간).

주를 참고하거나 나의 다른 책 「어떻게 천천히 읽을 것인가」(*How to Read Slowly*)의 부록에 나오는 추천 도서도 도움이 될 것이다.[4] 사실 읽을 만한 책은 얼마든지 있다.

사례 연구: 바츨라프 하벨(Václa Havel). 사람들이 가진 세계관과 책에 나오는 세계관을 분석하는 일은 비교적 단순한 작업이다. 내가 제시한 일곱 가지 질문을 염두에 두고 읽으면 된다. 그것들을 늘 의식하지는 않더라도 쉽게 참고할 수 있으면 족하다. 가장 중요한 질문은 언제나 '필자는 궁극적 실재에 관해 무슨 말을 하고 있는가, 혹은 무엇을 암시하는가?'이다. 예를 들어, 체코의 대통령을 지냈던 바츨라프 하벨이 쓴 흥미진진한 극본, 수필, 강연문, 편지 등을 읽기 시작하라.[5] 얼마 지나지 않아 주요 세계관 질문에 대한 하벨의 답변을 발견할 수 있다. 대통령에 취임한 직후 1999년 초 미국의 상하원 합동 회의에서 한 강연의 한 대목을 보자.

> 우리의 모든 행위-그것이 도덕성을 지니려면-를 받쳐 주는 유일한 등뼈는 책임성이다. 내 가족, 내 나라, 내 회사, 나의 성공보다 더 고상한 무엇에 대한 책임성. 존재의 질서에 대한 책임성, 곧 우리의 모든 행위가 영원히 기록되고 정당하게 심판을 받는 유일한 그 곳에 대한 책임성이다.[6]

---

4) 내가 쓴 *The Universe Next Door*, 4th ed. (Downers Grove, Ill.: InterVarsity Press, 2004)와 *How to Read Slowly*(Colorado Springs: Waterbrook, 1978). 「어떻게 천천히 읽을 것인가」(이레서원 역간)를 보라.

5) 이 주제에 대해 아주 자세히 다룬 책은, James W. Sire, *Václav Havel: The Intellectual Conscience of International Politics*(Downers Grove, Ill.: InterVarsity Press, 2001)가 있다.

6) Václav Havel, "A Joint Session of the U. S. Congress"(February 21, 1990), in *The Art of the Impossible*, trans. Paul Wilson and others (New York: Alfred A. Knopf,

여기서 두 가지 문제가 직접 거론되고 있는데, 첫 번째 것이 가장 중요하다. 하벨에게 '존재의 질서'는 물론 '참으로 실재적인(really real) 것'을 가리키는 그의 용어다. 그가 보기에는, 기독교와 이슬람과 전통적 유대교의 경우처럼, '참으로 실재적인 것'이 윤리의 토대가 된다.

하벨이 '존재의 질서'에 부여하는 다른 특성은 무엇인가? 하벨이 체코의 정치범으로 수감되어 있을 때 아내에게 보낸 편지를 읽으면 답을 얻을 수 있다.

> 존재(Being)란…따라서 모든 것을 걸어 놓는 일종의 못과 같은 것이 아니라, 그 자체가 모든 '걸기'의 절대치이다. 그것은 존재하는 모든 것의 본질이다. 그것은 다함께 존재하는 모든 것을 묶어 주며, 질서와 기억과 근원과 의지와 목표 등 모든 면에서 그것을 '다 함께' 지탱해 주는 것으로서, 그 통일성, 그 '독특성', 그 의미성에 참여하게 한다.[7]

하벨은 여기서 하이데거에게서 볼 수 있는 어떤 복잡한 관념을 암시하고 있다. 그 의미는 그가 밤늦게 전차를 타고 존재의 질서와 마주친 경험에 관해 쓴 글을 보면 좀더 분명히 드러난다. 그는 아주 늦은 시간에 차장도 없는 곳에서 왜 동전 투입구에 동전을 넣어야 한다고 느끼는지에 대해 성찰한다. 그는 어떤 목소리가 자기에게 요금을 지불하라고 하는 것 같다고 말한다.

1997), p. 19.

7) Václav Havel, *Letters to Olga: June 1979-September 1982*, trans. Paul Wilson (New York: Henry Holt, 1989), p. 359.

그러면 나와 대화하는 자는 누구인가? 자명한 사실은 차장과 나의 친한 친구들(그 목소리가 그들의 견해와 마찰할 때 이 문제가 생길 것이다)보다 더 존경하고, 어떤 면에서는 나 자신보다도 더 존경하는 어떤 존재라는 점이다. 여기서 나 자신이란, 세상에 몸담고 있는 존재로서의 자신과 '실존적' 이해 관계를 가진 존재(그 가운데 하나는 동전을 주고 싶지 않은 자연스런 모습)로서의 나를 의미한다. '모든 것을 알고'(따라서 전지한), 어디에나 있고(따라서 무소 부재한), 모든 것을 기억하는 그 누구. 무한한 지식을 가졌으면서도 전혀 오염될 수 없는 그 누구. 나에게는 모든 도덕적 문제에서 유일무이한 최고의 권위를 가진 존재요 그 자체가 법(Law)인 그 누구. 본인이 영원한 존재이므로 그를 통하여 나도 영원한 존재가 되고, 모든 것이 끝나서 내가 그에게 의존하는 것도 종결되는 순간을 도무지 상상할 수 없게 만드는 그 누구. 내가 전인적으로 관계를 맺고, 그를 위해서라면 궁극적으로 무엇이든 기꺼이 할 수 있는 그 누구. 동시에 이 '누군가'는 나에게 직접 개인적으로 말하는 존재다(차장이 나를 대하듯 무명의 승객으로 취급하는 것이 아니라).[8]

이와 같은 성찰은 유신론적 신 개념과 완전히 똑같지는 않더라도 아주 비슷한 내용을 담고 있다. 전지하고 무소 부재하며 선한 존재이자, 당신에게 직접, 개인적으로 말하는 존재라면 인격적 존재(비인격적인 지시어는 어울리지 않는)임에 틀림없다.

하벨도 이 점을 알고 있다. 하지만 그런 결론에 도달하지 않고 한 걸음 뒤로 물러난다.

---

8) 같은 책, pp. 345-346.

그런데 그것은 누구인가? 하나님? 내가 그 단어의 사용을 꺼리는 데는 미묘한 이유가 많다. 그 가운데 하나는 어떤 수치심(무엇에 대한, 누구 앞에서, 왜 그런지는 정확하게 모르나)이지만, 주된 이유는 이처럼 너무 구체적으로 "하나님이 존재한다"는 식으로 지명하면, 완전히 개인적이고 모호한(그것이 얼마나 심오하고 절박한지를 떠나서) 경험이요 오로지 '외향적인' 경험에 불과한 것을 '객관적 실재'라고 불리는 문제투성이 스크린에다가 투사함으로써 너무 멀리 나가는 것이 우려되어 그렇다.[9]

그러니까 하벨의 세계관은 우리가 얼핏 생각한 것만큼 유신론적인 세계관이 아니라는 사실이 분명해졌다. 그는 그 존재가 자기에게 유신론에서 말하는 신과 같은 모습으로 나타난다는 점은 인정하지만 자기가 주관적으로 인식하는 그런 현상의 객관성을 의심한다. 아니, 어쩌면 거부하는지도 모른다. 이 밖에도 하벨은 '참으로 실재적인 것', 우주의 본질, 인간, 인식론, 윤리, 역사의 의미 등에 관한 자기의 생각을 많이 이야기한다. 하지만 지금은 다른 사람의 세계관을 파악하는 방법에 관해 본보기를 삼는 만큼 이것으로 충분할 것이다.

우리가 이런 연습을 할 때 그저 지적인 호기심의 문제로 국한할 필요가 없다. 한 사람의 인생관을 전반적으로 알게 되면 그 사람의 행실과 그가 구체적인 문제를 다루는 방식을 이해하는 데 도움이 된다. 그렇게 되면 우리가 일상에서 그 사람을 어떻게 대할지 아는 데도 유익하다.

또 하나의 사례: 마쓰오 바쇼(Matsuo Bashō). 하벨은 자신의 근본 신

---

9) 같은 책, p. 346.

넘에 대해 명시적으로 이야기하기 때문에 그의 세계관을 파악하는 일이 비교적 쉽다. 그렇게 표현하지 않는 저자들의 경우는 어떠한가? 이에 관해서는 서구 세계 바깥에서 문학 작품을 하나 선정하여 분석해 볼까 한다. 17세기 말의 시인 마쓰오 바쇼가 쓴 유명한 하이쿠를 예로 들어 보자.

오래된 연못
개구리 뛰어드니
물소리 나네[10]

이것은 믿기 어려울 정도로 간단한 시로서, 일본에서뿐 아니라 미국에서도 어린이들이 그것을 배우고 흉내낸다. 이 시가 기만적으로 보이는 이유는 서구의 세계관에서 볼 때 너무 단순한 그림을 그리고 있기 때문이다. 여기에는 심오한 의미가 전혀 담겨 있지 않은 것처럼 보인다. 즉 짧은 비디오 클립 하나를 보고 있는 것 같다. 한가한 정경이 보이더니 순식간에 어떤 행동이 종료된다. 그것이 전부가 아닌가?

그런데 세계관의 분석 방법에 따르면, 무엇을 보든 첫 인상만 주목하지 말고 그 그림 배후에 있는 의식 구조를 파악해야 한다. 그것이 서구적 의식 구조라면, 첫눈에 들어오는 것이 전부일 수 있다. 개구리

---

[10] 이것은 이제까지 가장 많이 번역된 하이쿠일 것이다. 이 번역은 다음 책에서 인용한 것인데, 거기서 이 하이쿠를 처음으로 읽었던 것이 기억난다. Donald Keene, *Japanese Literature: An Introduction for Western Readers*(Tokyo: Charles E. Tuttle, 1955), p. 39. 이 하이쿠를 번역하고 흉내내고 풍자한 150여 개의 작품이 다음 책에 담겨 있다. Hiroaki Sato, *One Hundred Frogs*(New York: Inklings/Weatherhill, 1995).

한 마리가 아주 오래된 연못에 뛰어들면서 물이 튀는 소리가 나는 장면이 그것이다. 그러나 바쇼의 세계관적 배경을 검토해 보면 전혀 다른 면을 발견하게 된다. 바쇼는 선(禪)의 심성을 지닌 선불교 승려다. 우리가 그의 세계관을 검토하기 전에는 그의 하이쿠에 담긴 의미를 알 수 없을 것이다.

선의 심성은 선의 순간, 곧 연대기적으로 무차원적인 현재에 주의가 집중되는 순간이다. 그것은 시간을 초월한 과거와 미래의 교차점이다. 그것은 존재하면서도 존재하지 않는, 둘 중 어느 편에도 속하지 않는 동시적 순간이다. 현재라는 것을 다른 방식으로 한번 생각해 보라. 의식이라는 것이 존재한다. 그런데 이 의식은 언제나 움직인다. 어느 순간에 무엇을 의식한다 해도 그것이 무엇인지를 생각할 시점에 이르면 이미 사라지고 없다.

이것은 모두 의식에 대한 단순한 묘사인 것처럼 보일 것이다. 의식은 언제나 무엇인가를 의식하지만, 그것이 의식하고 있는 대상은 계속해서 변하고 있다. 의식 자체는 스스로에 대한 의식이 아니라 항상 타자에 대한 의식이며, 그 타자는 변하는 것이다. 선의 역할은 이런 통찰을 하나의 세계관으로 끌어올리는 일이다. 선불교는, 의식이란 언제나 영구성이 아니라 변화를 의식하므로 변화만이 영구적인 것이라고 선포한다. 달리 말하면, 아무것도 영구적이지 않다는 뜻이다. 이것이 철학적 원리가 되었다. 유일하게 영원한 '사물'은 결코 '사물'이 아니다. 그것은 '사물의 성격'(thingishness)이 없는 것이다. 그것은 공(空)이다.

여기서 선불교의 핵심적 주장을 접하게 된다. 즉 인간은 저기 존재하는 모든 실재를 파악할 만한 능력을 갖고 있다는 주장이다. 기독교적 세계관과 이보다 더 상반되는 것은 없다. 그리스도인은 선(禪) 철학을 통하여 우리의 의식이 직접 인식하거나 꿈꿀 수 있는 것 이상의 것이 실재 속에 담겨 있다고 주장한다. 하나님이 우리 의식의 창조주이자 그 의식이 의식하는—기껏해야 부분적으로밖에 의식할 수 없지만—세계의 창조주로서 존재하고 있다.

바쇼가 쓴 수많은 하이쿠 시를 보면, 그가 '참으로 실재적인 것'으로 여기는 것의 본질을 우리에게 인식시키려는 의도를 읽을 수 있다. 어떻게? 그 시를 다시 읽어 보자.

오래된 연못
개구리가 뛰어드니
물소리 나네.

바쇼의 하이쿠가 흔히 그렇듯이, 이것도 하나의 순전한 이미지다. 시각과 청각의 이미지. 시각적으로는, 오랜 연못과 개구리가 뛰어드는 모습. 청각적으로는, 물소리. 내용이 별로 없다. 하지만 여기에는 실재 전체에 대한 선불교의 관점이 고스란히 담겨 있다.[11]

'오래된 연못'은 무엇보다 연못이지 다른 것을 상징하는 말이 아니다. 하지만 오랜 세월에 걸쳐 거기에 있어 왔던 장구한 연못으로서 현재 모습에 과거가 실려 있다. 개구리도 무엇보다 한 마리의 개구리이

---

11) 이어지는 해석은 Keene, *Japanese Literature*, p. 39를 바탕으로 삼았지만, 내가 상당히 수정하고 손질한 것이다. 다음 책에는 이 시에 대한 12명의 비평이 담겨 있다. Makoto Ueda, *Bashō and His Interpreters: Selected Hokku with Commentary* (Stanford: Stanford University Press, 1992), pp. 140-142.

지 다른 것을 상징하는 말이 아니다. 그것은 현재 속에 존재한다. 따라서 개구리와 연못 둘 다 현재에 속해 있다. 개구리가 뛰는 것은 무엇보다 개구리가 뛰는 것이지 다른 것을 상징하지 않는다. 현재가 움직이는 장면이다. 그리고 '물소리'는 무엇보다 개구리가 뛰어들 때 생기는 물의 소리다. 때로는 '풍덩 뛰어든다'는 식으로 번역되기도 하지만 그런 의미가 아니다. 일본어 문구에는 그런 의성어가 사용되지 않는다. 오히려 '물의 소리'와 비슷한 어구다. 이것이 중요한 이유는 '물의 소리'는 물 같은 소리를 내지 않기 때문이다. 개구리가 물에 들어갈 때 생기는 실제 소리는 '물소리'라는 말의 소리가 아니다. 과거와 현재가 교차되는 소리는 소리가 아닌데, 소리는 시간을 필요로 하고 진동은 물질의 움직임이기 때문이다. 과거와 현대의 교섭은 움직이는 물질의 일부가 아니다.[12]

    이 시를 읽으면서 그 배경을 다시 그려 보고 시적 정신 속으로 들어가다 보면 우리의 사고 활동이 멈출 수도 있다. 그러면 미학적으로 선불교에서 말하는 직관적 깨달음을 조금이나마 맛볼 수 있을 것이다. 그러므로 다시 조용히 멈춘 다음 심호흡을 하고, 이 시를 읽고 또 읽어 보라. 내가 이런 제안을 하는 것은 선불교의 실재관을 홍보하려는 의도가 아니라, 거기에 일말의 진리가 들어 있기 때문이다. 선불교도와 같이 우리도 현재 속에 살고 있다. 우리는 이 점을 간과할 때가 많다. 우리 스스로에게 그런 미묘한 현실을 인식할 수 있는 길을 열어 주자.

    여기서 몇 가지 하이쿠를 더 소개하고 싶은데, 내가 현재를 인식하

---

12) 불교의 한 종파는 이런 관념을 아주 진지하게 받아들인 나머지 세계를 진주 목걸이로 생각하고 거기에 달린 진주 하나하나가 무(無)로부터 창조되었다고 믿는다.

는 데 도움이 되었던 것들이다. 내가 바쇼의 하이쿠를 좋아하는 이유는 그것들이 공(空)에 눈뜨게 하기 때문이 아니라, 하나님의 놀라운 창조 세계와 각 순간에 내재한 영광스러운 실재를 볼 수 있게 해주기 때문이다. 만일 하나님이 세계를 현재 모습으로 또 우리를 이런 모습으로 창조하지 않으셨다면, 의식적 현재라는 것이 존재하지 않을 것이다. 오래된 연못과 물에 뛰어드는 개구리가 있다면, 나뭇가지에 앉은 까마귀가 있다면, 여러 계절이 있다면, 울음소리 내는 갈매기가 있다면, 이런 하이쿠들은 우리가 현재성을 음미하면서 그것들을 보게끔 도울 수 있다.[13]

시든 나뭇가지 위
까마귀 한 마리 내려앉네―
가을 황혼녘.

바다가 어두워지네
바다 갈매기들의 울음소리
희미한 흰 색일세.

지극한 고요함
매미들의 울음소리
바위 속으로 가라앉네.

---

13) 이 하이쿠들은 모두 Bashō의 작품으로서 다음 책에서 인용한 것이다. Keene, *Japanese Literature*, p. 40.

우리가 세계관의 분석 작업을 책임감 있게 수행하려면, 이런 하이쿠들이 선불교에서 나온 것임을 알아야 한다. 그런 면에서 이 시들은 우리가 다른 사람들의 심성을 들여다볼 수 있도록 도와주는데, 그것은 일본에서 유래했을 뿐 아니라 선불교가 전파된 곳이면 어디서나 볼 수 있다.

문화적 분석

세계관 분석을 문화적 분석의 측면에서 보려면, 한 개인의 세계관이라는 좁은 테두리에서 벗어나 상당한 시공간적 영역을 가로질러 많은 사람의 생각을 좌우하는 넓고도 모호한 세계관들로 자리를 바꾸어야 한다. 위에서 언급한 것처럼, 세계관은 사적인 성격과 공적 성격을 모두 갖고 있다.「기독교 세계관과 현대사상」은 주로 유럽과 남북미의 문화에 구현된 주요 세계관들을 살펴보았다. 거기에는 기독교 유신론, 이신론, 자연주의, 허무주의, 실존주의, 동양 범신론적 일원론, 뉴에이지 사상, 가장 최근에 등장한 포스트모더니즘 등이 포함되었었다. 이런 세계관을 폭넓게 개관해 보았는데, 여기서 그것을 반복할 필요는 없을 것이다.

하지만 한 가지 꼭 짚고 넘어가고 싶은 점은 그처럼 폭넓게 개관하다 보니 우리 개개인이 가진 세계관을 자세히 다룰 수 없었고, 때로는 그런 것을 잘못 반영하기도 했다는 것이다. 심지어는 기독교 세계관조차도 내가 이해한 대로 묘사했을 뿐이다. 솔직히 말해서, 내가 묘사한 것이 나의 생각을 정확하게 반영했는지 의심스러울 때도 있었는데, 그것은 한 사람의 세계관이 유동성을 갖고 있기 때문이다. 그것은 언제나 손질되고 다듬어져야 한다는 압력을 받고 있다. 우리의 실제 생활을 보면 우리의 지식에 미치지 못할 때가 많다. 기도와 관련하여 우리가 믿는다고 말하는 것과 우리가 실제로 기도하는 방식, 장소, 시기 등이 언제나 일치하는 것은 아니다. 우리의 세계관도 언제나 **실효성**을 점검해 보라는 압력을 받는다. 우리가 수용한 신념이 실제로 작동하지 않을 때도 있다. 그러면 그것을 조정하기 마련이다. 아울러 우리의 세계관은 새로운 정보, 새로운 사실, 사실에 대한 새로운 고찰 방법 등의 압력을 받고 있다. 요컨대 우리는 보통 큰 문제보다 작은 문제와 관련하여 생각을 바꿀 때가 많지만, 우리 세계관의 뿌리 부분이 조금이나마 바뀌는 것도 얼마든지 가능하다. 이를테면, 하나님을 선한 분으로 알고 있는 우리의 개념이 성경을 계속 공부하고, 우리보다 더 유식하고 지혜로운 사람의 통찰을 배우고, 여러 경험을 거치는 가운데 계속해서 압력을 받게 된다. 그리고 악의 현존도 언제나 '궁극적 실재'에 대한 우리의 관념에 도전을 가한다.

그럼에도 불구하고 오늘날의 세계에서 볼 수 있는 주요 세계관들을 간략하게 그리는 것은 지극히 유익한 일이며, 특히 우리가 타인과 나누는 대화, 우리가 읽는 문헌, 우리가 보는 영화와 텔레비전 프로그램 등을 통하여 우리의 삶에 영향을 미치는 그런 세계관들은 더더욱 그러하다. 논설과 뉴스 이야기 가운데 객관성을 지니려고 노력하는 것이든 노골적으로 어떤 이데올로기를 대변하는 것이든, 사실상 특정한 관점에서 쓰이지 않은 것이 하나도 없다. 영화와 TV 드라마도 정도의 차이는 있어도 모두 어떤 인생관을 반영하고 있으며, 세계관이 함축되어 있지 않은 경우가 하나도 없다. 시트콤만 보아도 대다수가 왜곡되고 뒤틀린 삶과 가치관을 그리되 마치 그런 삶이 정상일 뿐 아니라 옳은 것처럼 묘사하고 있다. 성경의 하나님이 배경으로 등장하는 경우는 매우 드물다. 이처럼 비성경적 세계관들이 어떤 것인지를 알면 영화와 드라마를 보더라도 더 지혜롭게 시청할 수 있을 것이다.

「기독교 세계관과 현대사상」에 나오는 세계관들은 모두 세계 어딘가에 생생하게 살아 있다. 그런 의미에서 우리는 진정 다원주의 세계에 살고 있는 셈이다. 이신론이 문화적으로 중요한 위치를 점하기 시작했다고 기독교 유신론이 사라진 것은 아니다. 자연주의가 지배적 위치를 차지했을 때에도 이신론과 기독교가 여전히 존속하고 있었다. 허무주의가 19세기 말에 출현했을 때, 자연주의와 이신론과 기독교가 계속해서 현존하고 있었다. 이런 식으로 계속 이어졌던 것이다. 사실상, 자연주의가 현재 유럽과 북미의 대학교에서 지배적 세계관으로 군림하고 있는 한편, 북미 전체를 보면 모호하고 거친 이신론이 지배하고 있다. 미국 사람 대다수가 하나님을 믿고 있지만, 그런 믿음이 실제 생활에는 별로 영향을 미치지 못하고 있는 실정이다. 그분은 이 세계가 돌아가도록 하고 거기에 질서를 부여하는 어떤 존재 혹은 세력으로 존재하나, 일상 생활에서는 대체로 무시되어도 무방한 존재다.

「기독교 세계관과 현대사상」의 제4판은 이슬람교의 세계관을 자세하게 개관하지 않는데, 세계 곳곳에서 그 주요 신념들을 의식하게 되면서 중요한 세계관으로 떠올랐다. 가령 '참으로 실재적인 것'에 대한 이슬람교의 견해는 최고의 중요성을 지닌다. 하나님은 유일한 존재인가, 삼위일체적 존재인가. 예수는 인간 예언자인가, 신인(神人)적 예언자요 구세주인가. 하나님은 죄인들을 사랑하는 분인가, 의인만 사랑하는 분인가. 하나님은 자기 아들의 희생을 통하여 우리를 용서하는 분인가, 구속의 사역을 하지 않는 자비로운 분인가. 인간의 운명은 냉혹한 숙명의 문제인가, 인간의 선택에 의해 어느 정도 좌우되는

가. 코란은 아랍어로 된 하나님의 말씀인가, 성경이 여러 언어로 된 하나님의 말씀인가 등. 이런 차이는 결코 사소한 문제가 아니며, 개인과 문화 전반에 심대한 함의를 지닌다. 우리로서는 다양한 이슬람 전통에 대해서도 이해할 필요가 있는데, 그들 사이의 견해 차이로 인해 과거에 난폭한 논쟁이 일어났을 뿐 아니라 오늘날에도 그런 논쟁이 야기되고 있기 때문이다.

학문적 영역에서의 세계관

내가 학문 세계에 발을 들여놓은 초기에 세계관 분석이 16세기 및 17세기의 영문학을 이해하는 문을 활짝 열어 주었다. 읽는 데는 문제가 없었으나, 중요한 개념들을 파악하기까지는 도무지 이해할 수 없었다. 존재의 거대한 고리(the Great Chain of Being: 교회와 국가의 계층 구조의 배경이 되는 지적 모델), 셰익스피어의 역사극을 조명해 주는 튜더 신화, 코페르니쿠스가 기존의 집단을 탈퇴하고 중세의 둥근 우주 모델[존 던(John Donne)의 시는 이를 배경으로 한다]을 거부한 것 등이 그것이다. 얼마 지나지 않아 세계관의 분석이 나에게는 문학 분석의 가장 중요한 도구 중 하나가 되었다.

세계관 분석은 문학 연구에서 독자로 하여금 특정한 텍스트의 의미를 이해하도록 도울 뿐 아니라 문학 이론의 가정들을 노출시켜 준다. 테리 이글턴(Terry Eagleton)의 「문학 이론 입문」(*Literacy Theory: An Introduction*)을 보면, 기독교 세계관과 상충되는 진술로 가득 차 있으며 그 가운데 일부는 [필자의] 속 깊은 가정들을 드러내고 있다.[14]

---

14) 사회학, 심리학, 언어학 등에 기초한 새로운 문학 이론들이 유입되면서, 문학 이론

그 중 두 가지만 예로 들어 보자.

> 바꿀 수 없는 확실한 가치라는 의미에서, 공통적이고 고유한 속성으로 뚜렷이 구별되는 문학이란 존재하지 않는다.[15]

> '가치'는 잠정적 용어다. 그것은 특정한 상황에서, 특정한 평가 기준에 따라, 주어진 목적에 비추어, 어떤 사람들이 귀하게 여기는 것을 의미한다. 따라서 우리의 역사가 상당히 깊은 수준에서 변모해 온 것을 감안하면, 장차 셰익스피어에게서 아무것도 얻을 수 없는 사회를 조성할 가능성도 상당히 있다.…그런 상황이 되면, 셰익스피어는 오늘날의 낙서 정도의 가치밖에 지니지 못할 것이다.[16]

여기서 어렵지 않게 볼 수 있는 가정은 인간은 공통된 본성을 갖고 있지 않다는 것과 인간을 형성하는 것은 언어나 행위라는 것이다. 그리스도인이라면 그렇지 않다고 반대해야 마땅하다. 우리가 이런 모습을 갖게 된 것은 사회적 피조물이기 때문이 아니라 하나님의 형상으

분야는 기독교 세계관에 우호적인 이론들뿐 아니라 모든 전통적 문학 이론을 저해하는 전제들을 많이 영입하게 되었다. 이런 상황에서 그리스도인은 그런 전제들을 겉으로 노출해 비판적 분석을 가할 책임이 있다. 그리고 해석학 가운데 결국 스스로에게 귀결되는 경우를 여럿 볼 수 있는데, 이런 경우에는 그것이 자가 당착적 해석학임을 입증할 수 있을 것이다. 예를 들어, Michel Foucault가 주장하듯이 모든 언어 사용이 권력을 위한 놀이라면, 그렇게 말하는 그의 언설도 권력 놀이일 뿐이다. 만일 권력이 진리의 평가 기준이 아니라면(사실이 그렇다), 모든 언어 사용이 권력을 위한 놀이라고 믿을 이유가 없다.

15) Terry Eagleton, *Literary Theory: An Introduction* (Minneapolis: University of Minnesota Press, 1983), p. 11. 「문학 이론 입문」(인간사랑 역간).
16) 같은 책.

로 만들어졌기 때문이다. 우리에게 독특한 정체성을 부여하는 현존하는 존재가 있다. 셰익스피어—인간의 성품을 가장 폭넓게 보여 주는 작가—는 언제나 사람들에게 이해되고 높이 평가될 것이다. 이런 면에서 아이스킬로스와 호머, 세르반테스와 괴테, 단테와 톨킨(Tolkien), 디킨슨과 울프도 마찬가지일 것이다. 우리는 수천 년 전에 라스코 동굴에 흔적을 남긴 자들이 인간임을 알아본다. 공통된 인간 본성이라는 것이 있다는 말이다.

지난 수십 년 동안, 기독교적 문학 연구는 기독교적 자의식을 더욱 강하게 품기 시작했고, 이 분야에서 세계관 분석이 사용되는 경우는 많이 보지 못했지만 점점 더 널리 퍼져 나가고 있어 무척 기뻐하는 바다.[17]

철학 분야는 기독교 사상이 가장 많이 침투한 분야임이 틀림없다. 20세기 중반에 칼빈 대학의 해리 옐레마(Harry Jellema)와 휘튼 대학의 아서 홈즈의 영향을 받은 그리스도인 학생들이 주요 대학교로 가서 박사 학위를 받고 최고 수준의 학문적 기여를 하고 있다. 그들은 의식적으로 기독교 세계관에 입각하여 연구함으로써 철학의 모든 분야에서 중요한 학문적 업적을 쌓았다.[18]

문학과 철학은 그렇다고 치자. 그러면 다른 분야는 어떤가?[19] 사실

---

17) 이에 대해서는 다음 글을 참고하라. Harold K. Bush Jr., "The Outrageous Idea of a Christian Literary Studies: Prospects for the Future and a Meditation on Hope", *Christianity and Literature*, Autumn 2001, pp. 79-103.
18) 내가 염두에 두고 있는 철학자들은 Alvin Plantinga, Nicholas Wolterstorff, George Mavrodes, C. Stephen Evans, Keith Yandell, William Lane Craig and J. P. Moreland(이 밖에도 많이 있다) 등인데, 그들이 가르친 학생들이 현재 철학 박사 학위를 소지하고 이런 면에서 계속 기여하고 있다.
19) 테네시 주 잭슨에 있는 유니언 대학교의 총장은 그 대학의 교수 열일곱 명의 논문

마찬가지다. 과학을 포함한 모든 학문 분야는 각각 의식하지 못하더라도 일련의 가정에 바탕을 두고 있다. 과학뿐 아니라 모든 분야에 해당되는 몇 가지 예를 들어 보면 이렇다.

첫째는 우주의 질서에 관한 관념이다. 우주가 법칙에 따라 움직이지 않는다면, 이론의 형성은 가능할지 몰라도 그것을 시험하는 것이 불가능하다.

둘째는 학자의 지적 역량에 대한 의존이다. 지성은 조사의 대상을 이해할 능력을 갖고 있다는 가정이다.

셋째, 르네상스 이래의 학문 연구는 우리가 자명한 전제들로부터 우주의 본질을 연역할 수 있다는 관념을 거부하고 우주의 우발성을 가정한다. 우주가 반드시 현재의 모습을 지녀야 되는 게 아니라는 말이다. 다른 모습을 지닐 가능성이 얼마든지 있었다. 따라서 우주를 잘 이해하려면 인간의 지성이 충분히 그럴 능력이 있다는 것을 가정하면서 그것을 더 분명하게 관찰할 필요가 있다.

우리가 이런 가정들을 증명할 수는 없지만, 과학이 우리에게 진정한 지식을 주려면 그런 것들이 반드시 참이어야 한다. 사실, 포스트모던 시대에 접어들기 전에는 모든 실무 과학자와 대다수의 다른 학자들이 이것을 (의식적으로든 무의식적으로든) 받아들였다. 흔히 알아채지 못한 것은 이런 근본 개념들이 자명한 것이 아니라는 점이다. 과학이 발전하는 데 필요한 가정이긴 하지만, 그렇다고 반드시 참이라는 말은 아니다.

을 모아 책으로 엮었는데, 각 논문은 기독교 세계관과 자기 전공 분야의 관계를 다룬 것이다. David S. Dockery and Gregory Alan Thornbury, eds., *Shaping a Christian Worldview*(Nashville: Broadman & Holman, 2002)를 보라.

소년이 아버지에게 "누가 세계를 받치고 있나요?" 하고 묻자, 아버지는 자기 대답이 자기로서는 최종적으로 증명하거나 어쩌면 이해할 수도 없는 무언가에 기초하고 있음을 보지 않을 수 없었다. "하나님이 세계가 공중에 떠 있도록 만드셨지" 하고 말하거나 "그건 원래 그런 것이야. 질서정연한 물질과 에너지의 복잡한 관계지. 그게 전부야" 하고 말할 뿐이다. 그러니까 맨 밑바닥에 도달하면 그 코끼리에다 이름을 붙이지 않으면 안 된다. 즉 **전이론적** 혹은 **전제적** 결단을 내려야 하는 것이다.

학문 세계도 그 아버지의 경우와 똑같은 질문과 대안들을 직면하고 있다. 무엇이 세계를 받치고 있는가? 왜 우주는 질서정연한가? 과학 자체가 기독교적 세계관에서 태어난 것으로서, 후자는 우주에 질서가 있는 이유가 전지하고 전능한 하나님이 자신의 지성을 반영하는 세계를 만들려고 의도하셨기 때문이라고 했다.[20] 우주가 질서정연한 것은 하나님이 로고스(지성 그 자체)이기 때문이다 이런 신념―전제―이 대다수 초기 과학자의 가슴속에 심겨 있었다. 그러나 오늘날에는 그런 신념을 가진 자를 찾아보기 힘들다.

오늘은 자연주의가 지배하는 시대다. 한마디로 연구하는 학자 자신과 연구의 대상인 세계를 모두 창조한 하나님의 개념을 출발점으로 삼는 학문 분야가 하나도 없다―예술과 인문학, 사회 과학과 자연 과학 등을 막론해서.

---

20) Rodney Stark은 "과학은 서구의 세속주의자나 이신론자의 작업이 아니라, 의식을 품고 활동적으로 일하는 창조자 하나님을 신뢰하던 독실한 신자들이 수행한 작업이었다"고 말한다[*For the Glory of God: How Monotheism Led to Reformations, Science, Witch-hunts and the End of Slavery*(Princeton, N. J.: Princeton University Press, 2003), p. 376; 참고. pp. 121-199].

"우주는 현재 존재하는 것, 과거에 존재했던 것, 미래에 존재할 것의 전부다"라는 말은 천체 물리학자 칼 세이건이 공공연하게 한 진술이지만, 사실 그것이 모든 학문 분야의 암묵적 가정이다.[21] 하나님은 불필요한 존재일 뿐더러 아무 상관이 없는 존재이고, 심지어는 당혹스런 존재이다. 생물학자 리처드 도킨즈는 자칭 과학자라는 마이클 베히가 하나님을 믿는 자(사실이 그렇다)라고 말하는 것으로 충분하다고 생각했는데, 그러면 베히가 주장하는 것이 무엇이든 자동적으로 의심을 받게 되고 그 장단점을 평가할 가치조차 없어지기 때문이다.[22] 자연주의가 군림하는 세상이다.

자연 과학 분야에 속한 대다수의 그리스도인이 전반적인 세계관은 유신론적 성격을 갖고 있지만, 과학적 연구를 할 때는 **방법론적 자연주의자**가 된다고 나는 생각한다. 말하자면, 과학과 관련해서는 하나님의 개념이 필요 없다고(그리고 오히려 방해가 된다고) 가정한다는 뜻이다. 과학은 자연적 현상에 대한 자연적 설명을 다루는 것이다. 그와 다른 설명도 있을 수 있으나, 그런 것은 철학이나 신학, 역사나 심리학, 또는 사회학에 속한다. 그런 것은 과학 고유의 영역이 아니다. 하나님이 세계를 설계하고 그것을 만드셨다. 그분이 우리를 자기 형상대로 만드셨다. 이것은 우주의 질서와 우리에게 그것을 이해할 수 있

---

21) Carl Sagan, *Cosmos* (New York: Random House, 1980), p. 4.
22) 과학자 중에는 물리학자들이 우주에 대한 비자연주의적 이해에 가장 열려 있는 것 같다. Paul Davies는 종교와 과학의 대화에 기여한 공로로 템플턴 상(종교 분야)을 수상하기도 했다. Davies는 우주 자체가 의도적 정신(intentional mind)을 보여 주고 있다고 믿는 범재신론적 세계관을 갖고 있다. 그의 "Physics and the Mind of God: The Templeton Prize Address", *First Things*, August/September 1995, pp. 31-35를 보라.

는 능력이 있음을 설명해 준다. 그러나 우리가 과학적 연구를 하는 데는 이런 배경을 불러올 필요가 없다고 그들이 말한다. 우리는 형이상학적 자연주의자(하나님을 전혀 믿지 않는 자)나 범신론자(자연 자체가 신이라고 믿는 자)와 나란히 일할 수 있는데, 그것은 우리가 하는 작업이 이런 형이상학적 관념을 요구하지 않기 때문이다.

방법론적 자연주의가 과학 분야에 몸담은 그리스도인의 지배적 입장이긴 하지만, 최근에 **설계 과학**(design science)을 주장하는 과학자와 철학자의 도전을 받고 있다. 여기서 나는 이 논쟁의 어느 편을 두둔할 생각이 없다.[23] 나의 견해는 그 쟁점이 아직—어쩌면 영구히 그

---

[23] 방법론적 자연주의가 세속 과학자와 그리스도인 과학자를 통틀어 여전히 지배적인 위치를 차지하고 있지만, 여러 과학자, 철학자, 문화 평론가로부터 심각한 도전을 받아 왔다. W. Christopher Stewart는 다음 글에서 그리스도인들이 가진 서로 상충된 견해에 대해 설명한다. *Reason for the Hope Within*, ed. Michael J. Murray(Grand Rapids, Mich.: Eerdmans, 1999), pp. 318-344. 방법론적 자연주의에 반대하면서 '설계' 과학이나 '유신론적' 과학을 주장하는 입장을 보려면 다음 자료를 참고하라. Michael Behe, *Darwin's Black Box: The Biochemical Challenge to Evolution*(New York: Free Press, 1996); 수학자이자 철학자인 William Dembski, *The Design Inference*(New York: Cambridge University Press, 1998), and *Intelligent Design: The Bridge Between Science and Theology*(Downers Grove, Ill.: InterVarsity Press, 1999); 법학 교수이자 문화 평론가인 Phillip E. Johnson, *Darwin on Trial*(Downers Grove, Ill.: InterVarsity Press, 1993), and *Reason in the Balance: The Case Against Naturalism in Science, Law and Education*(Downers Grove, Ill.: InterVarsity Press, 1995); 화학자이자 과학 사학자인 Charles B. Thaxton과 전문 저술가인 Nancy Pearcey, *The Soul of Science: Christian Faith and Natural Philosophy*(Wheaton, Ill.: Crossway, 1994). 아주 다양한 학자들의 글을 엮은 다음 세 책도 이 주제에 초점을 맞추고 있다. J. P. Moreland, ed., *The Creation Hypothesis: Scientific Evidence for an Intelligent Designer*(Downers Grove, Ill.: InterVarsity Press, 1994); Jon Buell and Virginia Hearn, eds., *Darwinism: Science or Philosophy?*(Richardson, Tex.: Foundation for Thought and Ethics, 1994); and William A. Dembski, ed., *Mere Creation: Science, Faith and Intelligent Design*(Downers Grove, Ill.: InterVarsity Press, 1998).

럴지도 모르는데—해결되지 않았다는 것이다. 나의 유일한 확신은 하나님이 언제나 창조주로서 자기의 피조물과 관계를 맺고 계시다는 것이다. 그분은 권능의 말씀으로 우주를 지탱하신다(히 1:3). 존 헨리 뉴맨이 이렇게 잘 표현했다.

> [설사 하나님이 창조주로서 피조물과 무한히 떨어져 있더라도], "그분은 그것과 너무 깊이 연루된 나머지 그 안에 현존하시고, 그 위에 섭리하시고, 거기에 흔적을 남기시고, 그것을 통하여 영향력을 발휘하셔서 자기 품에 친히 안으셨기 때문에, 그분을 묵상하지 않고는 그것에 대해 진정으로 혹은 충분히 성찰할 수 없다."[24]

이처럼 명시적인 기독교적 가정을 토대로 기독교적 학문을 개발하는 것이, 조지 마스덴(George Marsden)의 표현을 빌리면, "터무니없는 생각"으로 들릴지 모르겠는데, 만일 그렇다면 자연주의가 학문계에서 대단히 강력한 패러다임으로 자리잡고 있기 때문이다. 마스덴이 「기독교적 학문 연구@현대 학문 세계」(*The Outrageous Idea of Christian Scholarship*)에서 제안한 것은 지극히 타당하며,[25] 그런 유의 학문이 전통적으로 종교와 무관했던 주제를 다루는 분야에서 출현하기 시작하고 사상의 시장에서 다른 것들과 경쟁하고 있는 현상은 매우 고무적이다.

---

24) John Henry Newman, *The Idea of a University*, ed. Frank M. Turner (New Haven, Conn.: Yale University Press, 1996), p. 37.
25) George Marsden, *The Outrageous Idea of Christian Scholarship* (New York: Oxford University Press, 1997). 「기독교적 학문 연구@현대 학문 세계」(한국 IVP 역간).

현재로선 종교학 분야도 자연주의가 지배하고 있다. 연구 조사의 대상은 하나님이 아니다. 하나님에 대한 **믿음**이다. 덴마크 아르후스 대학의 한 신학자가 나에게 "우리 대학에 있는 조직 신학자는 무신론자입니다"라고 말한 적이 있다. 이것은 물론 별을 믿지 않는 천문학자가 사람들이 별을 믿는다고 믿기 때문에 그것을 연구하는 경우와 마찬가지다. 그러면 신학은 신학자들이 말하는 내용 혹은 사람들이 하나님에 관해 믿는 내용과 그 이유를 연구하는 학문이 되어 버린다. 달리 말하면, 신학이 역사학이나 인류학 혹은 사회학이 된다는 말이다. 사람들이 하나님을 믿는 이유는 하나님이 존재하기 때문이 아니라, 그들이 이전의 신념의 거미줄에 걸렸거나 육신의 아버지보다 더 나은 아버지가 필요하다고 느끼거나, 지금이 아니라 내세에서라도 자기에게 보상해 줄 마술적 존재에 대한 욕구를 미처 극복하지 못해서 혹은 전혀 다른 자연적 요인으로 인해서다. 우리는 이런 자연적 요인들이 없다고 부정하면 안 되고, 다만 그런 것만이 전부가 아니라고 하면서 실은 가장 중요한 요인이 간과되었다고 말할 필요가 있다. 그것은 바로 우리가 그 안에서 살고 움직이고 몸담고 있는 하나님이다. 이것을 인식하지 못한다면 우리의 상상력이 빈약해져 버렸고 어리석은 우리 마음이 어두워져 버렸기 때문이다.

밑바닥까지 모조리 코끼리

오늘날의 세계는 동전의 양면과 같은 두 가지 특징을 갖고 있다. 하나는, 우리가 전혀 다른 세계관을 가진 사람들에 둘러싸여 있다는 것이다. 다른 하나는, 우리가 우리의 세계관을 너무 강하게 붙들고 있어서 각자의 눈에 마치 그것만이 유일한 세계관인 것처럼 보인다는 것이다.

넓게 보면, 뉴에이지 신봉자와 무신론자, 이신론자와 범신론자, 그리스도인과 힌두교인, 이슬람교도와 불교도 등 다양한 부류가 있다. 그리고 각 집단은 세계관에 따라 다른 집단과 전혀 다른 삶을 영위하게 된다. 한 집단 내에서도 사람마다 각기 독특한 세계관을 갖고 있으며, 그 집단에 속한 다른 사람의 세계관과 상반되는 경우도 많다. 그러니까 다원주의가 집단들 사이에 그리고 집단 내부에 모두 군림하고 있는 셈이다.

그러므로 아무도 자기 세계관을 강하게 붙들지 않을 것이라고 추측하기 쉽다. 그러나 사실은 그렇지 않다. 다원주의가 각 사람에게 상대주의를 수용하도록 압력을 가하는 것은 분명하지만, 대부분의 경우는 성공하지 못한다. 사실은, 사람마다 자기 세계관을 꼭 붙들고 있어서 그 사람이 하는 행동과 말을 유심히 살펴보기만 해도 어떤 세계관을 가지고 있는지 알 수 있을 정도다. 그런데 문제는 우리가 보통은 그렇게 유심히 살펴보지 않는다는 것이다. 따라서 다른 사람들이―심지어 우리 집단에 속한 자라도―왜 그토록 다른 신념을 갖고 있는지 이해하지 못하는 경우가 많다. "왜 그들은 우리와 의견을 같이 하기보다 달리 하는 경우가 더 많은가?" 하고 의아해한다. 그리고 미국에 사는 우리는 9·11 테러리스트들의 심성으로 인해 아직도 크나큰 좌절감을 느끼고 있다. 그들의 행위는 우리의 판단력에 비추어 볼 때 선한 행위와 정반대되기 때문이다.

내가 내린 세계관의 정의에 의거하여 그것을 이해하면 어떻게 될까?

세계관이란 이야기의 형태로 혹은 실재의 근본적 구성에 대해 우리가 (의식적으로든 무의식적으로든, 일관적이든 비일관적이든) 보유하고 있는 일련의 전제(부분적으로 옳거나 완전히 잘못된)로 표현되는 것으로서, 우리가 살고 움직이고 몸담을 수 있는 토대를 제공해 주는 하나의 결단이요 근본적인 마음의 지향이다.

이 개념은 얼핏 이해할 수 없는 것을 이해하도록 도울 수 있으리라 생각된다. 이런 개념이 다원주의가 제기하는 모든 문제를 풀 수 없을지 모른다. 우리가 서로 속 깊은 차이점을 안고 어떻게 공존할 수 있을지 가르쳐 주지 못할지 모르지만, 우리가 처한 상황을 제대로 이해하도록 충분히 도울 수 있다.[26] 이것이 적어도 출발점은 된다.

"그 밑으로는 모조리 코끼리야" 하고 아버지가 말했다. 정말 그렇다. 그런데 그 코끼리의 이름은 무엇인가? 다른 사람은 어떻게 말하든, 우리 그리스도인은 이렇게 대답해야 마땅하리라. "아브라함과 이삭과 야곱의 하나님이자 우리 주 예수 그리스도의 아버지 되신 분이 그 코끼리요." 오직 그분만이 경외할 대상이요, 우리의 지구뿐 아니라 지구를 둘러싼 수십억의 은하계로 이루어진, 계속 팽창하고 있는 우주를 받치고 있을 만한 능력을 가진 분이다. 하나님이야말로 진정 그 코끼리의 이름이다.

---

26) James Davison Hunter and Os Guinness, eds., *Articles of Faith, Articles of Peace: The Religious Liberty Clauses and the American Public Philosophy*(Washington, D.C.: Brookings Institution, 1990)와 *The Journal of Law and Religion* 9, nos. 1 and 2 (1990)에 있는 논문을 보라. 이 두 자료는 모두 'The Williamsburg Charter'를 담고 있는데, 이는 우리가 깊은 차원에서 서로 신념을 달리 하면서도 서로 공존할 수 있는 법을 제시하는 중요한 문건이다.

색인

Aeschylus 225
Aquinas, Thomas 96, 110, 117
Aristotle 54
Arnold, Matthew 195
Auerbach, Erich 140
Augustine 64, 87
Barth, Karl 158, 166
Barzun, Jacques 210
Bashō, Matsuo 214-219
Behe, Michael 160, 229
Berger, Peter L. 153-155, 160, 165-166
Bettelheim, Bruno 64
Bonhoeffer, Dietrich 166
Brown, William E. 45
Buell, Jon 229
Bush, Harold K., Jr. 225
Caird, Edward 39, 51
Calvin, John 95, 111-112

Cassirer, Ernst 64
Clark, Donald B. 7
Clark, Gordon 106
Clark, Gregory 57, 78, 158, 167, 176-177
Clouser, Roy 183
Colson, Charles 135, 199-200
Copleston, F. C. 17, 79, 82
Cottingham, John 86, 89
Craig, William Lane 115, 225
Dante Alighieri 225
Davidson, Donald 93
Davies, Paul 228
Davis, Steven T. 115
Dawkins, Richard 160-162, 178, 228
Deddo, Gary 8
Dégh, Linda 75
Dembski, William 229

Descartes, Rene   79, 82-84, 86, 91, 108, 112, 172
Dilthey, Wilhelm   12, 27-31, 49, 104, 133, 192
Dockery, David S.   45, 135, 226
Dooyeweerd, Herman   38, 42-43, 121, 176
Downing, David   122
Dürrenmatt, Friedrich   33
Eagleton, Terry   223-224
Eco, Umberto   64
Ermath, Michael   27, 28
Evans, C. Stephen   225
Foucault, Michel   36, 37, 99, 224
Freud, Sigmund   109, 110, 113, 128, 129
Gadamer, Hans-Georg   64
Garber, Steven   44, 138
Gaukroger, Stephen   80, 109, 172
Geertz, Clifford   15
Gilson, Etienne   79, 108, 114, 117, 118
God   31-32, 40, 43, 52-56, 58, 62, 65, 67-89, 94-102, 108-125, 135, 142-146, 183-186, 187-194, 196-205, 208-209, 221-223, 227-233
Goethe, Johann Wolfgang von   225
Goldman, Alvin   93
Goricheva, Tatiana   200
Griffoen, Sander   25, 26, 43, 45, 105, 121
Goring, Ruth   8

Groothuis, Douglas   8, 44
Guinness, Os   233
Guthrie, George   8
Hall, Everett W.   107
Havel, Václav   211-214
Hegel, G. F. W.   26
Hearn, Virginia   229
Heidegger, Martin   116
Heisenberg uncertainty principle(하이젠베르그의 불확정성의 원리)   85
Henley, William Ernest   174
Henry, Carl F. H.   106, 158
Heslam, Peter   25, 42, 181
Hick, John   17
Hodges, H. A.   29
Holmes, Arthur F.   7, 42, 57, 106, 107
Homer   225
Hunter, James Davidson   233
Husserl, Edmund   86
Huxley, Thomas H.   134
James, William   15
Jeffrey, David Lyle   140
Jellema, Harry   225
Jesus   31, 59, 61-62, 159
Johnson, Paul   210
Johnson, Phillip E.   229
Kant, Immanuel   27, 57
Kearney, Michael   108, 120
Keene, Donald   215, 217, 219
Kierkegaard, Søren   114, 122
Klapwijk, Jacob   43, 121

Kolakowski, Leszek 86, 90
Kok, John H. 38, 47, 175
Kreeft, Peter 115
Kuyper, Abraham 11, 25, 40-42, 53, 137, 150, 181
Levine, Peter 33, 156
Lewis, C. S. 75, 76, 100, 122, 188, 189, 200
Lovejoy, A. O. 105
Luckmann, Thomas 153-155
Lui, Sixia 200
Lyotard, Jean-Francois 141
MacDonald, George 75, 76
Magee, Bryan 210
Mannheim, Karl 104
Marsden, George 230
Marshall, Paul 25, 26, 43, 45, 105, 121
Mascall, E. L. 70, 94, 114, 118
Mavrodes, George 225
May, Rollo 64
Medawar, Peter 96
Mersene, Marin 108, 172
Middleton, J. Richard 8, 135, 138, 139, 146
Moreland, J. P. 114, 115, 225, 229
Mouw, Richard 25, 26, 43, 45, 105, 121
Nash, Ronald 38, 47, 42
Naugle, David 7, 25-30, 32, 34, 37-39, 42-43, 49, 54, 57, 58, 65, 98, 99, 101, 104, 108, 120, 122, 123, 130, 133, 137, 142, 149, 158, 175, 176, 192
Newbigin, Lesslie 119, 147
Newman, John Henry 73, 230
Nicholi, Armand M., Jr. 44, 107, 109, 114
Nietzsche, Friedrich 31-33, 90, 93, 98
Noll, Mark 57
Okholm, Dennis 57, 78, 158, 177
Olthuis, James 38, 45-46, 105
Orr, James 11, 38-40, 42, 52, 134, 145, 181, 187
Pascal, Blaise 106, 113
Pearcey, Nancy 135, 229
Peirce, C. S. 64
Phillips, W. Gary 45
Phillips, Timothy R. 57, 78, 158, 177
Pieper, Josef 75
Plantinga, Alvin 111, 130, 168, 172, 225
Plantinga, Theodore 129
Plato 34
Polanyi, Michael 147
Redfield 108, 133
Rorty, Richard 92, 93, 99
Russell, Bertrand 17
Sagan, Carl 17, 228
Schaeffer, Francis A. 11
Schelling, Friedrich W. J. von 104
Searle, John 177, 178
Shakespeare, William 225

Sire, James W.   50, 73, 115, 211
Soto, Hiroaki   215
Spanos, William V.   33
Spradley, Joseph   57
Stark, Rodney   227
Stewart, W. Christopher   229
Swinburne, Richard   115
Tacelli, Ron   115
Taylor, Charles   93
Thaxton, Charles B.   229
Thornbury, Gregory Alan   45, 226
Thielicke, Helmut   165
Toffler, Alvin   25
Tolkien, J. R. R.   225
Ueda, Makoto   217
Unamuno, Miguel de   91

Walsh, Brian J.   10, 135, 138, 139, 146
Watson, Peter   129
Wieseltier, Leon   163
Willard, Dallas   182, 183
Williams, Bernard   80
Williams, Clifford   45
Wilson, James Q.   188
Wilson, Margaret Dauler   80
Wittgenstein, Ludwig   26, 33-36, 93, 104, 105
Whitehead, Alfred North   20
Wolters, Albert M.   38, 46-47
Wolterstorff, Nicholas   225
Woolf, Virginia   229
Yandell, Keith   225
Zen(선)   179-180, 217-220

옮긴이 홍병룡은 연세대학교 정치외교학과와 동 대학원을 졸업했으며, IVP 대표 간사를 지냈다. 캐나다 리젠트 칼리지와 기독교학문연구소에서 수학했으며, 현재 프리랜서로 기획 및 번역 일을 하고 있다. 기독교 세계관, 평신도 신학, 일상생활의 영성, 신앙과 직업 등이 주된 관심사이며, 옮긴 책으로는 「여성, 그대의 사명은」, 「소명」, 「정의와 평화가 입맞출 때까지」, 「다원주의 사회에서의 복음」, 「그리스도와 문화」, 「헬라인에게는 미련한 것이요」, 「기독교 교리를 다시 생각한다」(이상 IVP), 「완전한 진리」(복있는사람) 등 다수가 있다.

코끼리 이름짓기

초판 발행 2007년 9월 10일
초판 6쇄 2025년 3월 20일

지은이 제임스 사이어
옮긴이 홍병룡
펴낸이 정모세

편집 이종연 이성민 이혜영 심혜인 설요한 양지영 박예찬
디자인 한현아 서린나 | 마케팅 오인표 | 영업·제작 정성운 이은주 조수영
경영지원 이혜선 이은희 | 물류 박세율 김대훈 정용탁

펴낸곳 한국기독학생회출판부 | 등록번호 제2001-000198호(1978.6.1)
주소 04031 서울시 마포구 동교로 156-10
대표 전화 (02) 337-2257 | 팩스 (02) 337-2258
영업 전화 (02) 338-2282 | 팩스 080-915-1515
홈페이지 http://www.ivp.co.kr | 이메일 ivp@ivp.co.kr
ISBN 978-89-328-4553-1

ⓒ 한국기독학생회출판부 2007

책값은 뒤표지에 있습니다.
무단 전재와 복제를 금합니다.